AI 팀원이 다 해줌

AI 팀원이 다 해줌
챗GPT · 퍼플렉시티 · 코파일럿 · 캔바 · 감마 · 브루 전원 투입!

기획부터 마케팅까지 한 번에 끝내는 최강 AI 팀 100% 운영법

초판 1쇄 발행 2025년 12월 3일

지은이 이나현 / **펴낸이** 임백준
펴낸곳 한빛미디어 / **주소** 서울시 서대문구 연희로2길 62 콘텐츠1부
전화 02-325-5544 / **팩스** 02-336-7124
등록 1999년 6월 24일 제2017-000058호 / **ISBN** 979-11-995298-1-6 93000

총괄 배윤미 / **책임편집** 박민아 / **기획** 김수민 / **편집 · 교정 · 조판** 앤미디어
디자인 표지 · 내지 앤미디어
영업 마케팅 송경석, 김형진, 장경환, 조유미, 한종진, 이행은, 고광일, 성화정, 김한솔, 전차은 / **제작** 박성우, 김정우

한빛미디어는 한빛앤(주)의 IT 출판 브랜드입니다.

이 책에 대한 의견이나 오탈자 및 잘못된 내용은 출판사 홈페이지나 아래 이메일로 알려주십시오.
파본은 구매처에서 교환하실 수 있습니다. 책값은 뒤표지에 표시되어 있습니다.

한빛미디어 홈페이지 www.hanbit.co.kr / 이메일 ask@hanbit.co.kr

Published by HanbitN, Inc. Printed in Korea
Copyright © 2025 이나현 & HanbitN, Inc.
이 책의 저작권은 이나현과 한빛앤(주)에 있습니다.
저작권법에 의해 보호를 받는 저작물이므로 무단 복제 및 무단 전재를 금합니다.

지금 하지 않으면 할 수 없는 일이 있습니다.
책으로 펴내고 싶은 아이디어나 원고를 메일(writer@hanbit.co.kr)로 보내주세요.
한빛앤(주)은 여러분의 소중한 경험과 지식을 기다리고 있습니다.

AI 팀원이 다 해줌

챗GPT · 퍼플렉시티 · 코파일럿 · 캔바 · 감마 · 브루 전원 투입!

이나현 지음

한빛미디어

추천사

AI가 인간의 일을 대체하는 시대는 이미 지나갔습니다. 지금은 인간의 팀워크를 AI로 확장하는 시대입니다. 그리고 이 책은 그 변화를 가장 생생하게 보여주는 현장 기록이자, 앞으로의 일의 방식을 바꾸는 로드맵입니다.

저자는 AI를 단순한 도구로 다루지 않습니다. 기획 총괄, 전략 총괄, 디자인 총괄로서의 AI를 '팀원'으로 설정하고, 실제 프로젝트를 수행하듯 단계별 협업을 이어갑니다. 챗GPT가 아이디어를 구조화하고, 퍼플렉시티가 근거를 보강하며, 캔바·감마·브루가 결과물을 시각화하는 일련의 과정은 AI와 인간이 함께 일하는 미래의 업무 현장을 구체적으로 그려냅니다.

일의 본질은 여전히 '사람'이지만, 그 일을 완성하는 방식은 이제 AI와의 협업으로 달라지고 있습니다. AI와 함께 문제를 정의하고 해결하는 시대, 인간과 AI가 진정한 팀으로 일하는 방식을 실전으로 증명하는 이 책을 추천합니다.

테크프론티어 대표, 『AI 전쟁 2.0』 『AGI의 시대』 저자 **한상기**

많은 사람이 'AI를 어떻게 써야 할까?'를 묻습니다. 그러나 이 책은 여기서 한 걸음 더 나아가 'AI와 어떻게 함께 일할 것인가'라는 본질적인 질문을 던집니다.

이 책은 실무 현장에서 AI를 진짜 팀원처럼 활용하는 법을 보여줍니다. 제안서를 기획하고, 데이터를 분석하며, 디자인 시안을 완성하고 콘텐츠를 제작하는 전 과정에서 챗GPT, 퍼플렉시티, 캔바 등 다양한 AI가 각자의 역할을 맡아 하나의 프로젝트를 함께 완성합니다. 책을 읽다 보면 AI와 함께 일하는 법을 몸으로 익히며 자연스럽게 AI를 자신만의 든든한 파트너로 받아들이게 될 것입니다.

IT교육/코딩 분야 구독자 1위 유튜버 **조코딩**

드디어 AI 도구 활용에 있어 실질적으로 도움이 되는 가이드북이 나왔습니다.

'AI가 일의 방식을 완전히 바꾼다', 'AI를 잘 활용하는 사람과 그렇지 못한 사람의 생산성 격차는 점점 커진다'는 말은 이미 익숙합니다. 하지만 정작 어떻게 써야 하는지, 내 일에 구체적으로 어떻게 적용할 수 있는지 알려주는 책은 거의 없습니다. 수많은 AI 강의와 콘텐츠를 봐도 막상 내 업무에 써먹으려 하면 막막했던 이유죠.

이 책은 그 답을 실전에서 제시합니다. 단편적인 프롬프트 팁이나 기능 소개에 그치지 않고, 실제 프로젝트를 처음부터 끝까지 완수하는 과정을 따라가며 AI를 기획자·전략가·디자이너처럼 팀의 핵심 멤버로 활용하는 방법을 보여줍니다. 이 책의 가장 큰 강점은 '가능성'이 아니라 '적용'입니다. 읽는 즉시 업무에 바로 적용할 수 있는 구체적인 방법론 그리고 현장의 리듬이 살아 있는 진짜 실무 감각이 담겨 있습니다.

기술이 발전할수록 인간의 일은 더 깊은 의미를 요구합니다. 이 책은 AI와 인간이 함께 일하는 시대에 팀워크와 창의성을 동시에 확장하는 가장 현실적인 길을 보여줍니다. AI 실무의 정답을 찾고 있다면, 바로 이 책이 그 해답이 될 것입니다.

과학 평론가 **이독실**

사진 편집조차 AI의 도움을 받을 정도로 AI는 이제 우리에게 익숙한 존재가 되었습니다. 작가로서도 창작 이전 단계인 자료 조사나 캐릭터 설정 등에서 AI를 적극적으로 활용하고 있습니다. 이처럼 AI 툴은 폭발적으로 발전하고 있지만, 정작 각각의 툴을 실제 작업에 어떻게 활용해야 하는지에 대한 구체적인 길라잡이는 여전히 부족합니다.

그리고 이 책은 그 갈증을 시원하게 해소해줍니다. 단순히 '이렇게 사용할 수 있다'에 그치지 않고, '그래서 실제로 어떻게 해야 하는지'를 풍부한 설명과 예시로 보여주기 때문입니다. AI 활용에 아직 망설임이 있다면, 이 책이 그 두려움을 호기심과 자신감으로 바꿔줄 것입니다.

『A.I. 닥터』『중증외상센터 : 골든 아워』 작가 **이낙준**

저자 인터뷰

Q 이 책은 어떤 문제의식에서 출발했나요?

여전히 많은 사람이 AI를 단순히 업무 시간을 줄여주는 자동화 도구로만 생각합니다. 저 역시 챗GPT를 처음 사용했을 때는 그저 효율을 높이는 보조 도구 정도로 여겼습니다. 그러나 곧 깨달았죠. AI를 도구로만 쓰는 한, 본질적인 일의 방식은 결코 바뀌지 않는다는 사실을요. 결국 중요한 건 'AI가 무엇을 할 수 있느냐'가 아니라, '우리가 AI와 어떻게 일하느냐'입니다.

대부분의 직장인은 같은 현실에 놓여 있습니다. 기획도 해야 하고, 보고서도 써야 하고, 마케팅까지 챙겨야 하지만 인력은 늘 부족하고 일정은 빠듯하죠. 이런 상황에서 저는 스스로에게 질문했습니다.

> "AI를 진짜 팀원처럼 활용할 수 있다면 어떨까?"

이 단순한 질문이 바로 이 책의 시작이자, 제가 AI와 함께 일하는 방식을 다시 설계하게 된 계기였습니다.

Q 책 제목이 'AI 팀원'으로 시작하는데, 어떤 의미인가요?

이 책에서는 챗GPT, 퍼플렉시티, 캔바, 미리캔버스, 코파일럿 같은 주요 AI 도구들을 각각 '팀 내 실무 담당자'로 설정했습니다. 즉, 이 책 속의 AI들은 단순한 도구가 아니라 실제 프로젝트를 함께 수행하는 '팀원'으로 등장합니다.

기획 총괄은 챗GPT, 전략 총괄은 퍼플렉시티, 디자인 총괄은 캔바와 감마, 운영 지원은 코파일럿이 맡는 식이죠. 이렇게 각 AI가 팀의 역할을 나누어 협업하는 구조로 책을 구성했습니다. 독자는 책을 따라가며 AI 팀원에게 일을 배분하고, 보고를 받고, 결과물을 조율하는 과정을 직접 경험하게 됩니다.

Q 그럼 책에 등장하는 '이 팀장'이라는 인물이 AI 팀원들의 팀장이네요.

맞습니다. 이 책의 각 챕터는 '이 팀장'이 마주한 현실적인 문제 상황으로 시작합니다. 독자가 직접 '이 팀장'이 되어 팀장의 시선으로 AI 팀원들과 협업하며 프로젝트를 진행하게 되죠. 그래서 이 책은 **AI 팀원을 이끄는 팀장을 실제로 체험하는 실습형 가이드북**이라고 할 수 있습니다.

또한 이 책은 'AI 팀원과 함께 일의 판을 새로 짜는 방법'을 다룹니다. AI를 단순한 도구로만 여기는 사람은 여전히 혼자 일하지만, AI를 팀원으로 대하는 사람은 '혼자서도 팀처럼' 일할 수 있습니다. 그리고 이 차이가 앞으로의 일잘러와 그렇지 않은 사람을 가르는 핵심 경쟁력이 될 것입니다.

Q 이 책만의 특징이 있다면요?

대부분의 책이 'AI로 무엇을 할 수 있는가'에 초점을 맞춘다면, 이 책은 'AI와 어떻게 함께 일할 것인가'에 집중했습니다. 즉, 개별 도구의 기능 소개가 아니라 **업무 프로세스 전체를 관통하는 협업 방식**을 제시합니다. 기획부터 전략, 디자인, 마케팅, 운영까지 **실제 프로젝트 흐름을 그대로 재현한 구성**이기 때문에 독자는 AI 협업의 전체 워크플로를 자연스럽게 체득할 수 있습니다.

또한 이 책을 통해 다음과 같은 변화를 경험할 수 있습니다.

- AI 팀원을 활용해 기획부터 보고서, 콘텐츠 제작, 디자인, 마케팅까지 '혼자' 해결할 수 있다.
- 'AI를 잘 쓰는 사람'에서 'AI와 함께 일하는 사람'으로 전환하는 방법을 익힐 수 있다.
- 반복 업무를 줄이고, 더 전략적이고 창의적인 일에 집중할 수 있다.
- AI 팀을 운영하며 나만의 업무 자동화 방식을 설계할 수 있다.

저자 인터뷰

Q 이 책은 어떤 독자에게 특히 도움이 될까요?

이 책은 성과를 만들어야 하는 모든 실무자에게 꼭 필요합니다. 기획자, 마케터, 디자이너, 프리랜서, 1인 기업가처럼 인력과 시간이 부족하지만 결과를 내야 하는 분들에게 딱 맞습니다. AI 초보자라도 실습을 따라가면 기획서, 보고서, 콘텐츠, 디자인, 마케팅까지 AI 팀원과 함께 완성하는 협업 감각을 익힐 수 있습니다.

특히 다음과 같은 분들에게 추천합니다.

- AI를 실무에 적용하고 싶은 기획자, 마케터, 디자이너, 크리에이터
- 인력·시간은 부족하지만 성과를 내야 하는 1인 기업가, 프리랜서, 스타트업 실무자
- 보고서, 제안서, 프레젠테이션 등의 업무 효율을 높이고 싶은 직장인 누구나
- 조직 내 AI 활용을 확산시키고 싶은 팀 리더 및 관리자

Q 이 책의 구성이 궁금해요.

이 책은 총 세 개의 파트로 이루어져 있습니다.

- 파트 1 – AI 팀원 영입과 역할 분담
- 파트 2 – 실무 프로젝트 투입
- 파트 3 – 실전 프로젝트 A to Z

파트 1에서는 AI 팀원과 함께 일하기 위한 기초를 다집니다. AI를 왜 팀원으로 영입해야 하는지, 어떤 AI가 무슨 역할을 맡을 수 있는지 살펴봅니다. 이어서 AI 팀원들과의 첫 협업 프로젝트를 통해 팀워크를 강화하는 다섯 가지 전략을 실습합니다.

파트 2에서는 AI 팀원이 실제 업무에서 어떤 성과를 낼 수 있는지 구체적으로 보여줍니다. 기획은 챗GPT, 전략은 퍼플렉시티, 디자인은 캔바·감마·미리캔버스가 담당하는 식으로 역할을 분담하여 제안서 작성, 데이터 기반 보고서 생성, 브랜드 콘텐츠 제작 등 실무 과정을 단계별로 살펴봅니다. 이를 통해 AI 협업이 실무에서 어떤 변화를 만들어내는지 실제 효과를

경험할 수 있습니다.

파트 3에서는 AI 팀을 직접 이끄는 팀장이 되어 실전 프로젝트를 수행합니다. 콘퍼런스 기획, 홍보, 연사 섭외, 마케팅, 운영까지 프로젝트 전 과정을 AI 팀원과 함께 진행하며, 프로젝트 리더로서 필요한 협업 역량을 익힙니다.

Q 마지막으로, 독자들에게 전하고 싶은 메시지가 있다면 말씀해주세요.

AI가 내 일자리를 빼앗을까 걱정하는 분들이 많습니다. 하지만 지금은 그 두려움에 머물 때가 아닙니다. 이제 이렇게 생각해보세요.

"AI 팀원이 내 일을 더 잘하게 만들어준다."

AI는 당신의 자리를 위협하는 존재가 아니라, 당신이 더 큰 성과를 내도록 돕는 팀원이자 전략적 파트너입니다. 이 책이 그 변화를 시작하는 첫걸음이 되길 바랍니다.

오픈카톡방에서 저자님께 바로 물어보세요!

AI 활용, 프롬프트 작성, 실무 적용 등 궁금한 점이 있다면 오픈카톡방에서 실시간으로 질문해보세요. 저자가 직접 답변해드립니다. 그리고 함께 공부하는 독자들과 자유롭게 토론하고 실무 팁도 공유해보세요.

▶ open.kakao.com/o/gCM63B1h

이 책의 구성

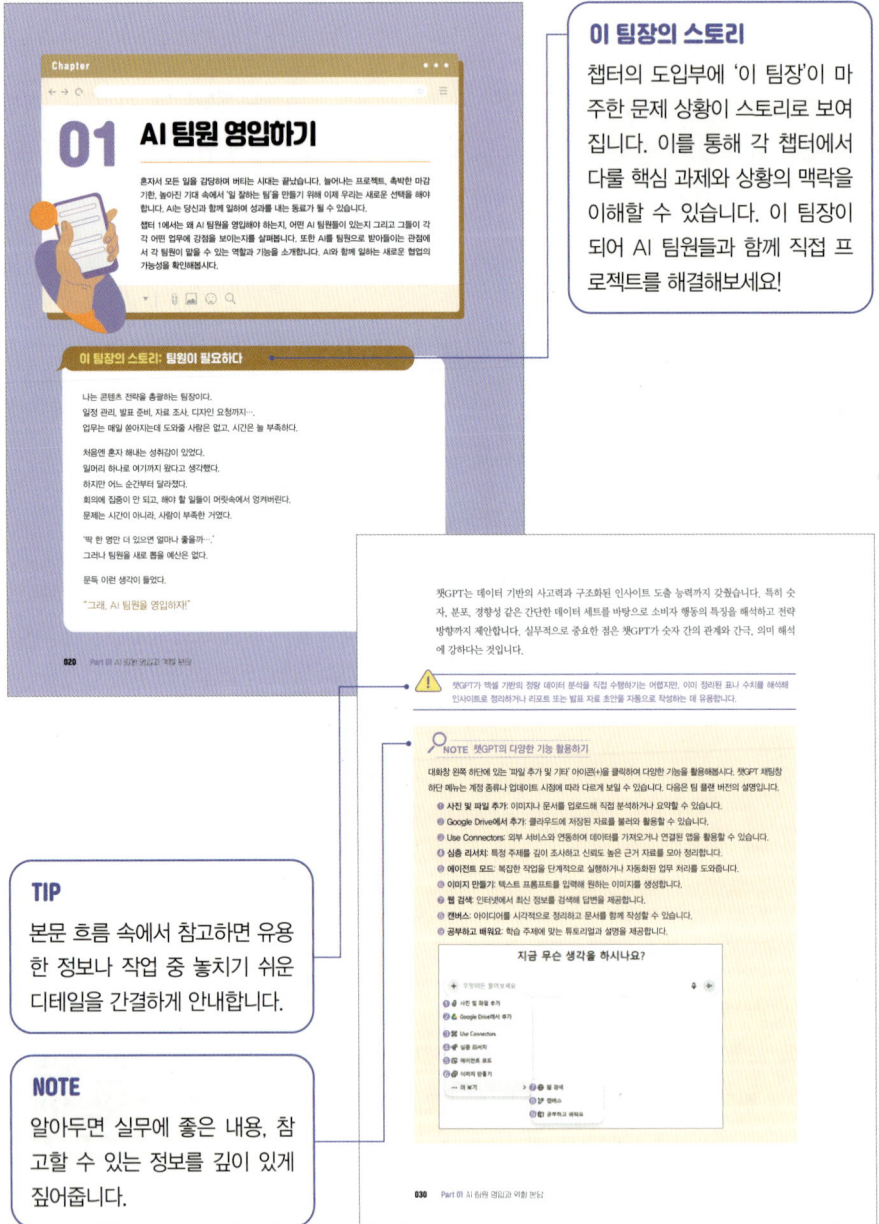

이 팀장의 스토리
챕터의 도입부에 '이 팀장'이 마주한 문제 상황이 스토리로 보여집니다. 이를 통해 각 챕터에서 다룰 핵심 과제와 상황의 맥락을 이해할 수 있습니다. 이 팀장이 되어 AI 팀원들과 함께 직접 프로젝트를 해결해보세요!

TIP
본문 흐름 속에서 참고하면 유용한 정보나 작업 중 놓치기 쉬운 디테일을 간결하게 안내합니다.

NOTE
알아두면 실무에 좋은 내용, 참고할 수 있는 정보를 깊이 있게 짚어줍니다.

단계별 실습
직접 따라 할 수 있도록 전체 과정을 순서대로 자세히 안내합니다.

담당 AI 팀원
표시된 로고를 통해 현재 어떤 AI 팀원과 작업 중인지 보여줍니다.

AI 팀장용 워크시트
나만의 AI 팀을 설계하고, AI 팀원과 함께 내 프로젝트를 성공적으로 완수할 수 있도록 돕는 워크시트를 제공합니다.

이 책의 구성 **011**

나만의 AI 팀, 최강 AI 팀원을 소개합니다!

AI 팀원 역할 분담표

역할	기획	전략	운영/지원
AI 팀원	챗GPT	퍼플렉시티	코파일럿
주요 업무 스킬	초반 기획·설계, 아이디어 발굴 등 창의력이 필요할 때 • 업무 분장, 타임라인 설계 • 아이디어 발굴, 브레인스토밍 • 기획서 초안, 발표 대본 작성 • 데이터 요약	시장·경쟁사 조사 등 전략적 분석이 필요할 때 • 시장조사, 트렌드 분석 • 유사 사례 및 경쟁사 리서치 • 외부 출처 자료 검증 • 전략 인사이트 도출	문서 작성 등 반복형 업무의 생산성을 높여야 할 때 • 문서 작성 자동화 • 엑셀 데이터 정리 및 표 생성 • PPT 슬라이드 생성 • 이메일 초안 작성

AI 팀원과 함께하는 콘퍼런스 운영 로드맵

단계	챗GPT	퍼플렉시티	코파일럿
❶ 사전 준비	• 프로젝트 방향 설정 • 업무 분장·일정 정리		
❷ 기획 및 설계		최신 산업 동향·이슈 수집	보고서 작성
❸ 콘셉트 구체화	• 키 메시지·타이틀 생성 • 브랜드 아이덴티티 구축		PPT 생성
❹ 운영 리소스 확보	• 섭외 제안서·초청 이메일 작성 • 홍보 프레젠테이션 제작	• 연사 추천 리스트업 • 연사 정보 수집	• 연사 계약서 작성 • 초청장 템플릿 편집
❺ 마케팅 — 키 비주얼 제작	대표 캐릭터 아이디어 제안	유사 콘퍼런스 자료 수집	
❺ 마케팅 — 영상 콘텐츠 제작	영상 콘티 작성	타깃 선정 및 니즈 분석	콘퍼런스 PPT 스크립트 생성
❺ 마케팅 — 운영 콘텐츠 제작			
❻ 사후관리	• 참가자 설문조사 항목 생성 • 개선점 도출 • 이메일·뉴스레터 문안 작성	• SNS·언론보도 자료 분석 • 콘퍼런스 개선 인사이트 도출 • 성과 보고서용 데이터 정리	• 참가자 설문조사 결과 정리 • 주요 통계 정리·예산 정산 • 성과 보고서 작성

디자인

| 미리캔버스 | 캔바 | 감마 | 브루 | 캐럿 |

프레젠테이션 · 포스터 · 영상 등 콘텐츠 제작이 필요할 때

- 카드뉴스 · 포스터 · SNS 콘텐츠 생성
- 프레젠테이션 · 웹 페이지 시각화
- 색상 · 레이아웃 제안
- 영상 · 음성 · 자막 · BGM 제작

미리캔버스	캔바	감마	브루	캐럿
• 연사 소개 • 카드뉴스 제작	초청용 이미지 제작	초청용 PPT 제작	소개 영상 제작	초청장 제작
콘퍼런스 소개 PPT 생성	카드뉴스 제작			마스코트 제작
		자막 편집 및 BGM 생성		티저 영상 제작
굿즈 제작 발주		홈페이지 제작		오프닝 음악 생성
카드뉴스 제작	SNS 콘텐츠 제작	결과 보고서 제작	하이라이트 영상 제작	사후 홍보용 비주얼 콘텐츠 제작

목차

추천사 … 004
저자 인터뷰 … 006
이 책의 구성 … 010
나만의 AI 팀, 최강 AI 팀원을 소개합니다! … 012

PART 01 AI 팀원 영입과 역할 분담
AI 팀플레이를 시작하라

MISSION AI 팀원을 영입하고 역할을 설정하여 최적의 협업 구조를 만들자

01 AI 팀원 영입하기 … 020

- 1.1 AI 팀원이 필요한 이유 … 021
- 1.2 우리 팀에 합류한 AI 팀원 소개 … 023
  - 챗GPT _ 아이디어 발굴·기획서 작성·데이터 요약·콘텐츠 생성 … 024
  - 코파일럿 _ 문서 작성 자동화·슬라이드 생성·데이터 정리 … 031
  - 퍼플렉시티 _ 시장조사·트렌드 분석·인사이트 리서치 … 045
- 1.3 AI 디자인 팀원 소개 … 054
  - 캔바 _ 템플릿 기반 콘텐츠 제작 … 055
  - 미리캔버스 _ 카드뉴스 제작·인쇄물 제작 … 056
  - 브루 _ 자막 생성·숏폼 콘텐츠 제작 … 061
  - 감마 _ 프레젠테이션 디자인·카드형 문서 제작 … 066

02 AI 팀원과 협업하기 … 071

- 2.1 AI 팀워크를 극대화하는 5가지 전략 … 072
  - 전략 1 _ 명확한 프롬프트로 AI를 움직여라 … 072
  - 전략 2 _ 비판적 시각으로 AI를 활용하라 … 074
  - 전략 3 _ 디자인하기 전에 메시지 흐름부터 설계하라 … 081
  - 전략 4 _ 명확한 맥락과 결과물 구조를 충분히 제시하라 … 086
  - 전략 5 _ 확신에 찬 답도 의심하고 검증하라 … 089

2.2 AI 팀원과의 첫 프로젝트 094
킥오프 회의 #챗GPT 095
기획・전략 설계 #챗GPT #퍼플렉시티 098
콘텐츠 제작 및 디자인 #감마 #미리캔버스 102
문서화 및 운영 지원 #코파일럿 111

WORKSHEET 나만의 AI 팀, 직접 설계해보세요! 118

PART 02 실무 프로젝트 투입
AI 팀원에게 기획・전략・디자인 업무를 맡겨라

MISSION 기획, 데이터 분석, 문서 작성, 디자인 담당 AI 팀원과 함께 주어진 프로젝트를 수행하자

03 [기획 총괄: 챗GPT] 설득력 갖춘 제안서 작성하기 122
TO-DO | 리스킬링 프로그램 제안서 제작

3.1 프로젝트 요구사항 정의 123
과제 파악 #챗GPT
요청받은 업무를 파악하고 첨부 문서를 분석해 기획 과제를 정의하다 123

3.2 제안서의 흐름과 메시지 구조 설계 125
제안서 구조화 #챗GPT
제안서의 틀을 잡고 설득의 흐름을 다듬는다 126

3.3 참고 자료로 논리 구조 보강 130
제안서 설득력 강화 #챗GPT #Browser Pro GPT
신뢰할 수 있는 자료를 바탕으로 설득력을 높인다 132

3.4 제안서 양식에 맞는 문서화 139
제안서 형식 정립 #챗GPT #코파일럿
초안을 정리하고 보고서 형식으로 완성한다 140

3.5 제안서 슬라이드 시각화 147
프레젠테이션 제작 #감마 #코파일럿
문서 내용을 바탕으로 발표 자료를 제작한다 147

목차

04 [전략 총괄: 퍼플렉시티] 데이터 기반 보고서 만들기   159
TO - DO | 재택근무 vs. 출근제 업무 성과 분석 보고서 제작

4.1 주제와 쟁점 파악   160
트렌드 및 키워드 분석 #퍼플렉시티 #챗GPT
트렌드와 키워드로 분석의 출발점을 설정한다   160

4.2 근거 자료 수집   168
정보 수집 및 비교 #퍼플렉시티
국내외 사례와 지표 비교로 근거를 정리한다   168

4.3 실행 전략 문서화   176
전략 수립 및 보고서 작성 #퍼플렉시티 #챗GPT #코파일럿 #쇼미GPT
데이터를 바탕으로 실행 전략을 도출하고 보고서를 작성한다   176

4.4 전략 보고서 시각화   184
콘텐츠 제작 및 시각화 #챗GPT #캔바/캔바GPT
전략 핵심을 시각화하여 공유 콘텐츠로 제작한다   184

05 [디자이너: 감마·캔바·미리캔버스·브루] 브랜드 콘텐츠 만들기   193
TO - DO | 신입사원을 위한 온보딩 키트 제작

5.1 브랜드 키워드 추출   194
기획 설계 #챗GPT
브랜드의 핵심 가치를 콘텐츠로 연결한다   194

5.2 카드형 콘텐츠 디자인   195
메시지 시각화 #챗GPT #감마
브랜드 메시지를 요약하여 시각 콘텐츠로 체계화한다   195

5.3 온보딩 굿즈 제작   201
키트 제작 #챗GPT #캔바 #미리캔버스
브랜드 감성을 담은 실물 굿즈를 제작한다   201

5.4 온보딩 영상 제작   212
숏폼 제작 #챗GPT #브루
조직문화 메시지를 영상 콘텐츠로 시각화한다   212

WORKSHEET AI 팀원과 함께 프로젝트를 완수해보세요!   218

PART 03 실전 프로젝트 A to Z 완수
AI TF팀을 이끌어 프로젝트를 성공적으로 마무리하라

MISSION AI TF팀을 구성하여 기획, 데이터 분석, 마케팅, 사후관리까지 실전 프로젝트를 수행하자

06 일주일 만에 콘퍼런스 기획부터 홍보, 사후관리까지   222
TO-DO | D-7, 산업 트렌드 콘퍼런스 개최

6.1 프로젝트 킥오프   223
프로젝트 방향 설정 #챗GPT
프로젝트 방향, 업무분장, 일정을 체계적으로 정리한다   223

6.2 콘퍼런스 프로그램 및 콘셉트 구체화   228
콘퍼런스 전략 설계 #퍼플렉시티 #챗GPT #캔바GPT
트렌드를 반영해 콘퍼런스의 방향과 메시지를 도출한다   228

6.3 연사 섭외 전략 수립   234
연사 리스트업 및 초대 이메일 작성 #퍼플렉시티 #챗GPT #미리캔버스
타깃 연사군을 정리하고 설득력 있는 초청 메시지를 작성한다   234

6.4 홍보 콘텐츠 제작   246
콘퍼런스 소개 자료 제작 #챗GPT #캔바 #감마
콘퍼런스 소개를 효과적으로 담은 자료를 제작한다   246

6.5 참가자 모집을 위한 마케팅   260
영상 콘텐츠 제작 #퍼플렉시티 #챗GPT #캐럿 #브루
타깃을 분석하여 모집 전략을 수립하고 실행한다   261

6.6 콘퍼런스 홈페이지 제작   274
온라인 홈페이지 제작 #챗GPT #감마 #캐럿
콘퍼런스 운영에 필요한 온라인 채널과 감성 콘텐츠를 제작한다   274

6.7 콘퍼런스 사후관리   281
만족도 설문지 생성 #챗GPT #구글 앱스 스크립트
참가자 피드백을 수집하기 위한 만족도 설문조사를 제작한다   282

PART 1

AI 팀원 영입과 역할 분담
AI 팀플레이를 시작하라

이제는 AI를 단순한 자동화 도구가 아닌, 내 업무를 함께 수행하는 팀원으로 바라봐야 합니다. 문서 작성, 전략 분석, 콘텐츠 제작처럼 시간이 많이 드는 일도 AI는 빠르고 정확하게 지원하며, 때로는 사람보다 더 날카롭게 핵심을 짚어냅니다.

파트 1에서는 AI를 팀원으로 도입하는 전 과정을 단계별로 안내합니다. 챕터 1에서는 각 AI 도구의 특성과 강점을 파악해 팀에 꼭 맞는 멤버를 선발하고, 챕터 2에서는 실제 업무 상황에 맞춰 역할을 배분하며 협업 전략을 설계합니다.

당신의 팀에 이제 막 합류할 AI 팀원과 함께 일할 준비를 시작해볼까요?

MISSION

**"AI 팀원을 영입하고
역할을 설정하여
최적의 협업 구조를 만들자"**

- ☑ AI 도구별 특성 알기
- ☑ 내 업무에 맞는 AI 팀원 찾기
- ☑ 사람과 AI 역할 나누기
- ☑ AI와의 협업 방식 이해하기
- ☑ AI 팀워크를 이끄는 리더의 전략 알아보기

Chapter 01 AI 팀원 영입하기

혼자서 모든 일을 감당하며 버티는 시대는 끝났습니다. 늘어나는 프로젝트, 촉박한 마감 기한, 높아진 기대 속에서 '일 잘하는 팀'을 만들기 위해 이제 우리는 새로운 선택을 해야 합니다. AI는 당신과 함께 일하며 성과를 내는 동료가 될 수 있습니다.

챕터 1에서는 왜 AI 팀원을 영입해야 하는지, 어떤 AI 팀원들이 있는지 그리고 그들이 각각 어떤 업무에 강점을 보이는지를 살펴봅니다. 또한 AI를 팀원으로 받아들이는 관점에서 각 팀원이 맡을 수 있는 역할과 기능을 소개합니다. AI와 함께 일하는 새로운 협업의 가능성을 확인해봅시다.

이 팀장의 스토리: 팀원이 필요하다

나는 콘텐츠 전략을 총괄하는 팀장이다.
일정 관리, 발표 준비, 자료 조사, 디자인 요청까지….
업무는 매일 쏟아지는데 도와줄 사람은 없고, 시간은 늘 부족하다.

처음엔 혼자 해내는 성취감이 있었다.
일머리 하나로 여기까지 왔다고 생각했다.
하지만 어느 순간부터 달라졌다.
회의에 집중이 안 되고, 해야 할 일들이 머릿속에서 엉켜버린다.
문제는 시간이 아니라, 사람이 부족한 거였다.

'딱 한 명만 더 있으면 얼마나 좋을까….'
그러나 팀원을 새로 뽑을 예산은 없다.

문득 이런 생각이 들었다.

"그래, AI 팀원을 영입하자!"

1.1 AI 팀원이 필요한 이유

업무의 양은 계속 늘어나고 요구하는 업무 처리 속도도 점점 더 빨라지고 있습니다. 그러나 이를 감당할 인력과 시간은 오히려 부족해지는 듯합니다. 여러분도 비슷한 상황에 놓여 있지 않나요?

회의 준비, 보고서 작성, 자료 조사, 콘텐츠 제작까지… 각각은 금방 끝날 것 같은 일이지만, 막상 이런 업무가 쌓이면 하루가 순식간에 지나가 버리죠. 팀원이 부족하고 예산도 넉넉하지 않다면 지금 이 상황을 개선할 다른 방법이 필요합니다.

그 대안으로 최근 많은 기업이 주목하고 있는 것이 바로 'AI 협업'입니다. AI는 더 이상 단순한 보조 도구가 아니라, 실제로 역할을 맡아 실질적인 업무를 수행하는 협업 파트너로 자리매김하고 있습니다. AI 도입은 '디지털 전환'이라는 거창한 프레임보다는 현실적인 업무 부담을 덜어줄 수 있는 실용적인 수단에 더 가깝습니다.

예를 들어 다음과 같은 작업에 AI를 도입할 수 있습니다.

- 새로운 아이디어가 필요할 때 → 브레인스토밍 지원
- 시장 조사나 트렌드 리포트를 빠르게 읽고 요약해야 할 때 → 정보 정리 보조
- 기획서나 보고서 초안을 신속히 작성해야 할 때 → 문서 자동 생성
- 엑셀 등 반복적인 데이터 정리 작업이 부담될 때 → 데이터 분석 및 시각화 지원
- 고객 문의가 많아 대응이 어려울 때 → 챗봇을 통한 상담 자동화
- 디자인 시안이나 콘텐츠 초안이 필요할 때 → 이미지·영상·카피 초안 생성 지원
- 대량의 문서를 빠르게 분류·정리해야 할 때 → 자동 분류 및 태깅 지원

이처럼 반복적이고 시간 소모가 큰 업무에서 AI 도구는 마치 새로운 '팀원'을 영입한 것과 같은 효과를 제공합니다. 실제로 우리의 업무 방식은 기술과 협업 환경의 변화에 따라 빠르게 진화하고 있으며, 바로 이런 업무의 병목 지점에서 AI가 업무의 무게를 덜어줄 현실적인 해결책이자 새로운 팀원으로 자리 잡고 있습니다.

그렇다면 정말로 AI를 도입하면 우리의 일이 달라질까요?

다음 표는 AI 팀원 도입 전과 후, 업무 처리 방식이 어떻게 달라지는지를 구체적인 예시로 보여줍니다.

AI 팀원 투입 전	AI 팀원 투입 후
회의록 작성, 메일 회신, 자료 조사 같은 반복 작업이 쌓여 정작 중요한 업무에 쓸 시간이 없다.	• 챗GPT로 회의록 자동 생성 • 코파일럿으로 메일 요약, 초안 자동 작성
아이디어는 많지만 문서로 정리하는 일은 늘 마지막에 급히 처리한다.	• 챗GPT로 핵심 키워드 기반으로 기획안 작성 • 감마로 카드형 발표 자료 자동 구성
보고서, 엑셀 요약, 슬라이드 작업이 번거롭고 반복적으로 느껴진다.	• 코파일럿으로 보고서 초안 정리 • 챗GPT로 데이터 요약 및 PPT 슬라이드 자동 생성
마케팅 트렌드나 경쟁사 분석은 늘 촉박하게 처리하거나 생략한다.	• 퍼플렉시티로 키워드 기반 리서치 자료 수집 • 챗GPT로 마케팅 사례 정리 및 인사이트 요약
콘텐츠 디자인을 요청하고 기다리느라 일정 맞추기가 늘 부담된다.	• 캔바로 템플릿 기반 카드뉴스 즉시 제작 • 브루로 영상 콘텐츠 자동 생성
발표 자료를 구성할 때 항상 뼈대 잡는 데 시간을 너무 많이 쓴다.	• 감마로 슬라이드 주제와 흐름 자동 생성 • 미리캔버스로 프레젠테이션 전체 레이아웃 구성 자동화
여러 AI 도구를 오가느라 이동 시간이 길고 업무 흐름이 자주 끊긴다.	• 챗GPT, 코파일럿, 퍼플렉시티 등이 하나의 업무 플로에서 매끄럽게 연동

AI는 사람이 더 중요한 일에 집중할 수 있도록 돕는 협업 파트너입니다. AI가 회의록을 정리하고 초안을 작성하며 반복적인 작업을 맡는 동안, 사람은 전략을 고민하고 아이디어를 다듬으며 창의적인 판단에 집중할 수 있죠. 내 업무에 맞는 도구 하나만 잘 선택해도 지금 당장 작지만 확실한 변화를 만들어낼 수 있습니다.

그렇다면 중요한 질문이 남습니다.

"나에게는, 우리 팀에는 어떤 AI 팀원이 필요할까요?"

이제 각기 다른 특성과 강점을 지닌 AI 팀원들을 만나볼 차례입니다. 여러분의 업무를 함께할 AI 팀원의 역할과 강점을 살펴보며, 여러분의 일에 최적화된 맞춤형 AI 인재를 영입해봅시다.

1.2 우리 팀에 합류한 AI 팀원 소개

AI가 팀원이 된다면 어떤 역할을 맡게 될까요? 모든 AI가 같은 업무를 잘하는 것은 아닙니다. 도구마다 성격과 강점이 뚜렷하게 다릅니다.

그렇다면 어떤 AI 도구가 어떤 업무에 적합한지를 알고 적재적소에 배치해야겠죠. 인재를 영입할 때 성격, 역량, 경험을 고려해 포지션을 정하듯 AI 팀원도 각 특성과 역할을 기준으로 선발해야 합니다. 어떤 AI는 기획에 강하고, 어떤 AI는 숫자 처리에 능하며, 또 어떤 AI는 시각화나 마케팅 콘텐츠 제작에 뛰어납니다. 예를 들어 기획 아이디어를 빠르게 구상할 때는 챗GPT가 강점을 보이고, 시장 조사나 데이터 기반 인사이트 분석에는 퍼플렉시티가 효과적이며, 문서 정리나 반복적인 자료 작성 업무는 코파일럿이 적합할 수 있습니다. 이러한 AI 팀원을 어떻게 배치하느냐에 따라 업무의 속도와 질이 눈에 띄게 달라집니다.

AI를 팀원으로 영입할지 판단하는 기준은 크게 두 가지입니다.

첫째, 우리 팀의 업무 중 반복적이거나 시간이 많이 소요되는 작업이 무엇인지 파악해야 합니다. 그리고 그 작업이 전체 업무에서 차지하는 비중이 얼마나 큰지도 함께 살펴봐야 합니다. 예를 들어 매일 같은 형태의 보고서를 정리하거나 방대한 자료를 검토해야 하는 일이 있다면 이는 AI 팀원에게 맡기기에 적합한 영역일 수 있습니다.

둘째, 그 작업을 AI에게 맡겼을 때 사람이 더 중요한 일에 집중할 수 있는지를 따져봐야 합니다. 단순히 시간을 절약하는 것만으로는 충분하지 않습니다. 그 시간을 활용해 창의적인 기획, 전략 수립, 대인관계가 필요한 협업 등 사람만이 잘할 수 있는 가치를 만들어낼 수 있어야 AI 영입이 의미 있습니다.

이 기준을 모두 충족한다면 이제는 AI 팀원의 역할과 강점을 구체적으로 검토해야 합니다.

- 어떤 업무에 배치하는 것이 가장 효과적인지
- 그 업무를 잘 수행하기 위해 필요한 AI 팀원의 강점은 무엇인지

또한 AI 팀원의 실행 환경도 함께 고려해야 합니다.

- 이 AI 팀원은 앱, 브라우저, 협업 툴 등 어디에서 접속할 수 있는가
- 효과적으로 활용하려면 어떤 방식으로 프롬프트를 입력해야 하는가
- 실제로 함께 일하려면 어떤 단계부터 시작하는 것이 좋은가

결국 중요한 것은 '각각의 AI 팀원이 어떤 역할을 맡아야 그 역량을 효과적으로 발휘할 수 있는가'를 분명히 파악하는 일입니다.

다음 표를 통해 우리와 함께 일할 AI 팀원을 만나봅시다. 각 팀원의 강점을 살펴보며 이들이 팀에서 어떤 역할을 수행하게 될지 소개합니다.

팀원(AI 도구)	강점	담당 업무
챗GPT	아이디어 발굴, 브레인스토밍, 기획서 초안 작성, 데이터 요약, 인사이트 도출, 콘텐츠 생성, 회의록 요약	기획 총괄
코파일럿	문서 작성 자동화, 엑셀 데이터 정리, PPT 슬라이드 생성, 이메일 초안 작성	운영 지원
퍼플렉시티	시장조사, 트렌드 분석, 경쟁사 분석, 인사이트 리서치	전략사업 총괄
미리캔버스, 캔바, 브루, 감마, 달리	카드뉴스·포스터 제작, SNS 콘텐츠 영상화, 프레젠테이션, 웹 페이지 자동 생성, 시각 자료 보완	디자인 총괄

지금부터는 AI 팀원 각자의 특성을 좀 더 세밀하게 살펴보고, 간단한 예제를 통해 이들을 어떤 업무에 어떻게 활용할 수 있는지 알아보겠습니다.

챗GPT
아이디어 발굴·기획서 초안 작성·데이터 요약·콘텐츠 생성에 강한 기획 & 창작 파트너

챗GPT는 기획 업무 전반을 이끌어줄 팀원입니다. 아이디어가 필요할 때는 브레인스토밍을 도와주고, 보고서나 제안서 초안을 빠르게 작성해줍니다. 또한 회의 후 내용 정리나 전략의 큰 흐름을 설정할 때에도 유용하게 활용할 수 있습니다. 즉흥적인 아이디에이션(Ideation) 단계부터 구조화된 문서 작업까지, 초기 기획 과정에서 챗GPT는 기획을 총괄하는 역할에 가장 적합한 도구입니다.

 이 책에서는 챗GPT 유료 버전(GPT-5)을 기준으로 실습을 진행했으며 책에 나오는 예시 응답도 모두 GPT-5 기준으로 작성되었습니다. GPT-5는 더욱 정교한 응답과 강화된 추론 능력, 긴 문맥을 안정적으로 다루는 강점을 지니며, 실무 작업에서도 높은 완성도를 제공합니다. 챗GPT를 처음 사용하시는 분들은 무료 버전을 사용해보고, 필요할 때 유료 버전으로 전환해도 충분합니다.

다음 순서를 따라 하며 챗GPT 활용법을 익혀봅시다.

01 웹 브라우저에서 '챗GPT(ChatGPT)'를 입력하거나 주소 입력창에 'chat.openAI.com'을 직접 입력해 챗GPT에 접속합니다. 회원 가입하여 로그인하기 위해 오른쪽 상단의 [무료로 회원 가입] 버튼을 클릭합니다.

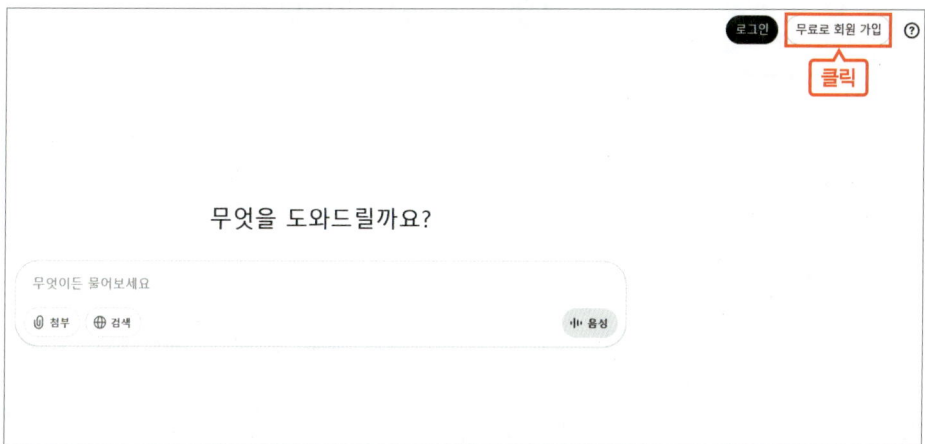

02 구글 계정이 있다면 간편하게 가입할 수 있습니다. 원하는 방법으로 회원 가입 및 로그인합니다.

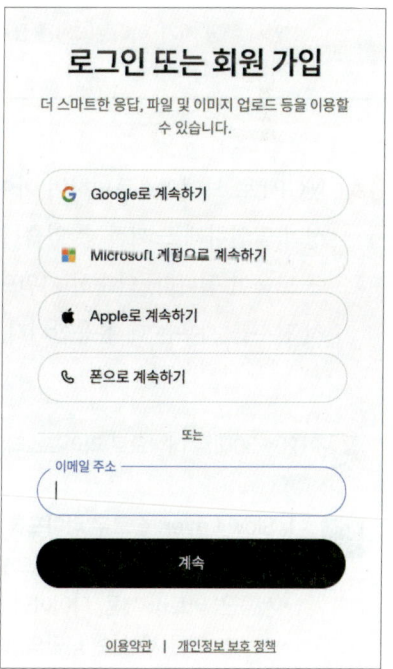

 가입 방식마다 다음과 같은 장점이 있으니 가장 편리한 방법을 선택하여 로그인합니다.

- 이메일: 계정 관리가 단순하고 특정 플랫폼에 종속되지 않습니다.
- 구글 계정: 별도의 비밀번호를 기억할 필요가 없습니다. 구글 보안 시스템을 그대로 사용할 수 있습니다.
- 마이크로소프트 계정: 윈도우, 오피스365, 원드라이브와 연동을 할 수 있어 편리합니다.
- 애플 계정: 개인정보 보호에 강합니다. 필요할 때 이메일을 숨기고 임시 이메일을 사용할 수 있습니다.

03 메인 화면으로 돌아오면 대화창이 활성화됩니다. 화면 중앙의 채팅창에 프롬프트를 입력하면 채팅 목록이 생성되고 대화 기록이 저장됩니다.

 챗GPT는 사용자와의 채팅을 기반으로 작동합니다. 사용자가 입력하는 언어나 정보를 학습해 사용자가 요청한 자료를 제공합니다. 앞뒤 맥락을 이해하고 반응하기 때문에 하나의 주제나 프로젝트를 이어가고 싶다면 같은 채팅창에서 대화를 계속하는 것이 좋습니다.
반면 간단한 질문이나 일시적인 고민을 빠르게 해결하고 싶을 때는 화면 오른쪽 상단의 말풍선 모양의 '임시 채팅 켜기' 아이콘(◨)을 클릭하여 임시 채팅방을 이용할 수 있습니다. 임시 채팅방의 대화 기록은 저장되지 않습니다.

04 챗GPT로 브레인스토밍하며 아이디어를 발굴해봅시다. 새로운 일을 시작할 때 주제나 방향성이 막연하게 느껴질 수 있습니다. 이때 챗GPT는 생각을 정리하고 출발점을 마련하는 데 큰 도움이 됩니다. 단순히 키워드만 던져도 다양한 관점의 아이디어를 제안해주므로 기획의 첫 단추를 끼우는 데 유용합니다.

 20~30대를 대상으로 라이프스타일 브랜드를 론칭할 거야. 브랜드 이름 아이디어를 5개 제시해줘.

 1. Slow Layer: 슬로우 라이프를 레이어처럼 쌓아가는 브랜드
- 키워드: 슬로우 라이프, 마인드풀니스, 루틴 빌딩
- 제품군: 아로마 제품, 다이어리, 슬로우 액티비티 키트(명상 카드, 독서 키트 등)
- 스토리: 빠른 세상 속, 나만의 속도로 살아가는 삶을 레이어처럼 차곡차곡 쌓는 콘셉트
- 론칭 전략: "나의 하루에 슬로우 레이어를 한 겹 추가하세요" 같은 감성 캠페인

2. Orbit: 디지털 디톡스 + 자연으로 돌아가는 감성 브랜드
- 키워드: 디지털 웰니스, 자연 복귀, 심플라이프
- 제품군: 무가공 원목 가구, 아웃도어 소품, 디지털 디톡스 키트(노폰백, 필름카메라, 노트)
- 스토리: "나를 중심으로 자연이 다시 돌게 하라"(Orbit)
- 론칭 전략: 주말 48시간 디지털 디톡스 캠페인(가상 캠프 개최)

(중략)

브랜드명	핵심 키워드	메인 스토리
Slow Layer	슬로우 라이프, 루틴	하루하루 쌓아가는 나만의 리듬
Orbit	디지털 디톡스, 자연	자연 중심으로 돌아가는 삶
Common Ground	커뮤니티, 연결	공통된 공간에서 만나는 사람들
Shift	변화, 모듈성	쉽게 바꿀 수 있는 나만의 공간
Pace	밸런스, 루틴	나만의 속도로 걷는 삶

이처럼 챗GPT는 단순한 키워드 나열을 넘어 브랜드 특성에 맞춰 콘셉트, 제품군, 메시지, 캠페인 전략까지 일관된 톤으로 제안합니다. 특히 Slow Layer, Orbit, Shift처럼 감성·생활 방식·브랜드 철학이 연결된 이름과 스토리를 함께 생성하는 방식은 초기 기획 단계에서 빠르게 방향을 잡는 데 유용합니다.

 "이 중에서 2개를 선택해 미니 브랜드로 발전시켜줘"처럼 후속 지시를 주면 더욱 구체적인 마케팅 플랜이나 콘텐츠 제작 아이디어까지 발전시킬 수 있습니다.

05 이번에는 챗GPT에게 기획서 초안 작성을 요청해봅시다. 주제는 정했지만 막상 기획서를 작성하려고 하면 막막할 때가 있습니다. 어떤 내용을 넣어야 할지 감이 오지 않는다면 챗GPT에 먼저 요청해보세요. 구성부터 핵심 항목까지, 초안을 잡는 데 필요한 기본 틀을 빠르게 제안해줍니다.

 제로웨이스트 브랜드로 기획서 초안을 작성해줘. 초안은 개요, 타깃, 콘셉트, 마케팅 전략으로 구성해줘.

제로웨이스트 브랜드 기획서 초안

1. 개요

브랜드명(가칭) "Second Nature"
- 자연스럽게, 두 번째 본성처럼 제로웨이스트를 일상에 녹이다.

브랜드 미션
- '소비'가 아닌 '순환'을 기본으로 하는 삶의 방식을 제안한다.
- 작은 습관 변화를 통해 '제로웨이스트'를 일상에 자연스럽게 스며들게 한다.

주요 제품군
- 리필 가능한 라이프스타일 제품(샴푸, 세제, 핸드워시 등)
- 다회용 친환경 키트(텀블러, 밀랍랩, 에코백, 리필팩 등)
- 제로웨이스트 초보자를 위한 '스타터 키트' 패키지

(중략)

4. 마케팅 전략

론칭 초반 전략: "쉽게 시작하는 제로웨이스트" 캠페인

- 스타터 키트 론칭
  초보자용 제로웨이스트 키트 판매(리필 제품 + 다회용품 패키지)
- 리필 챌린지 캠페인
  "30일 리필 챌린지" 온라인 이벤트 운영(참가자 리필 인증 → 리워드 제공)
- 마이크로 인플루언서 협업
  환경, 웰니스 계열 마이크로 인플루언서들과 체험형 콘텐츠 제작(하루 리필 루틴 공유)
- 오프라인 팝업스토어 운영
  제로웨이스트 체험존 + 리필 스테이션 설치
  리필하는 경험 자체를 브랜드 체험으로 연결
- SNS 콘텐츠 기획
  "내가 바꾼 작은 습관" 캠페인: 고객 스토리 공모 및 릴레이 업로드

챗GPT는 실제 기획서 작성에 필요한 항목을 자동으로 구성하고 각 항목에 맞는 내용을 문맥에 맞춰 작성하는 데 강점이 있습니다. 특히 브랜드 미션, 타깃 분석, 콘셉트 키워드, 톤앤매너, 마케팅 전략까지 기획자가 고민할 법한 흐름을 그대로 구현해냅니다.

06 챗GPT에서 '파일 추가 및 기타' 아이콘(+)을 클릭하여 데이터 파일을 업로드하고 데이터 요약 및 인사이트 도출을 요청해봅시다. 데이터를 바탕으로 요약, 시각화, 인사이트 도출 등 다양한 작업을 이어갈 수 있습니다.

첨부한 파일의 결과를 분석한 요약표와 인사이트 리포트 초안을 작성해줘. 그리고 주요 트렌드를 3가지로 정리해줘.

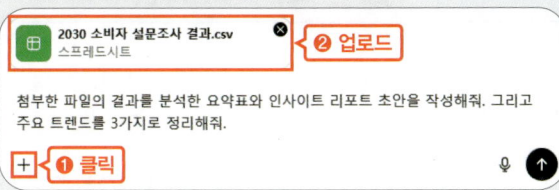

 2030 소비자 설문조사 결과 요약표

항목	결과 요약
연령대 분포	20대: 5명, 30대: 5명
성별 분포	여성: 5명, 남성: 5명
제로웨이스트 인지도	높음: 4명, 보통: 3명, 낮음: 3명
제로웨이스트 실천 여부	가끔: 4명, 자주: 3명, 거의 안 함: 3명
관심 제품군	리필 용품: 5명, 다회용품: 5명
구매 고려 이유	환경 보호: 4명, 트렌드: 3명, 가격 절감: 2명, 편리성: 1명

2030 소비자 설문조사 인사이트 리포트 초안

1. 요약

2030 세대는 제로웨이스트에 대한 인식과 관심이 고르게 분포되어 있으며 특히 "환경 보호"를 주요 구매 동기로 삼는 경향이 뚜렷하다. 다만, 실천 수준은 '가끔'과 '자주'에 머무르고 있어 제로웨이스트를 완전히 일상화하기 위한 추가적인 동기부여가 필요한 상황이다.

2. 주요 트렌드 3가지

- 리필 용품과 다회용품에 대한 관심이 균등
    → 초기 제품 포트폴리오는 리필과 다회용 제품을 동시에 다루는 것이 유리하다.
- 환경 보호를 구매 이유로 꼽은 비율이 가장 높음
    → 브랜드 메시지는 '환경'을 중심에 두되, "실천할 수 있는 환경 보호"로 톤을 잡아야 한다.
- 실천 빈도는 '가끔'과 '자주'가 대부분
    → 제로웨이스트에 관심은 있지만 완전한 생활화는 아직. 실천 허들을 낮추는 솔루션이 필요하다.

챗GPT는 데이터 기반의 사고력과 구조화된 인사이트 도출 능력까지 갖췄습니다. 특히 숫자, 분포, 경향성 같은 간단한 데이터 세트를 바탕으로 소비자 행동의 특징을 해석하고 전략 방향까지 제안합니다. 실무적으로 중요한 점은 챗GPT가 숫자 간의 관계와 간극, 의미 해석에 강하다는 것입니다.

 챗GPT가 엑셀 기반의 정량 데이터 분석을 직접 수행하기는 어렵지만, 이미 정리된 표나 수치를 해석해 인사이트로 정리하거나 리포트 또는 발표 자료 초안을 자동으로 작성하는 데 유용합니다.

NOTE 챗GPT의 다양한 기능 활용하기

대화창 왼쪽 하단에 있는 '파일 추가 및 기타' 아이콘(+)을 클릭하여 다양한 기능을 활용해봅시다. 챗GPT 채팅창 하단 메뉴는 계정 종류나 업데이트 시점에 따라 다르게 보일 수 있습니다. 다음은 팀 플랜 버전의 설명입니다.

❶ **사진 및 파일 추가**: 이미지나 문서를 업로드해 직접 분석하거나 요약할 수 있습니다.
❷ **Google Drive에서 추가**: 클라우드에 저장된 자료를 불러와 활용할 수 있습니다.
❸ **Use Connectors**: 외부 서비스와 연동하여 데이터를 가져오거나 연결된 앱을 활용할 수 있습니다.
❹ **심층 리서치**: 특정 주제를 깊이 조사하고 신뢰도 높은 근거 자료를 모아 정리합니다.
❺ **에이전트 모드**: 복잡한 작업을 단계적으로 실행하거나 자동화된 업무 처리를 도와줍니다.
❻ **이미지 만들기**: 텍스트 프롬프트를 입력해 원하는 이미지를 생성합니다.
❼ **웹 검색**: 인터넷에서 최신 정보를 검색해 답변을 제공합니다.
❽ **캔버스**: 아이디어를 시각적으로 정리하고 문서를 함께 작성할 수 있습니다.
❾ **공부하고 배워요**: 학습 주제에 맞는 튜토리얼과 설명을 제공합니다.

07 이 외에도 챗GPT는 실무자의 창작 부담을 줄여주는 다양한 콘텐츠 생성 기능을 제공합니다. 블로그 글, 마케팅 문구, 소셜 미디어 콘텐츠, 프레젠테이션 자료 등 다양한 형식의 글을 빠르고 효율적으로 만들어 아이디어 구상부터 실행까지 걸리는 시간을 크게 단축해줍니다.

업무	업무 내용	프롬프트 예시
광고 카피 작성	타깃 맞춤 광고 문구 생성	"제로웨이스트 브랜드 광고 문구 5개 만들어줘"
보도 자료 초안 작성	제품 출시/캠페인 홍보용 기사 초안 작성	"OOO 브랜드 출시 보도 자료 작성해줘"
콘퍼런스 프로그램 기획	콘퍼런스 주제, 세션, 일정표 구성	"AI 포럼 프로그램 기획안 작성해줘"
이미지 생성	생성형 AI '달리'로 비주얼 제작	"친환경 브랜드 포스터 이미지 만들어줘"

 특정 문구나 구조가 마음에 들면 "이 문구를 PPT용 슬라이드로 바꿔줘" 또는 "이 어조를 더 간결하게 바꿔줘"와 같이 후속 지시를 통해 다양한 형태로 발전시킬 수 있습니다.

✅ 코파일럿

문서 작성 자동화·PPT 슬라이드 생성·데이터 정리에 강한 실무형 생산성 파트너

코파일럿은 마이크로소프트 365 앱(워드, 엑셀, 파워포인트, 아웃룩 등)에 내장된 생성형 AI입니다. 문서, 슬라이드, 표, 이메일 등을 사용자의 자료나 명령어를 바탕으로 빠르게 생성·요약·편집할 수 있도록 도와줍니다. 반복적인 문서 작업을 자동화하거나 기존 정보를 기반으로 실용적인 결과물을 만드는 데 유용하며, 특히 워드나 엑셀처럼 문서 중심 앱에서 업무 효율을 높이는 실무형 도구로 활용할 수 있습니다.

> 🔍 **NOTE 코파일럿 실습 환경**
>
> 이 책에서는 마이크로소프트 365 유료 요금제에 포함된 코파일럿 기능을 기반으로 실습을 진행합니다. 코파일럿은 워드, 엑셀, 파워포인트 등 마이크로소프트 365 앱 안에 통합된 문서 기반 AI입니다. 다음 내용을 참고하여 사용 환경을 준비해보세요.
>
> - **필수 요금제**: 마이크로소프트 365 개인용 또는 패밀리 요금제(유료)
>   - 두 요금제 모두 매달 AI 크레딧 60개가 자동 지급되어 기본적인 코파일럿 기능을 체험할 수 있습니다.
>   - 패밀리 요금제는 개인 가입도 할 수 있으며 본인을 포함해 최대 6명이 함께 사용할 수 있어 비용 부담을 줄이고 여럿이 실습하기에 적합합니다.

- **더 많은 AI 기능이 필요한 경우:** 코파일럿 프로(Pro) 요금제 별도 구독 가능
  - 코파일럿 프로 이용 시 크레딧 없이도 코파일럿 기능을 자유롭게 사용할 수 있습니다.
  - 기존 마이크로소프트 365 요금제에는 포함되어 있지 않으므로 별도로 구독해야 합니다.

다음 순서를 따라 하며 코파일럿 활용법을 익혀봅시다.

01 웹 브라우저에서 '마이크로소프트 365(Microsoft 365)'를 입력하거나 주소 입력창에 'www.office.com'을 직접 입력해 접속합니다.

> ⚠️ 컴퓨터에 워드, 엑셀, 파워포인트 등 오피스 프로그램이 설치되어 있다면 해당 앱을 바로 실행하여 사용합니다. 만약 사용하는 컴퓨터에 오피스 앱이 없거나 버전이 오래되어 코파일럿 기능이 활성화되지 않을 경우에는 책에서 진행하는 것처럼 웹 브라우저를 통해 실습을 진행합니다. 웹으로 실습을 진행할 때는 최적의 성능을 위해 마이크로소프트 엣지(Microsoft Edge) 사용을 권장합니다.

02 마이크로소프트 계정이 있다면 [로그인] 버튼을 클릭하여 로그인하고 계정이 없다면 로그인 화면에서 '계정을 만드세요!'를 클릭하여 새로 만들어 로그인합니다.

 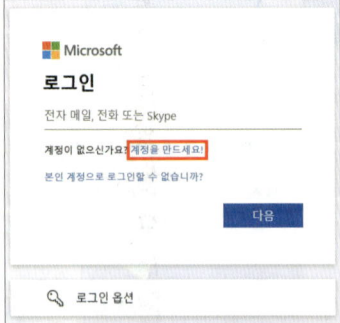

03 로그인하면 마이크로소프트 365 홈 화면이 나타납니다. 이곳에서는 워드, 파워포인트, 엑셀 뿐만 아니라 디자인과 영상 작업까지 자유롭게 진행할 수 있습니다. 여러 작업을 한 공간에서 효율적으로 관리할 수 있는 통합형 작업 환경을 제공합니다.

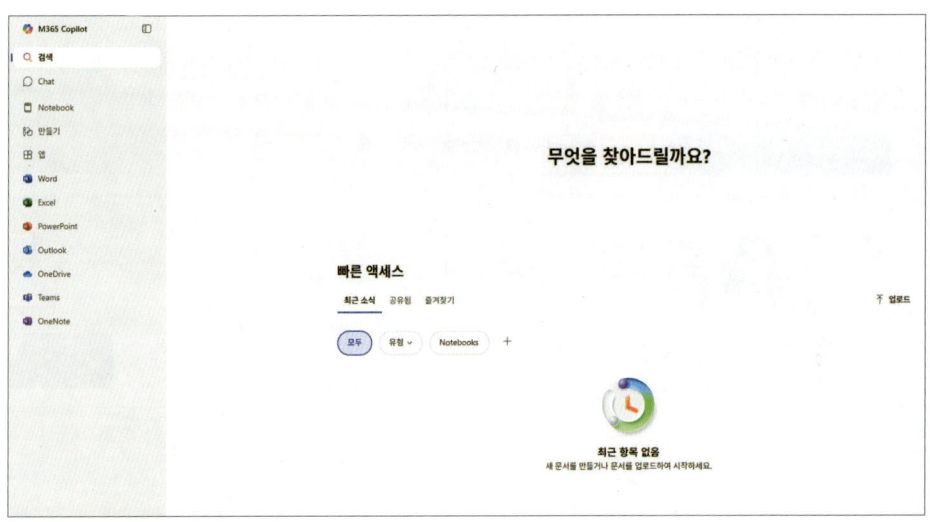

🔍 NOTE Microsoft 365 앱 한눈에 보기

예를 들어 워드에서 문서를 작성하다가 필요할 때는 '클립챔프(Clipchamp)'로 영상을 만들고 '디자이너(Designer)'로 포스터를 디자인할 수 있으며 '원드라이브(OneDrive)'에 자동으로 저장되어 언제 어디서든 이어서 작업할 수 있습니다.

Microsoft 365 앱은 여러 앱 간 자료를 옮기거나 복사할 필요 없이 하나의 인터페이스 안에서 자유롭게 작업을 전환할 수 있어 속도와 유연성 측면에서 데스크톱 앱보다 더 실용적인 환경을 제공합니다.

NOTE 코파일럿 프로 구독

마이크로소프트 365 유료 구독자(개인 또는 패밀리)는 기본 제공되는 AI 크레딧을 사용해 마이크로소프트 365 및 윈도우 앱 내에서 코파일럿 기능을 이용할 수 있습니다.

크레딧 소진 후에도 AI 기능을 제한 없이 사용하려면 [계정 관리자] → [내 Microsoft 계정] → [구독] 화면에서 [관리]를 클릭하여 구독한 플랜을 확인하거나 변경하여 기능 제한을 변경할 수 있습니다.

04 코파일럿을 활용해 문서 작성 자동화를 실습해봅시다. 워드(Word) 파일을 실행하고 상단의 채팅창에 프롬프트를 입력합니다. 우리는 상단 채팅창에 신제품 출시 전략 보고서 작성을 요청하는 프롬프트를 입력해봅시다.

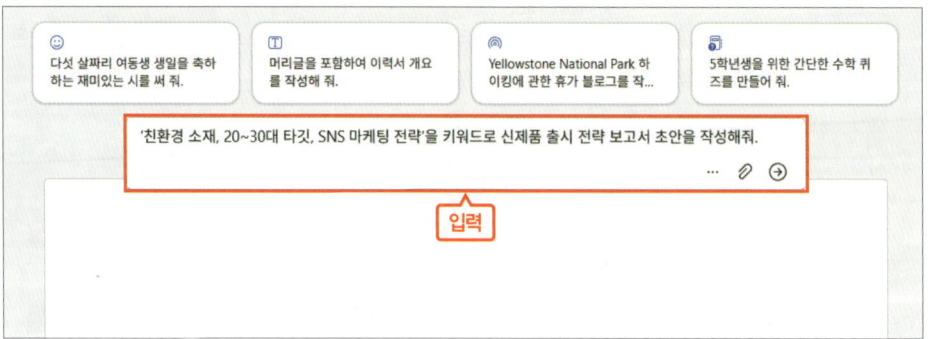

 '친환경 소재, 20~30대 타깃, SNS 마케팅 전략'을 키워드로 신제품 출시 전략 보고서 초안을 작성해줘.

신제품 출시 전략 보고서

친환경 소재 기반, 20~30대 타깃, SNS 마케팅 전략

1. 개요
본 보고서는 친환경 소재를 활용한 신제품의 성공적인 시장 진출을 위한 전략적 방향성을 제시합니다. 특히 20~30대 소비자를 핵심 타깃으로 삼고, 이들이 주로 활동하는 SNS(소셜 네트워크 서비스)를 활용한 체계적인 마케팅을 통해 브랜드 가치를 극대화하고자 합니다. 최근 친환경 트렌드의 확산과 디지털 네이티브 세대의 소비 변화에 주목하여, 지속가능성과 혁신성을 동시에 담은 신제품의 차별화된 포지셔닝 방안을 종합적으로 분석하였습니다.

2. 시장 및 타깃 분석
전 세계적으로 환경 보호와 지속가능성에 대한 관심이 높아지면서, 친환경 제품에 대한 수요가 꾸준히 증가하고 있습니다. 특히 20~30대는 사회적 가치와 윤리적 소비를 중시하는 경향이 두드러지며, 제품을 선택할 때 친환경 소재 사용 여부와 기업의 사회적 책임(CSR) 활동을 중요한 기준으로 삼고 있습니다. 이들은 도시 지역에 거주하며, 다양한 디지털 미디어와 SNS 채널을 통해 브랜드 및 제품 정보를 적극적으로 탐색, 공유하는 특징이 있습니다.

- 주요 타깃: 20~30대 디지털 네이티브(대학생, 사회초년생, 중견 직장인 등), 도시 거주자
- 구매 동기: 환경 보호 실천, 차별화된 브랜드 이미지 추구, 최신 트렌드에 민감, 자신만의 가치관 중시
- SNS 이용 행동: 인스타그램, 유튜브, 틱톡 등에서 제품 리뷰 및 정보를 탐색하고, 직접 게시물이나 스토리, 해시태그를 통해 경험을 공유함

3. 제품 전략
신제품은 재활용 플라스틱, 바이오 기반 친환경 원료 등 친환경 인증을 받은 고품질 소재로 제작됩니다. 단순히 소재의 친환경성에 그치지 않고, 전 생산 과정에서 환경 영향을 최소화하도록 설계합니다. 제품 디자인은 세련되면서도 현대적인 감각을 반영하여 젊은 소비자의 취향을 적극 반영하며, 패키지는 최소한의 포장과 생분해성 또는 재사용 가능한 자재를 사용합니다. 또한 제품 본연의 친환경 가치를 시각적으로 쉽게 이해할 수 있도록 친환경 라벨, 친환경 관련 인증 마크, 상세한 스토리텔링을 패키지와 프로모션 콘텐츠에 적극 활용할 계획입니다.

(중략)

5. 기대 효과 및 결론
이와 같은 전략적 실행을 통해 친환경 소재 신제품은 차별화된 브랜드 이미지를 확립할 수 있으며, 20~30대 주 소비자층의 높은 관심과 참여, 자발적 구전을 이끌어 낼 것으로 기대됩니다. SNS 중심의 마케팅은 빠른 정보 확산과 실시간 반응 파악이 가능해 시장 변화에 유연하게 대응할 수 있고, 브랜드 충성도와 재구매율을 높이는 데 효과적입니다. 궁극적으로 친환경 트렌드를 선도하는 혁신적 브랜드로 자리매김하여, 지속가능한 성장을 도모할 수 있을 것입니다.

05 하단에 있는 [유지] 버튼을 클릭하여 문서에 반영하거나 '다시 생성' 아이콘(↻)을 통해 내용을 수정할 수 있습니다. 작성한 내용에 대하여 추가 수정이 필요하다면 'Copilot이 무엇을 변경하기를 원하십니까?' 채팅창에 요청하여 초안을 다시 작성할 수 있습니다. 또한 문서 왼쪽에는 작성된 보고서의 목차가 함께 제공되어 구조를 한눈에 확인할 수 있습니다.

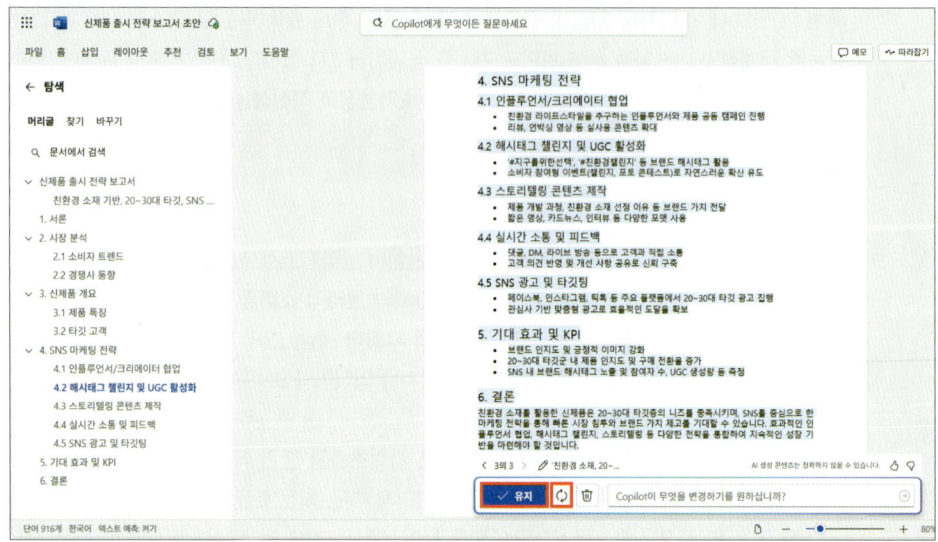

> **NOTE 코파일럿을 활용하는 2가지 방법**
>
> 코파일럿을 활용할 때 사용하는 두 가지 방법을 살펴보겠습니다.
>
> ❶ **코파일럿으로 초안 작성**: 화면 중앙 문서 영역에서 파란색 펜 모양의 'Copilot을 사용한 초안' 아이콘(✎)을 클릭하면, 본문 안에서 바로 초안을 생성하고 삽입할 수 있습니다. 빠르게 글의 뼈대를 잡을 때 활용하기 좋습니다.
>
> ❷ **코파일럿 채팅**: 메뉴바 오른쪽 상단의 [Copilt] 메뉴를 선택하면 오른쪽에 채팅 패널이 나타납니다. 이 채팅 패널에서 문서와 관련된 질문, 요약, 분석은 물론 웹 검색까지 대화형으로 진행할 수 있습니다. 필요할 경우, 생성된 내용을 본문에 바로 삽입할 수도 있습니다.

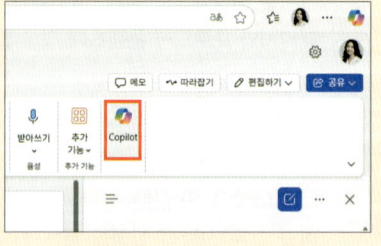

06 작성한 문서 초안의 출처 검색, 문장 요약 등의 기능이 필요하다면 채팅 기능을 활용할 수 있습니다.

채팅창에 웹 검색을 요청하면 나타나는 검색한 정보 하단에 자료의 출처 링크를 보여줍니다. 문서에서 이 출처를 삽입할 부분을 클릭해 커서의 위치를 설정하고 원하는 출처의 '문서에 추가' 아이콘(+)을 클릭하면 출처가 왼쪽 문서에 바로 삽입됩니다.

 20~30대 소비자를 주요 타깃으로 설정하고, SNS 마케팅에 성공한 사례를 찾아줘.

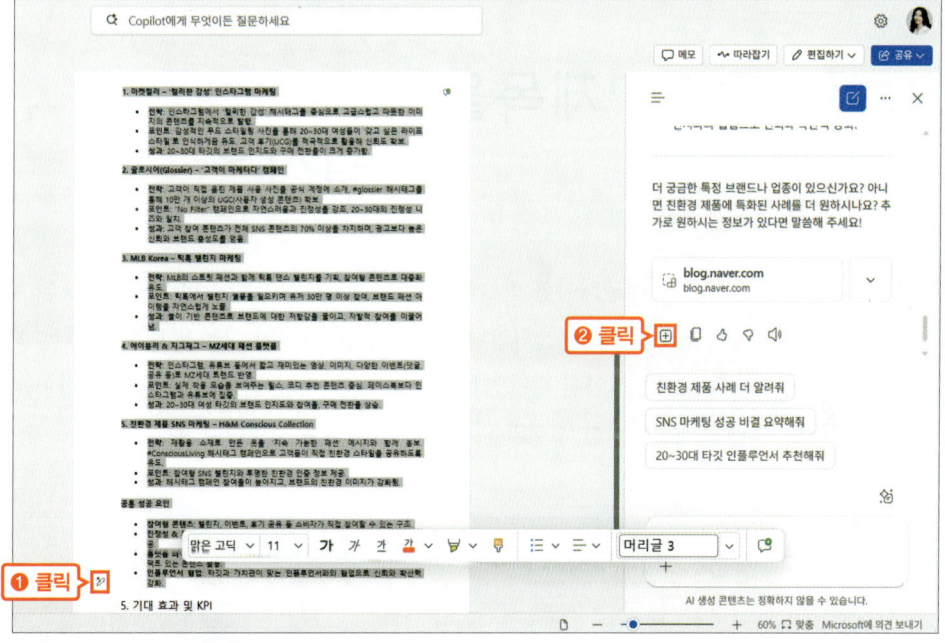

 이렇게 코파일럿은 사용자의 지시에 따라 웹에서 관련 정보를 검색하고, 요약한 내용과 함께 출처를 제공합니다. 단순히 검색 결과를 나열하는 것이 아니라, 요청 의도에 맞게 내용을 재구성하여 응답합니다. 필요한 경우 추가 질문도 제안해 실무자가 다음 단계로 이어가기 쉽게 돕습니다. 이를 통해 자료 조사부터 정리, 문서화까지 걸리는 시간을 크게 단축할 수 있습니다.

07 PPT 슬라이드를 생성을 위해 파워포인트(PowerPoint) 파일을 실행합니다. 화면 상단의 [검색] 창을 클릭하면 다양한 기능의 메뉴가 표시됩니다. 프레젠테이션을 만들기 위해 메뉴에서 [Copilot 제안] → [프레젠테이션 만들기]를 선택합니다.

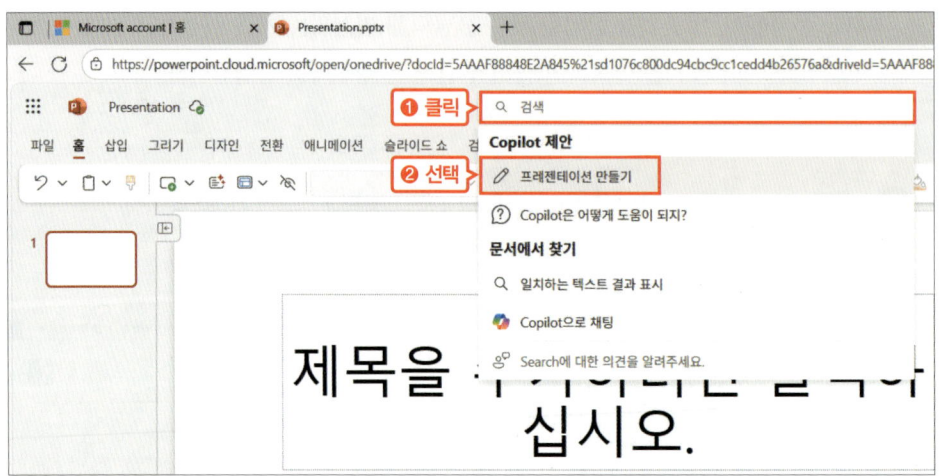

08 [Copilot을 사용하여 프레젠테이션 만들기] 창이 나타나면 여기에 PPT 슬라이드의 주제를 입력하고 [디자인 변경] 버튼을 클릭합니다. [프레젠테이션에 사용할 디자인 선택] 화면에서 주제에 적합한 프레젠테이션 디자인을 선택하고 [디자인 선택] 버튼을 클릭하여 디자인을 확정합니다. 프레젠테이션 주제와 디자인을 최종으로 확인하고 채팅창의 '→' 아이콘을 클릭합니다.

09 코파일럿이 프레젠테이션에 적합한 제목, 목차, 슬라이드별 핵심 내용을 자동으로 구성해 준 것을 확인할 수 있습니다. 오른쪽 스크롤바를 내려 코파일럿이 제안한 내용을 확인한 후, 해당 내용을 초안으로 사용하고 싶다면 오른쪽 하단의 [슬라이드 생성] 버튼을 클릭합니다.

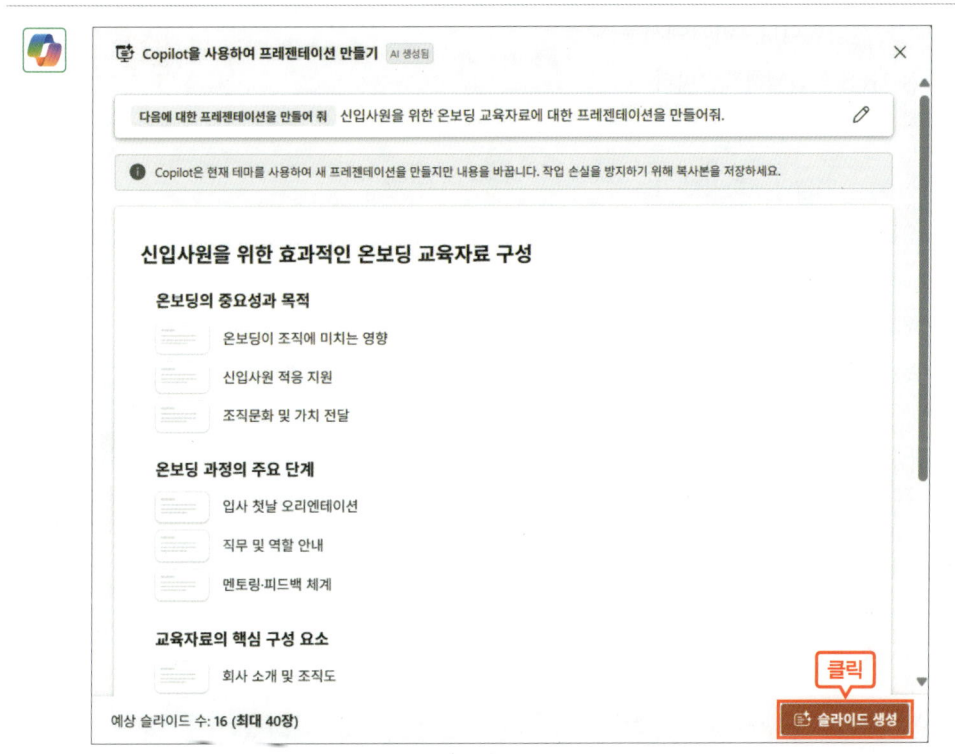

10 다음과 같이 PPT 슬라이드 초안이 작성됩니다. 화면 중앙 하단의 [유지] 버튼을 클릭하여 초안을 확정한 뒤, 필요에 따라 각 슬라이드에 내용을 추가하거나 수정하면 손쉽게 프레젠테이션을 완성할 수 있습니다.

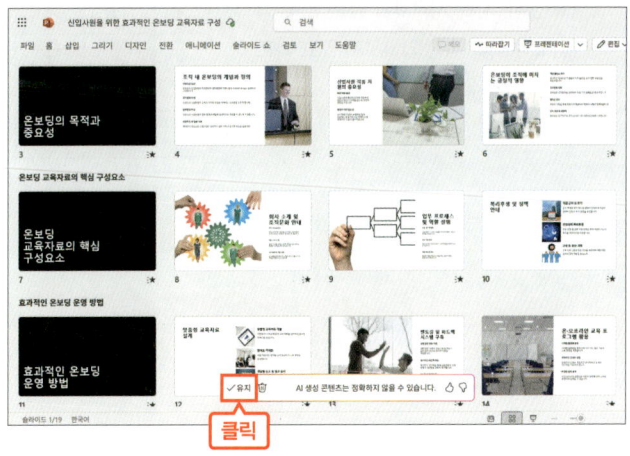

11 이번에는 엑셀 데이터를 정리하겠습니다. 엑셀 파일을 열고 오른쪽 상단 메뉴바의 'Copilot' 아이콘( ) 오른쪽에 있는 'V' 아이콘을 클릭하고 원하는 기능을 선택합니다. 여기에서는 [앱 기술]을 선택하겠습니다.

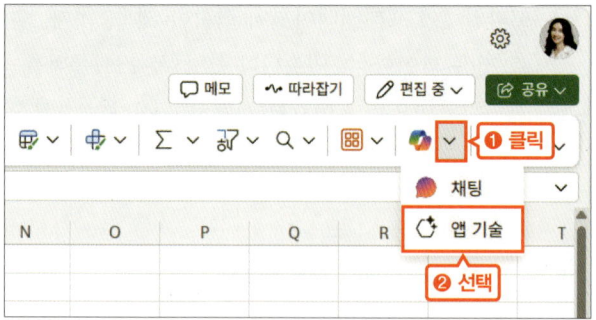

🔍 NOTE 엑셀의 코파일럿 기능

코파일럿에는 엑셀에 특화된 기능이 있습니다. PPT나 워드에서는 'Copilot' 아이콘( )을 클릭하면 선택할 수 있는 기능 옵션 없이 바로 코파일럿 채팅이 시작되는데, 엑셀의 경우 다음과 같이 세부적인 옵션 기능을 선택할 수 있습니다.

- **채팅**: 일반 대화 형식으로 데이터를 분석하고 인사이트를 도출할 수 있습니다. 간단한 질문, 데이터 요약, 외부 정보와의 연관 분석이 필요할 때 활용합니다.

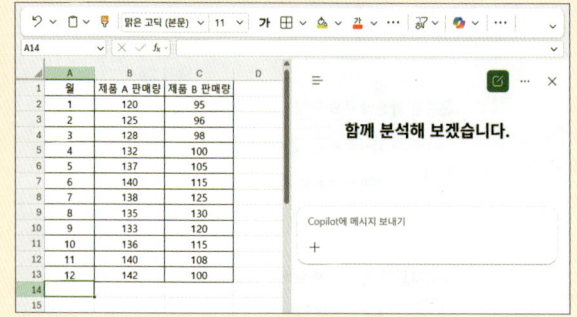

- **앱 기술**: 차트, 피벗테이블 등 엑셀의 특정 작업을 빠르고 정확하게 수행할 수 있습니다. 항목별 합계, 평균 계산, 표 정리, 차트 시각화와 같은 반복 작업도 수식을 직접 입력하지 않고 빠르게 처리할 수 있습니다.

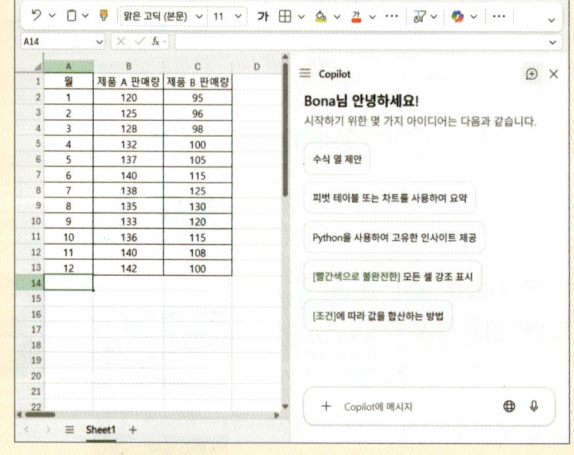

12 코파일럿은 각 제품의 총판매량을 계산하고 채팅창에 수식과 함께 결과를 나타냅니다. 결과 하단의 [+ 행 삽입] 버튼을 클릭하면 계산된 합계가 엑셀 표에 새로운 행으로 자동 추가됩니다.

각 제품 판매량의 합계를 구해줘.

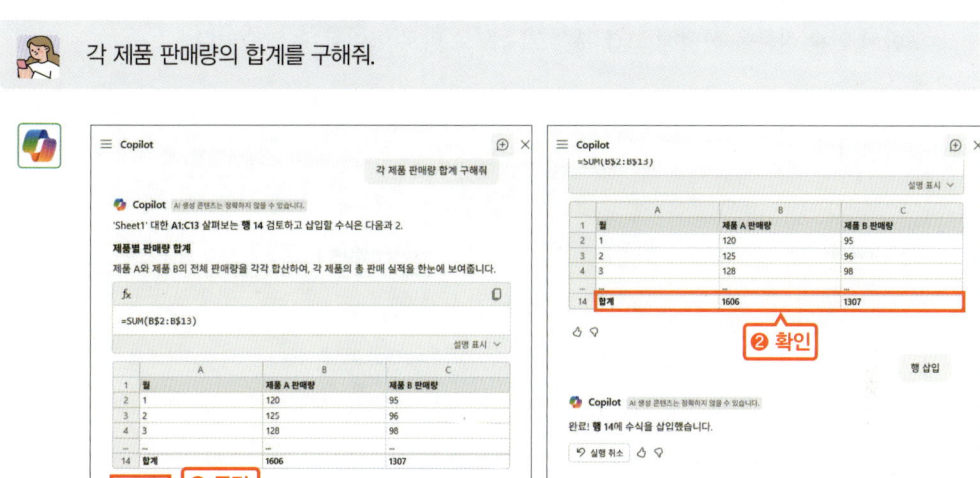

13 이번에는 월별 총 판매량을 계산해서 열에 추가해보겠습니다. 채팅창에 프롬프트를 입력하면 코파일럿이 요청한 작업에 대한 수식과 결과를 보여줍니다. [+열 삽입]을 클릭하면 새로운 열이 자동 추가됩니다.

'월별 총 판매량을 계산해서 열에 추가해줘.

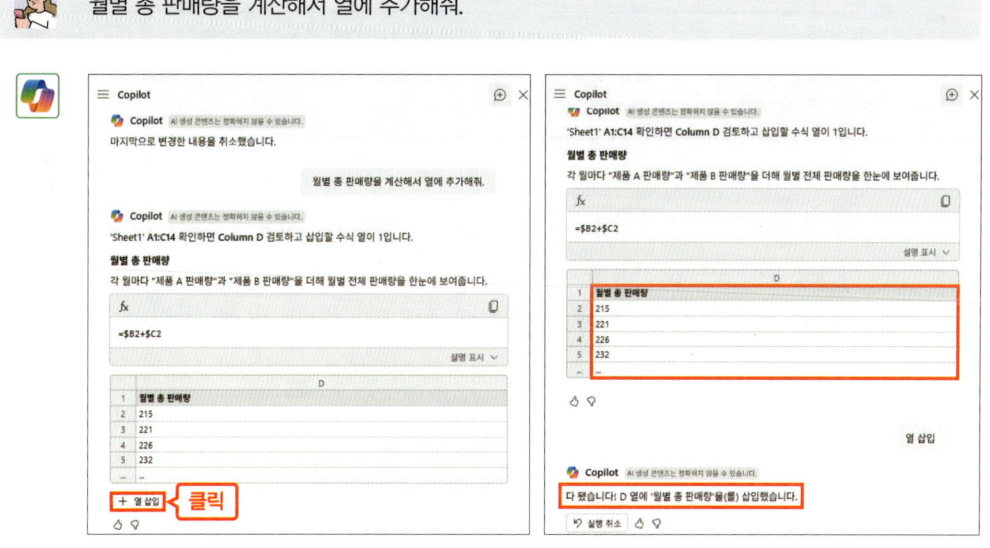

14 이번에는 코파일럿의 고급 분석 기능을 활용해봅시다. 단순히 데이터를 생성하고 값을 계산하는 수준을 넘어, 데이터를 분석해 인사이트를 도출하고 마케팅 전략까지 제안받을 수 있습니다. 어떤 분석부터 시작해야 할지 막막하다면 연관 질문 예시 중 '분석'이나 '인사이트'가 포함된 연관 질문을 선택해 고급 분석 기능으로 바로 이어갈 수 있습니다.

데이터 분석을 시작하기 위해 연관 질문에 있는 [데이터 인사이트를 표시해주세요] 버튼을 클릭합니다.

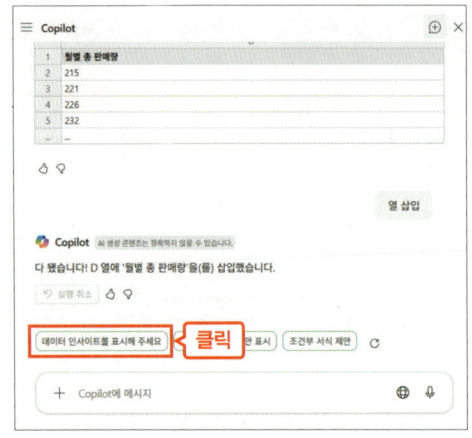
연관 질문

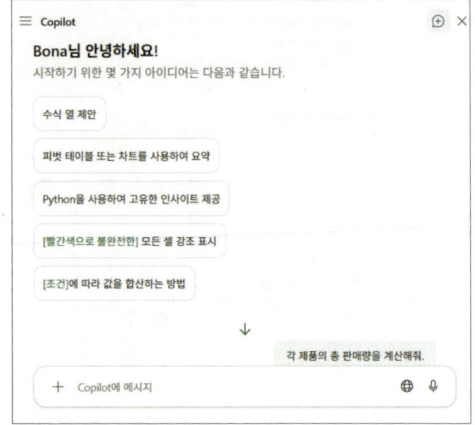
채팅창 상단의 예제

 만약 데이터 생성이나 계산은 필요 없고 분석과 인사이트 도출만 원한다면, 채팅창 상단에 표시되는 아이디어 중 '인사이트 제공' 문구가 들어간 버튼을 클릭해 바로 진행합니다.

 코파일럿은 이렇게 사용자가 입력한 프롬프트를 바탕으로 자동으로 수식을 작성하고 결과 데이터를 엑셀에 반영해줍니다. 수식이나 엑셀 사용에 익숙하지 않아도 단순한 요청만으로 원하는 데이터를 손쉽게 완성할 수 있어 복잡한 계산도 한 번의 명령으로 처리할 수 있습니다.

15 연관 질문을 활용한 고급 분석을 시작하겠습니다. 채팅창에 필요한 질문을 입력하고 연관 질문의 [고급 분석 모드를 사용하여 더 심층적 결과 얻기] 버튼을 클릭하여 고급 모드를 시작합니다. 채팅창에 2가지 버튼이 나타나는데, [시작]은 데이터에 대한 빠른 요약, 인사이트, 기본 시각화 등을 제공하고, [깊이 생각하기로 시작하기]는 파이썬 스크립트를 실행해서 복잡한 수식 자동 작성, 고급 통계와 예측 등 심층 분석을 시도합니다. 여기에서는 [깊이 생각하기로 시작하기] 버튼을 클릭하여 심화 분석을 진행합니다.

데이터 인사이트를 표시해주세요.

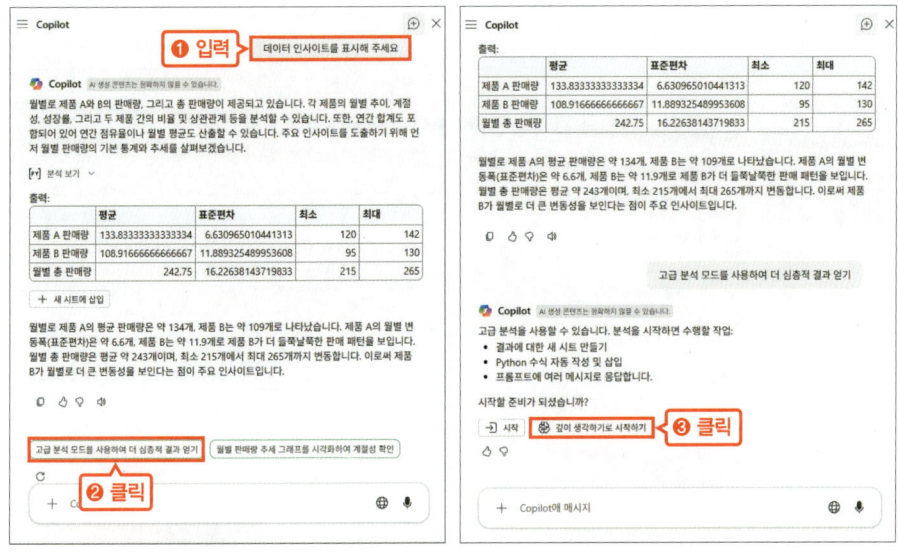

16 분석이 시작되면 엑셀의 하단 탭에 '분석1'이라는 새로운 시트가 자동 생성되며, 해당 시트에 분석 결과가 나타납니다. 오른쪽 채팅창에서는 코파일럿이 분석을 수행한 과정과 흐름을 단계별로 확인할 수 있어 분석의 맥락을 파악하는 데 도움이 됩니다.

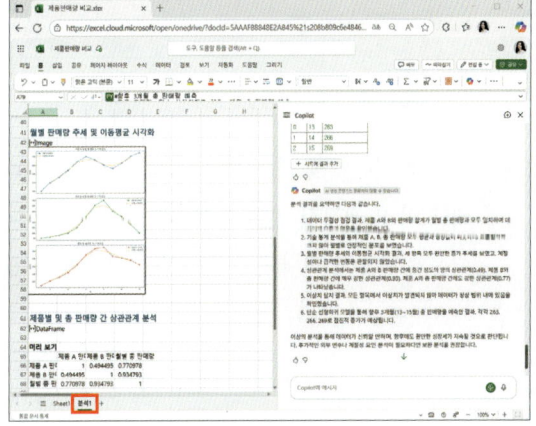

 만약 고급 분석 중 다음과 같이 오류가 발생하면 [다시 시도] 버튼을 클릭하여 작업을 이어갈 수 있습니다. 일시적인 문제인 경우가 많아 대부분 재시도하면 해결됩니다.

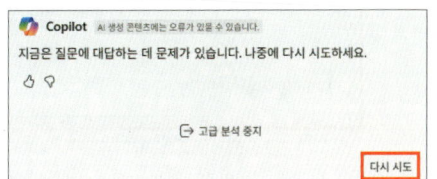

17 고급 분석을 통해 제품 A와 B의 월별 및 총판매량 추세를 시각적으로 보여주고, 두 제품 간 판매량의 상관관계도 함께 분석해줍니다. 특히 상관관계는 히트맵 형태로 시각화되어 데이터 간 연관성을 한눈에 파악할 수 있습니다.

> 제품 A와 제품 B의 판매량 간의 상관관계를 시각화된 히트맵으로 그려줘.

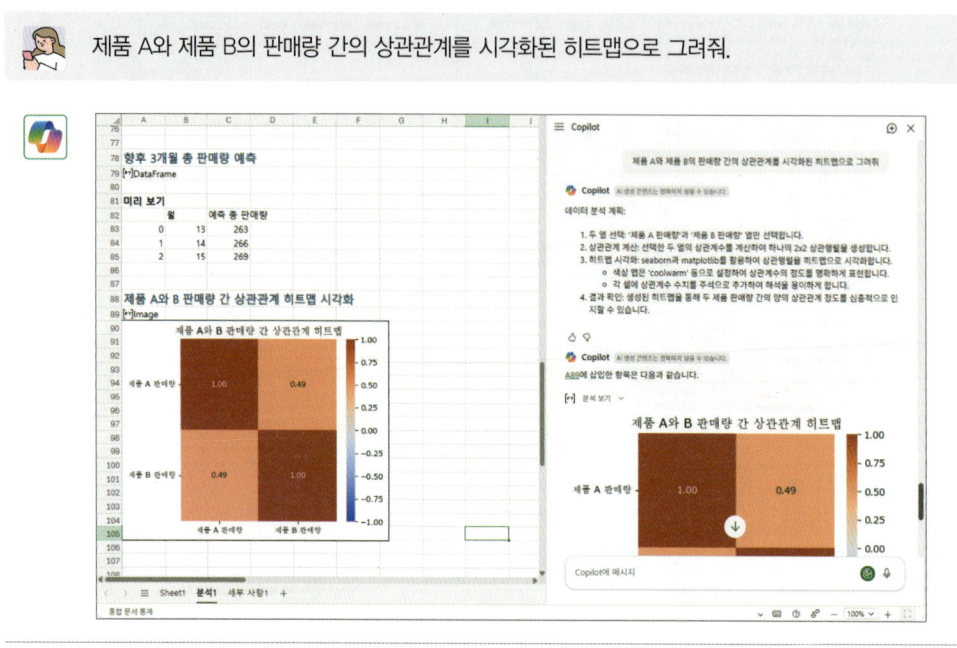

18 고급 분석이 완료되면 연관 질문을 제시합니다. 이를 통해 사용자는 작성하려는 자료의 목적에 맞춰 계절적 변동 분석, 마케팅 전략 등 추가 질문을 이어갈 수 있습니다. 이처럼 데이터를 기반으로 전략적 질문을 확장해가면 더 깊이 있는 인사이트를 얻을 수 있습니다.

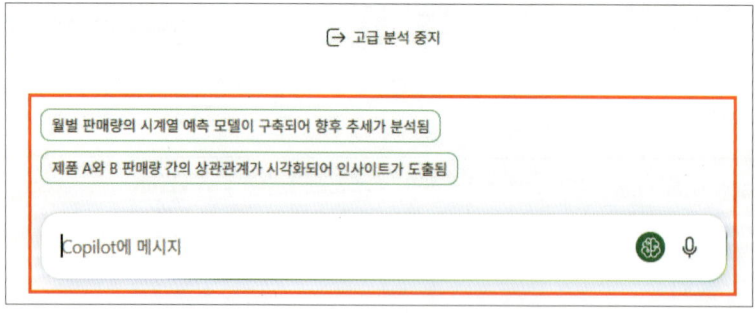

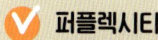 퍼플렉시티

시장조사·트렌드 분석·인사이트 리서치에 강한 전략형 리서치 파트너

퍼플렉시티는 정보를 수집하고 정리하는 데 특화된 리서치형 AI로, 시장조사와 트렌드 분석 등 전략 수립 초기 단계에서 강점을 발휘합니다. 마케팅이나 브랜드 전략을 세우기 전 최신 흐름을 파악하거나 경쟁사 분석과 사례 조사에 시간이 부족할 때 유용하게 활용할 수 있습니다. 특정 키워드에 대한 객관적인 정보와 출처를 함께 제공해 빠르고 정확한 의사결정을 도울 수 있으며, 전략 기획 초기, 신뢰할 수 있는 데이터를 기반으로 방향을 잡아야 할 때 적합한 전략 리서치 총괄 파트너입니다.

 퍼플렉시티는 무료 버전만으로도 기본 정보 탐색과 출처 확인이 가능해 부담 없이 시작할 수 있습니다. 연구 목적이나 심화된 리서치가 필요하다면 고급 AI 모델을 이용할 수 있는 유료(Pro) 요금제를 선택하면 됩니다. 먼저 무료 버전의 기본 기능을 체험해보고, 필요에 따라 유료 버전으로 업그레이드하는 것을 고려해보세요.

다음 순서를 따라 하며 퍼플렉시티 활용법을 익혀봅시다.

01 웹 브라우저에서 '퍼플렉시티(Perplexity)'를 입력하거나 주소 입력창에 'www.perplexity.AI'를 직접 입력해 접속합니다. 화면 왼쪽 하단의 사람 모양의 '로그인' 아이콘(◉)을 클릭하여 로그인 절차를 진행합니다.

02 다음과 같이 로그인 화면이 표시됩니다. 구글 계정이 있다면 구글 계정을 통해 간편하게 로그인할 수 있습니다. [Google로 계속하기] 버튼을 클릭합니다.

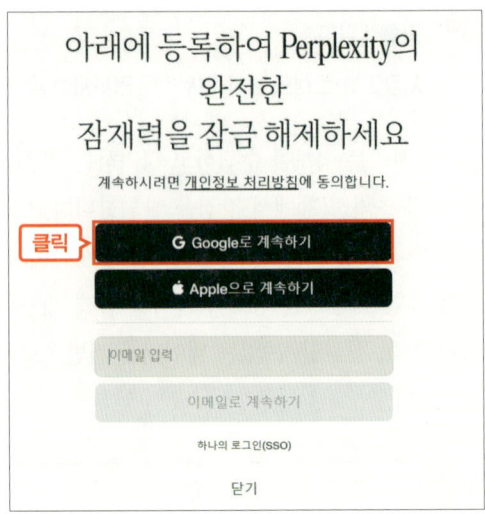

03 퍼플렉시티도 챗GPT와 마찬가지로 화면 중앙의 채팅창에 프롬프트를 입력해 대화를 시작합니다. 자료 검색이 필요할 경우, 입력창 아래의 '검색' 아이콘(🔍)을 클릭하여 메뉴를 활성화하면 실시간으로 웹에서 정보를 수집해 답변합니다.

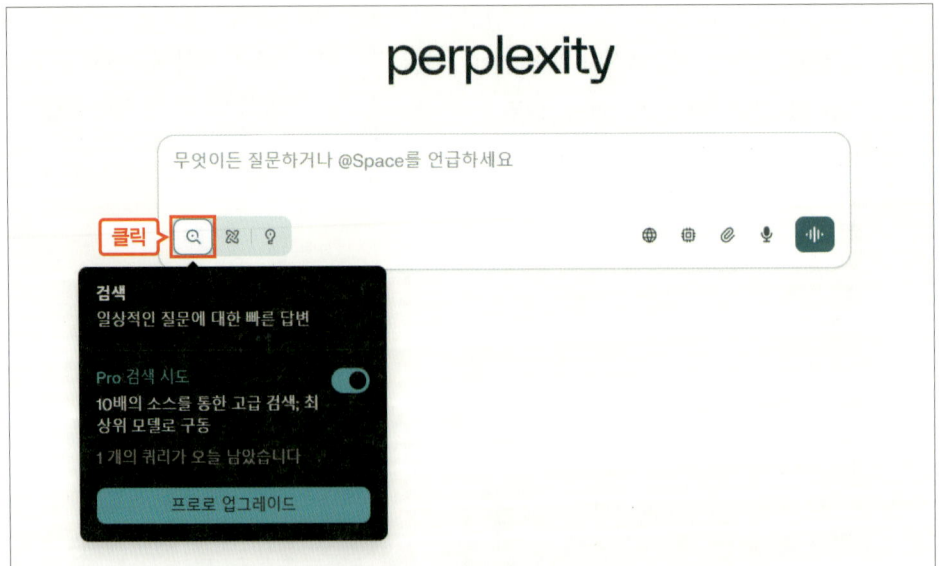

 'Pro 검색 시도'는 유료 버전을 구독해야 이용할 수 있습니다.

04 더 깊이 있는 정보 탐색이나 분석이 필요한 경우 '연구' 아이콘(⌘)을 클릭하여 고급 분석 기능을 활용할 수 있습니다. 이 기능을 통해 단순한 검색을 넘어서 주제에 대한 구조화된 정보와 인사이트를 얻을 수 있습니다. 검색과 리서치를 구분하여 활용할 수 있어 질문의 목적에 따라 유연하게 접근할 수 있다는 점이 퍼플렉시티의 주요 장점입니다.

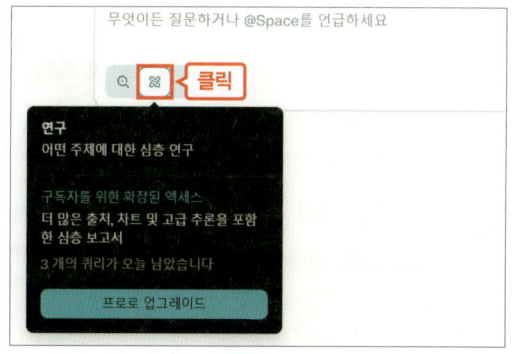

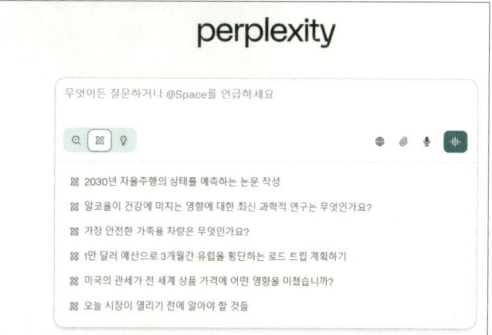

05 랩 기능은 단순한 질의응답을 넘어 보고서, 스프레드시트, 대시보드, 웹 애플리케이션까지 다양한 프로젝트 결과물을 만들어낼 수 있습니다. 다만, 작업 시간이 최소 10분 이상 소요되며 프로 구독자 전용 기능으로 제공됩니다.

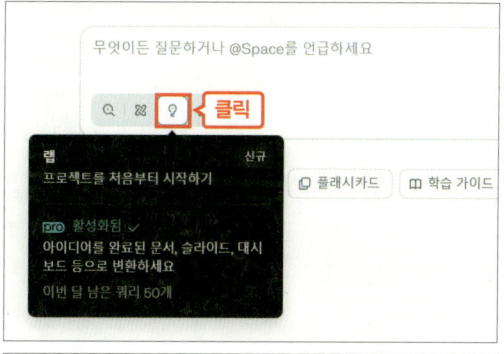

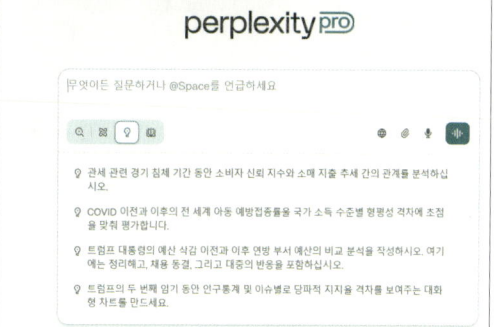

06 퍼플렉시티에서는 [검색을 위한 소스 설정] 메뉴에서 검색에 활용할 소스를 직접 설정할 수 있습니다. 기본값은 [웹]으로 인터넷 전반에서 정보를 수집하며, 더 전문적인 자료가 필요한 경우 [학술]을 활성화하여 학술 논문 중심의 결과를 확인할 수 있습니다. 여론이나 사용자 의견 중심의 정보가 필요하다면 [소셜]을 선택해 토론 및 커뮤니티 기반 자료에 접근할 수 있습니다. 기업 공시나 재무 정보를 확인하려면 [Finance]를 활용해 SEC(미국 증권거래위원회) 공시 문서를 직접 검색할 수도 있습니다. 이처럼 검색 목적에 따라 소스를 선택하면 더욱 정밀하고 목적에 맞는 정보를 얻을 수 있습니다.

07 퍼플렉시티에서는 [모델 선택] 메뉴에서 원하는 검색 모델을 직접 설정할 수 있습니다. 현재 제공되는 주요 모델은 GPT-5, Claude Sonnet 4.5, Claude Sonnet 4.5 사고, 클로드 오푸스 4.1 사고, Gemini 2.5 Pro, Grok 4 등이 있으며, 일부 모델은 사고(Reasoning) 모드나 최대(Max) 모드로 제공됩니다. 기본적으로는 각 질문에 최적의 모델을 자동으로 선택해 주는 [최고] 옵션으로 설정되어 있으므로 그대로 사용해도 충분합니다.

08 퍼플렉시티로 트렌드 조사를 실시해봅시다. 퍼플렉시티는 답변을 요약해서 보여줄 뿐만 아니라 관련 출처까지 함께 제시해줍니다. 키워드 중심으로 소비 트렌드를 정리하고 관련 자료도 함께 찾아보겠습니다.

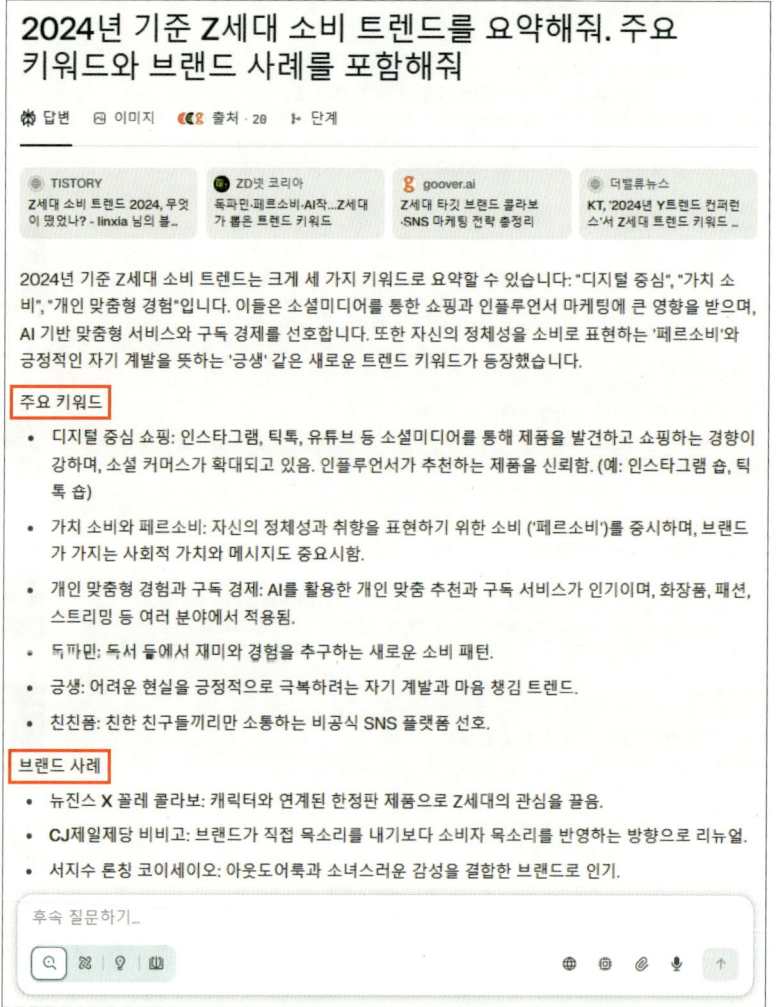

이처럼 퍼플렉시티는 사용자의 질문에 대해 주요 키워드와 함께 트렌드 요약을 제공하고, 관련 브랜드 사례도 함께 정리해서 보여줍니다.

09 퍼플렉시티는 관련 정보의 출처까지 제공하기 때문에 트렌드 리서치에 매우 효과적입니다. 답변 내용에 대해 더 자세한 정보가 궁금하거나 구체적인 데이터를 확인하고 싶을 때는 [출처] 탭을 선택하여 원문을 직접 확인할 수 있습니다.

 트렌드 조사는 시점이 핵심이므로 출처 기사나 보고서의 발행 날짜를 먼저 확인하고 1~2년 이상 된 자료는 보조 참고용으로만 사용하는 것이 좋습니다.

10 퍼플렉시티 검색 기능 중 특히 유용한 점은 바로 [관련] 질문 기능입니다. 정리된 답변 하단에 표시되는 관련 질문을 클릭하면 현재 주제와 연결된 다양한 관점이나 추가 정보로 아이디어를 확장할 수 있고, 리서치 흐름을 자연스럽게 이어가며 놓치기 쉬운 인사이트를 얻는 데 도움이 됩니다.

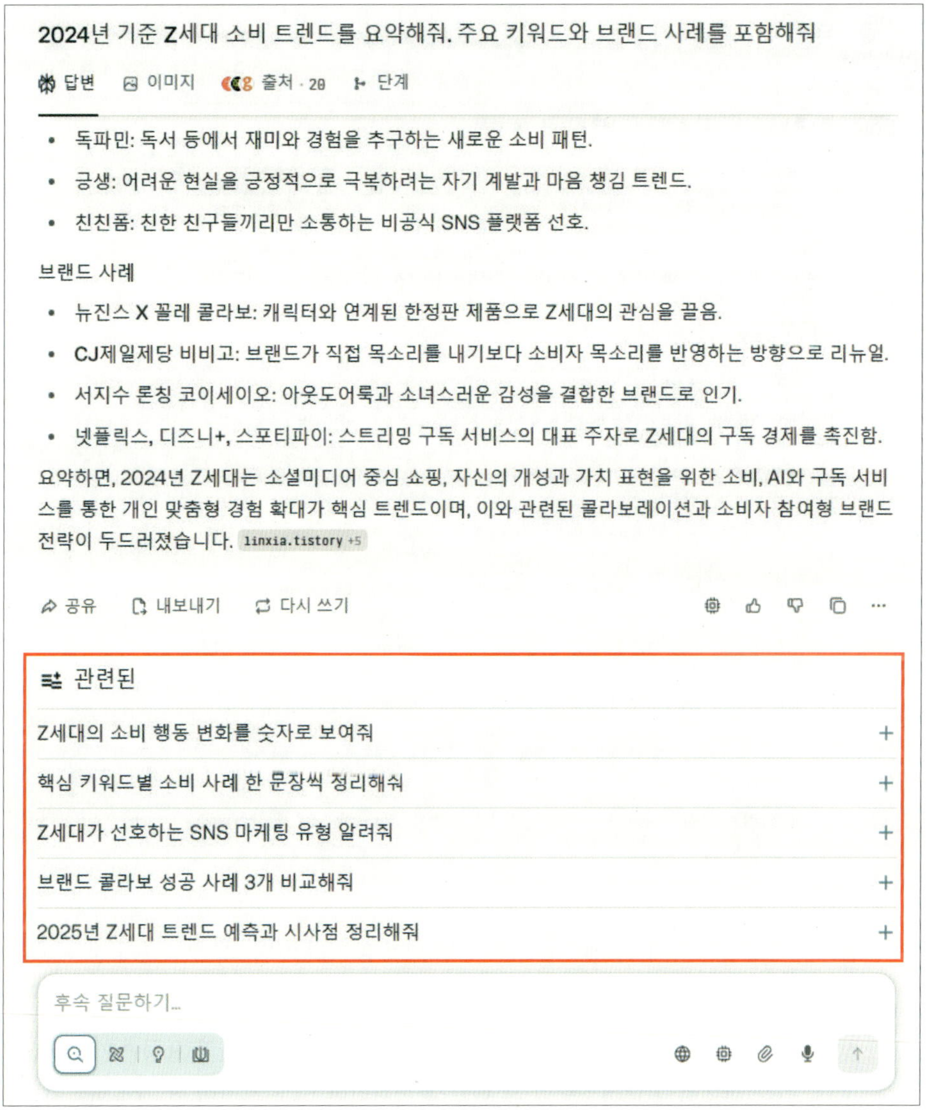

연관 질문은 생각을 확장하고 새로운 관점을 얻는 데 도움이 됩니다. 다만 때로는 핵심 주제와 거리가 있는 질문도 포함될 수 있으니, 조사 목적에 맞는 질문만 골라 활용하는 것이 좋습니다.

11 비교 분석을 위한 검색을 진행해봅시다. 두 가지 이상의 개념이나 사례를 나란히 비교하고 차이점을 파악하고자 할 때 퍼플렉시티의 검색 기능을 활용하면 핵심 내용을 정리된 형태로 빠르게 확인할 수 있습니다. 무신사와 29CM, 두 브랜드의 마케팅 전략을 비교해봅시다.

 무신사와 29CM의 마케팅 전략 차이를 표로 비교해줘.

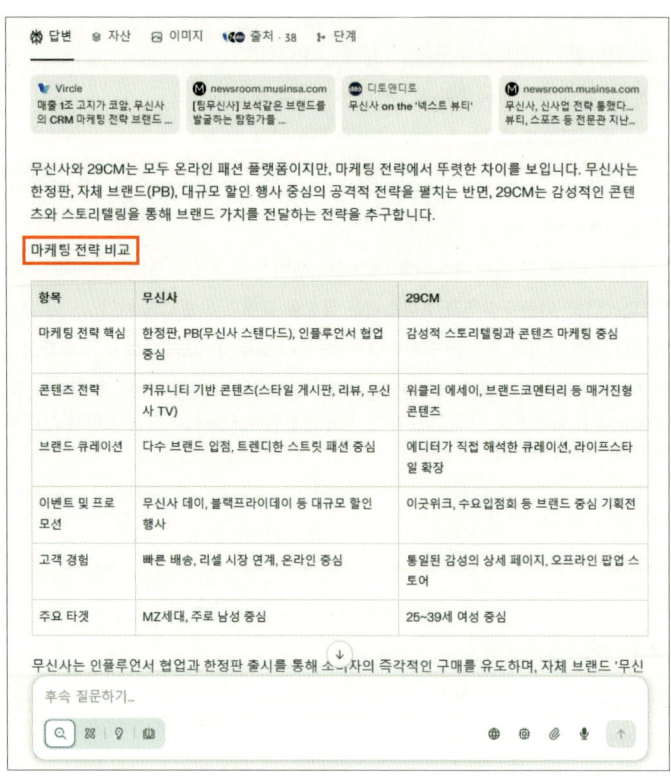

마케팅 전략을 한눈에 파악할 수 있도록 먼저 표로 정리한 뒤, 각 브랜드의 전략을 요약해서 자세히 설명하고 있습니다. 예전에는 검색 엔진을 이용해 온라인에서 수많은 정보를 일일이 찾아보고 정리하고 비교해야 했습니다. 그러나 이제는 단 한 번의 요청만으로 핵심 정보를 몇 초 만에 구조화해 보여주는 기능 덕분에 리서치와 비교 분석의 효율이 획기적으로 높아졌습니다.

 현재 결과는 2025.10.2 기준의 결과이며, 검색 시점에 따라 검색 결과는 달라질 수 있습니다.

12 캠페인 사례를 분석하고 수집해봅시다. 전략 수립이나 기획 과정에서 빠질 수 없는 작업이 바로 사례 분석입니다. 특히 어떤 프로젝트를 기획하고 있다면 유사한 사례를 찾아보는 과정은 핵심 단계라고 할 수 있지요. 퍼플렉시티는 이런 사례 수집 작업도 단 몇 초 만에 처리해줍니다. 이전에는 검색 엔진을 통해 수많은 페이지를 살펴야 했지만, 이제는 퍼플렉시티와 같은 AI 리서치 파트너를 이용하여 빠르고 정확하게 요약해 대신 일을 맡길 수 있습니다.

 제로웨이스트 브랜드 중 SNS 마케팅으로 성공한 사례를 알려줘.

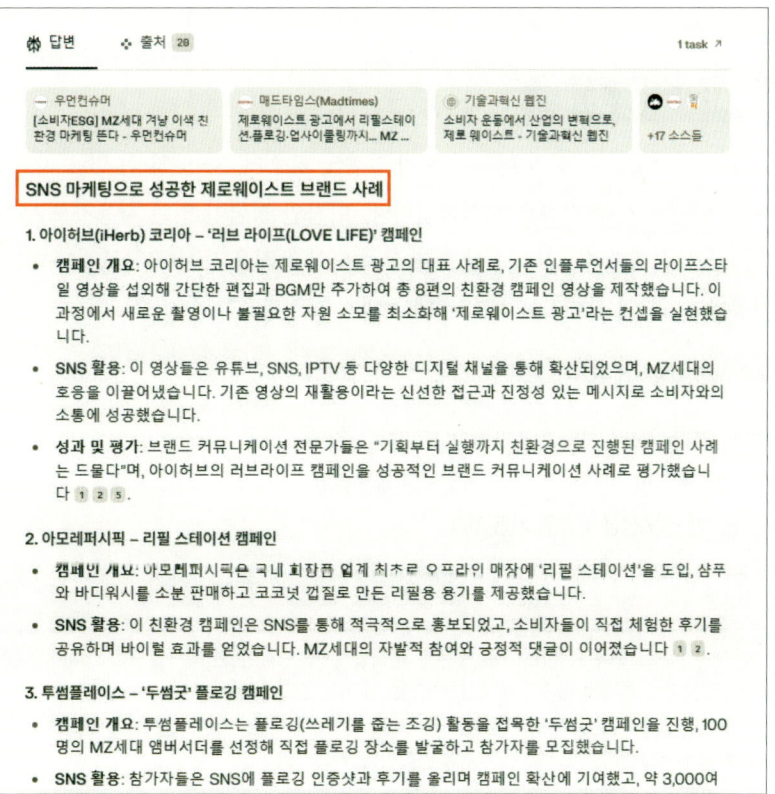

기존의 검색 엔진을 사용했다면 최소 며칠, 경우에 따라 일주일 이상 걸렸을 사례 조사를 퍼플렉시티는 이렇게 일목요연하게 정리해줍니다. 방대한 정보를 일일이 선별하고 정리할 필요 없이 핵심만 쏙 뽑아 구조화된 형태로 보여주기 때문에 리서치 효율이 눈에 띄게 향상됩니다.

13 검색 결과로 제시된 제로웨이스트 광고의 대표 사례에 대해 더 자세히 알고 싶다면 답변 하단에 표시된 [관련] 질문을 클릭해보세요. 이 기능을 활용하여 해당 사례와 연관된 세부 정보나 배경이 확장된 관점까지 탐색하여 더욱 깊이 있는 리서치를 진행합니다.

> 관련
> 아이허브의 '러브 라이프' 캠페인이 성공한 이유는
> 아모레퍼시픽의 리필스테이션 서비스가 소비자에게 어떻게 받아들여졌는지
> 코카콜라의 '원더풀 캠페인이' 소비자 참여를 어떻게 유도했는지
> 투썸플레이스의 '두썸굿' 캠페인이 MZ세대에게 어떤 반응을 불러일으켰는지

1.3 AI 디자인 팀원 소개

디자인형 AI 도구는 다양한 형식의 메시지를 카드뉴스, 포스터, SNS 영상, 발표 자료 등 각기 다른 채널과 목적에 맞는 시각 자료로 생성해냅니다. 디자인 경험이 없는 사용자도 템플릿 기반의 시각화 작업을 쉽게 수행할 수 있고, 콘텐츠 제작 속도와 품질을 동시에 확보해야 하는 실무 환경에서 시각 커뮤니케이션의 실행력을 높이는 데 효과적으로 활용할 수 있습니다.

디자인 작업을 담당하는 주요 AI 도구는 다음과 같습니다.

- **캔바**: AI 기반 디자인 스타일 자동 제안 및 레이아웃 구성
- **미리캔버스**: 템플릿 기반 카드뉴스, 포스터 등 홍보물 제작 특화
- **브루**: 텍스트 기반 영상 생성 및 자막 자동 처리
- **감마**: 프롬프트 입력만으로 발표 자료 구성 및 슬라이드 디자인

캔바, 미리캔버스, 브루, 감마는 모두 무료로 시작할 수 있는 AI 기반 디자인 도구입니다. 기본 기능은 무료 버전만으로도 충분히 실습할 수 있으며, 필요에 따라 고급 템플릿, 고해상도 출력, 팀 협업 등 추가 기능이 필요한 경우 유료 버전으로 전환할 수 있습니다. 처음에는 무료 버전으로 사용해보고, 작업 범위와 목적에 맞게 업그레이드를 선택하는 것을 권장합니다.

이 도구들은 하나만 단독으로 사용하기보다 기획 목적에 따라 적절히 조합해서 활용하는 것이 훨씬 효율적입니다. 이 책의 디자인 실습에서도 프로젝트의 성격에 맞게 이러한 도구들을 유연하게 활용할 예정입니다.

캔바

스타일을 자동 추천해주는 스마트 디자인 파트너

캔바는 AI 기반의 디자인 추천 기능과 자동 스타일 매칭을 통해 전문 디자인 역량 없이도 감각적인 콘텐츠를 빠르게 완성할 수 있는 스마트 디자인 도구입니다. 텍스트 입력만으로 구성과 레이아웃이 자동 생성되며, 다양한 포맷에 맞춘 템플릿을 활용해 프레젠테이션, 홍보 이미지, 소셜 콘텐츠 등 멀티 채널 콘텐츠를 효율적으로 제작할 수 있습니다.

01 웹 브라우저에서 '캔바'를 검색하거나 주소 입력창에 'canva.com'을 직접 입력해 이동합니다. 화면 오른쪽 상단의 [가입] 버튼을 클릭하여 회원 가입을 진행합니다.

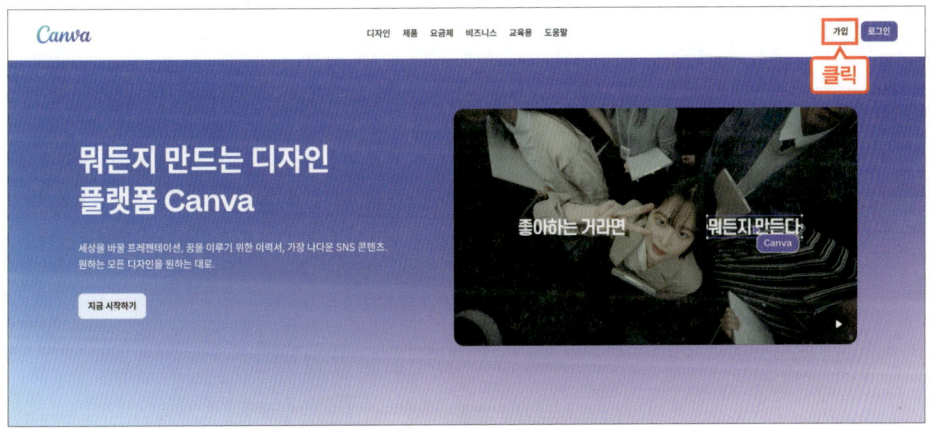

02 캔바 이용 약관을 확인한 후 체크 표시를 하고 [동의 및 계속하기] 버튼을 클릭하여 가입 절차를 진행합니다. 구글 계정이 있다면 [Google로 계속하기] 버튼을 클릭하고 연결할 구글 계정을 선택하여 가입합니다.

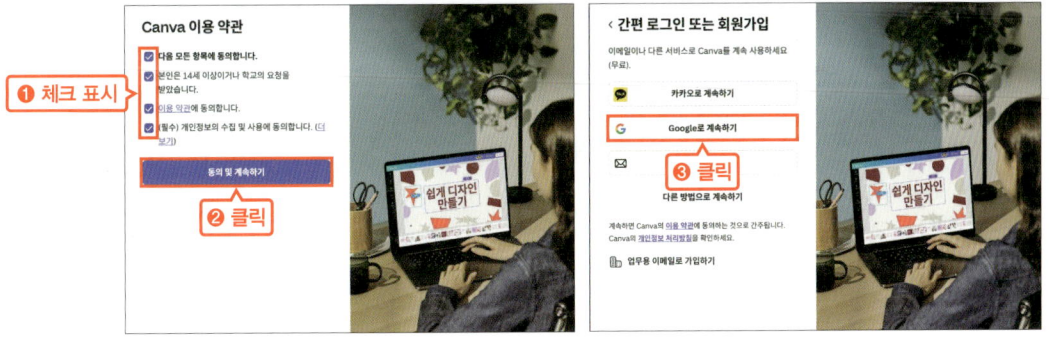

03 캔바는 AI와 템플릿 기반으로 누구나 쉽게 디자인을 완성할 수 있는 콘텐츠 제작 도구입니다. 홈 화면 중앙의 [템플릿]을 선택하면 Doc(문서), 프레젠테이션, 동영상, 웹사이트 등 다양한 형식의 템플릿을 선택할 수 있습니다.

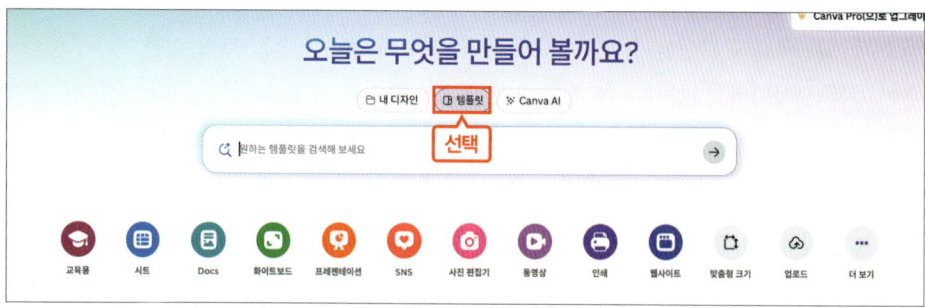

04 [Canva AI]를 선택하면 챗GPT처럼 채팅창에 원하는 작업을 입력할 수 있는 프롬프트 기반 인터페이스가 나타납니다. 캔바는 이미지 생성이나 문서 초안 작성 등 다양한 디자인 작업을 자동으로 제안하고 실행합니다. 직접 찾아 들어가야 하는 기존 방식과 달리, 기능이 메뉴로 나뉘어 있어 원하는 작업만 입력하면 관련 기능을 알아서 찾아 실행해줍니다. 디자인에 익숙하지 않은 사용자도 더욱 직관적이고 편리하게 활용할 수 있습니다.

✅ 미리캔버스
카드뉴스부터 인쇄물 제작까지, 콘텐츠 디자인 파트너

미리캔버스는 다양한 템플릿과 직관적인 편집 기능을 제공하는 웹 기반 콘텐츠 디자인 도구입니다. 디자인 경험이 없어도 카드뉴스, 포스터, SNS 이미지, 유튜브 섬네일 등 다양한 콘텐츠를 빠르게 제작할 수 있도록 구성되어 있으며, AI 기반 콘텐츠 추천 기능과 브랜딩 설정 기능도 제공합니다.

초보자도 미리캔버스를 이용하면 텍스트 기반 기획을 시각 콘텐츠로 빠르게 전환할 수 있습니다. 앞서 챗GPT로 작성한 기획 문구나 콘텐츠 아이디어를 카드뉴스나 SNS용 이미지로 시각화하는 작업에 특히 유용합니다.

01 웹 브라우저에서 '미리캔버스' 또는 'miricanvas.com'을 입력해 접속합니다. 별도의 설치 없이 웹에서 바로 사용할 수 있으며, 웹과 모바일 모두 지원됩니다. 화면 오른쪽 상단의 [가입하기] 버튼을 클릭합니다.

02 구글 계정이 있다면 별도의 가입 없이 바로 로그인할 수 있습니다. [Google로 가입] 버튼을 클릭합니다.

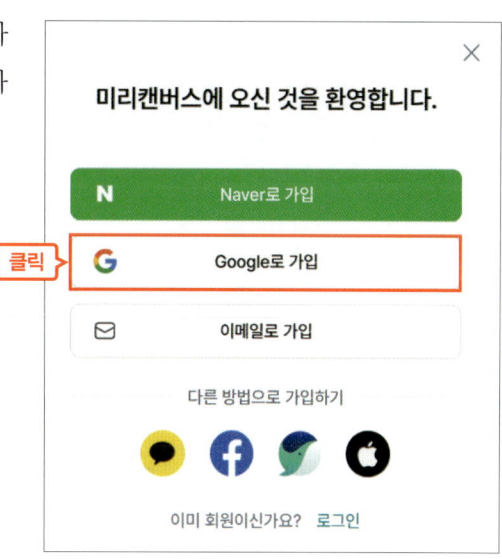

01 AI 팀원 영입하기

03 미리캔버스에 처음 접속하면 시작 전에 몇 가지 사전 질문이 나타납니다. 이는 사용자 맞춤 환경을 위한 기본 설정일 뿐, 선택한 항목에 따라 기능 사용에 제한이 생기는 것은 아니니 편하게 선택하면 됩니다.

또 미리캔버스는 사용자들이 자주 사용하는 인기 기능들을 먼저 보여줍니다. 기능을 선택하면 그에 맞는 첫 화면이 나타나며 바로 작업을 시작할 수 있습니다. [AI 프레젠테이션]을 선택하여 진행해봅시다.

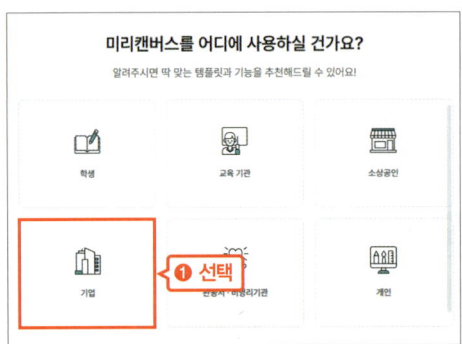 

04 미리캔버스가 디자인 초보자들에게도 널리 사용되는 이유 중 하나는 다양하고 직관적인 템플릿을 제공하기 때문입니다.

검색창 오른쪽에 있는 [모든 템플릿]을 선택합니다. 프레젠테이션, 카드뉴스, 웹 포스터, 유튜브 썸네일 등 용도별로 세분화된 다양한 템플릿을 한눈에 확인할 수 있습니다. 원하는 템플릿이 있다면 화면 중앙의 검색창에 직접 입력해서 바로 불러올 수 있습니다. 예를 들어 '카드뉴스'를 입력하면 카드뉴스 템플릿이 나타납니다.

[모든 템플릿]을 클릭했을 때 표시되는 확장 메뉴

템플릿 오른쪽 하단에 노란 왕관 아이콘이 표시된 항목은 유료 회원만 사용 가능합니다. 1개월 무료 체험이 제공되며 체험 후에는 필요에 따라 구독 여부를 선택할 수 있습니다. 무료 버전만으로도 대부분의 핵심 기능을 충분히 사용할 수 있으니 사용자의 편의에 따라 선택하여 사용하는 것이 좋습니다.

05 원하는 템플릿을 선택하고 창이 나타나면 템플릿 구성을 살펴본 다음 [이 템플릿 사용하기] 버튼을 클릭합니다.

06 해당 템플릿이 작업 화면에 적용되어 바로 디자인 작업을 시작할 수 있습니다.

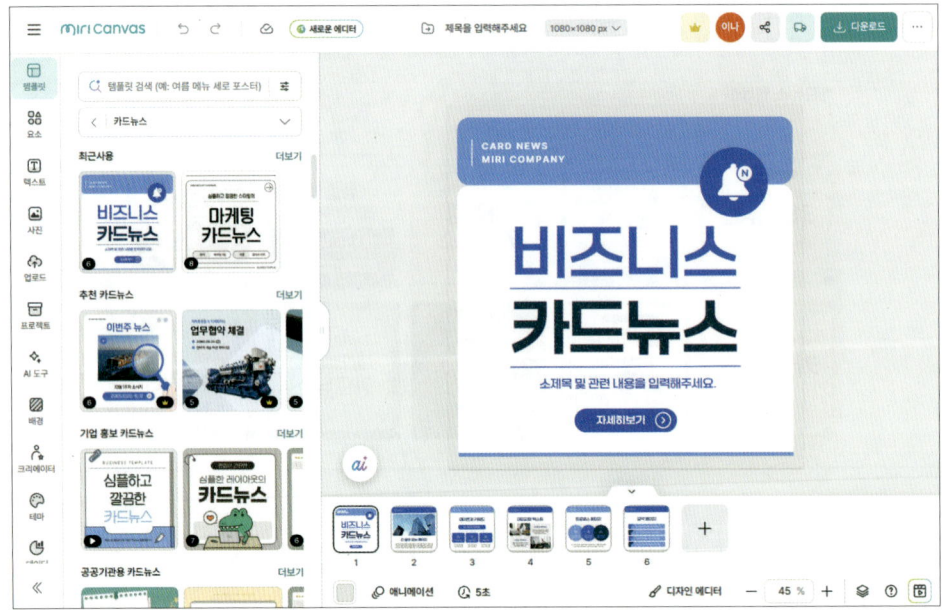

🔍 NOTE 캔바 vs. 미리캔버스, 무엇이 다를까?

Q1. 두 도구는 어떤 점이 다른가요?

캔바와 미리캔버스는 모두 템플릿 기반의 디자인 도구입니다. 캔바는 글로벌 사용자를 위한 다양한 디자인 템플릿과 AI 기능을 갖춘 멀티 콘텐츠 제작 도구이고, 미리캔버스는 국내 사용자 중심의 카드뉴스, 인쇄물 등 실용적인 템플릿에 강점을 가진 쉽고 빠른 디자인 툴입니다.

Q2. AI 기능에는 어떤 차이가 있나요?

캔바 AI는 이미지 생성, 문서 작성, 코드 생성까지 다양한 작업을 지원하며 프롬프트 한 줄로 필요한 기능을 자동으로 찾아주는 통합형 AI 인터페이스가 특징입니다. 반면 미리캔버스는 기능별 메뉴에서 사용자가 작업 유형을 직접 선택하는 방식으로 AI 기능을 제공합니다.

Q3. 주요 사용자층은 어떻게 다른가요?

캔바는 전 세계적으로 쓰이는 플랫폼으로, 영어 기반 템플릿과 협업 기능을 바탕으로 교육기관과 마케팅 조직 중심의 사용자층을 확보하고 있습니다. 미리캔버스는 한국어 UI와 로컬 맞춤 템플릿 덕분에 국내 직장인과 일반 사용자에게 널리 사용되고 있습니다.

브루

자막 생성부터 숏폼 콘텐츠 제작까지, AI 영상 제작 파트너

브루는 텍스트 입력만으로 짧은 영상을 자동으로 생성해주는 AI 기반 영상 콘텐츠 제작 도구입니다. 영상 편집 경험이 없는 사용자도 간단한 지시만으로 자막 영상, 설명 영상, 인스타그램 릴스 등 다양한 포맷의 콘텐츠를 빠르게 만들 수 있습니다. AI 음성, 장면 구성, 자막 자동 생성 기능까지 통합되어 있어 SNS용 숏폼 콘텐츠 제작에 활용할 수 있습니다.

01 웹 브라우저에서 '브루' 또는 'vrew.AI/ko'을 입력해 접속합니다. 화면 중앙의 [무료 다운로드] 버튼을 클릭하여 프로그램을 설치합니다.

> 브루는 웹 기반이 아닌 설치형 프로그램이므로, 사용을 위해서는 공식 홈페이지 메인 화면의 [무료 다운로드] 버튼을 클릭하여 프로그램을 설치해야 합니다. 기본 기능은 무료로 사용할 수 있습니다.

02 브루 설치가 완료되면 바탕화면에 'Vrew(브루)' 바로가기 아이콘이 생성됩니다. 해당 아이콘을 더블 클릭하여 프로그램을 실행하고 실행하고 왼쪽 상단의 [내 브루]를 선택합니다. 로그인 화면이 나타나면 [Google 계정으로 로그인] 버튼을 클릭하여 간편하게 로그인합니다.

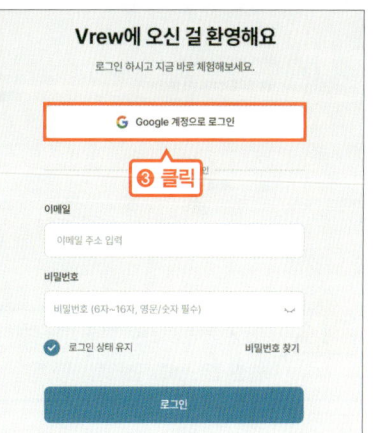

03 로그인이 완료되면 계정의 정보가 나오는 페이지가 나옵니다. 직접 영상을 제작하기 위해 여기에서 왼쪽 상단의 [파일] 메뉴를 선택하고 [새로 만들기] 버튼을 클릭합니다.

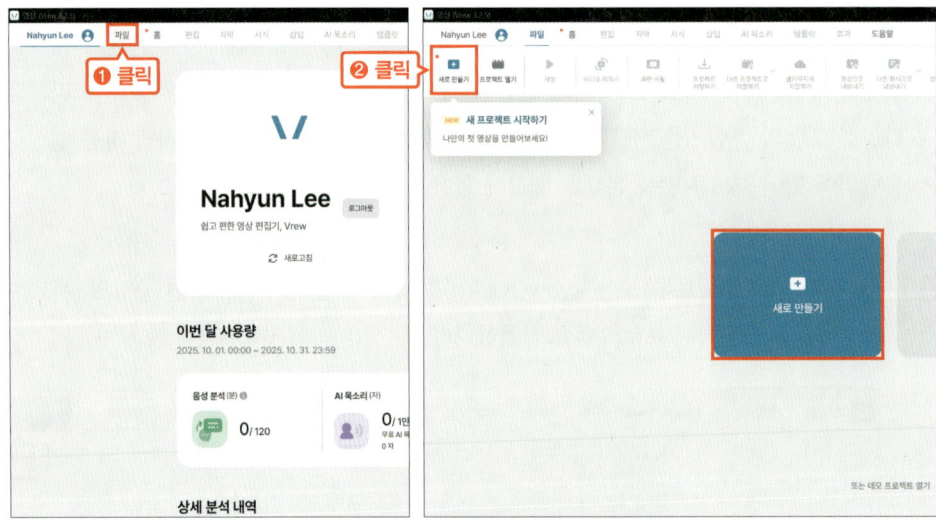

04 브루에는 다양한 방식으로 영상을 만들 수 있는 기능이 준비되어 있습니다. 새로 만들기 창에서 [텍스트로 비디오 만들기]를 선택하여 영상 제작을 시작해보겠습니다.

 [텍스트로 비디오 만들기]는 글만 입력하면 자동으로 영상이 만들어지는 기능으로, 제작 과정이 생각보다 훨씬 간단하고 편리합니다.

05 먼저 '스타일 고르기' 단계에서는 원하는 비디오 스타일을 선택합니다. 스크롤바를 내리면 브루에서 제공하는 다양한 영상 스타일을 한눈에 확인하여 목적이나 분위기에 맞는 스타일을 선택할 수 있습니다. 여기서는 [정보 전달 스타일]을 선택하고 [다음] 버튼을 클릭하였습니다.

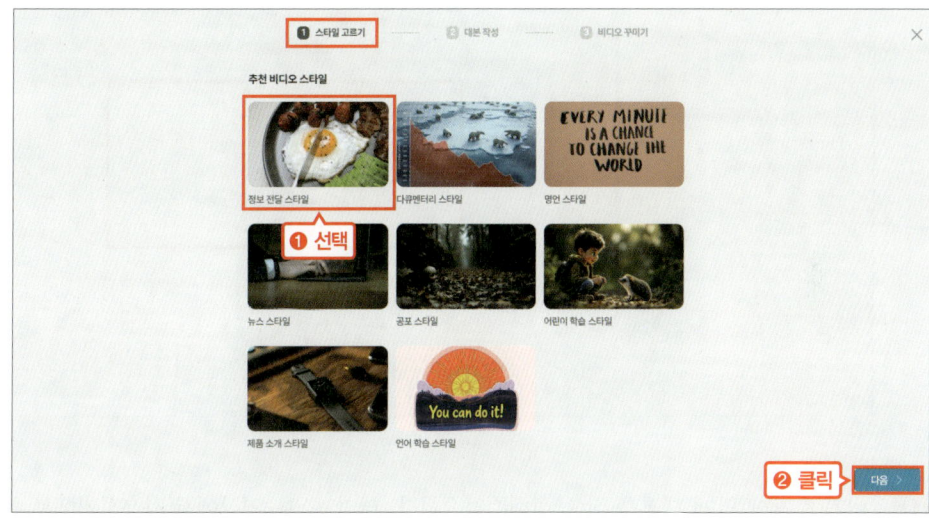

06 다음 단계는 '대본 작성'입니다. 비디오에 들어갈 내용을 정합니다. 직접 주제를 입력해도 좋고, '추천 주제' 목록에서 마음에 드는 항목을 골라도 됩니다. 여기서는 [퇴근 후 30분, 당신의 삶을 바꾸는 작은 습관들]을 선택하고 스크롤바를 아래로 내려 '글자 수 설정'을 클릭하여 활성화한 후 [AI 글쓰기] 버튼을 클릭합니다.

07 화면 중앙에 글 작성 진행 상황을 보여주는 바가 표시되며, 실시간으로 글을 생성하는 과정을 확인할 수 있습니다.

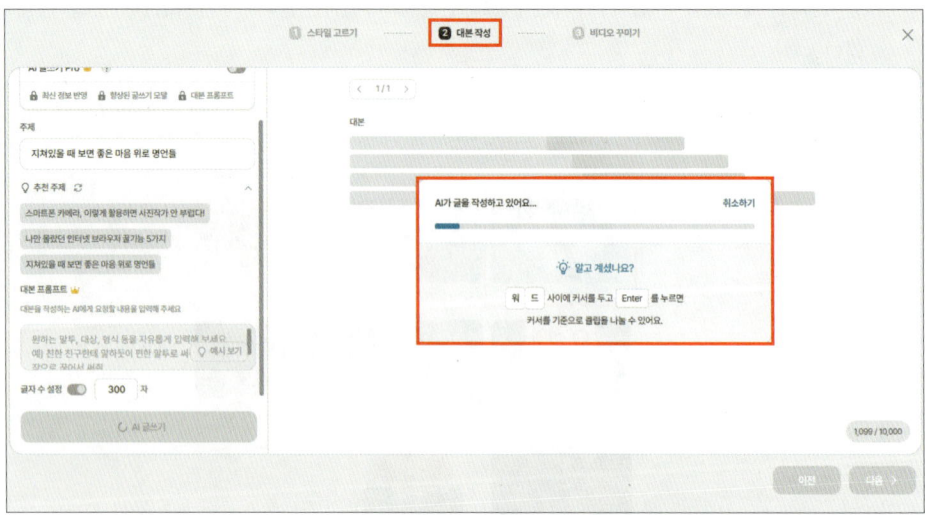

08 AI가 주제에 맞게 대본을 잘 작성해주었습니다. 다만, 쇼츠 영상에서 사용하기에는 분량이 조금 길게 느껴집니다. 쇼츠 영상에서 사용하기에 적합한 분량의 텍스트로 수정하고 [다음] 버튼을 클릭합니다.

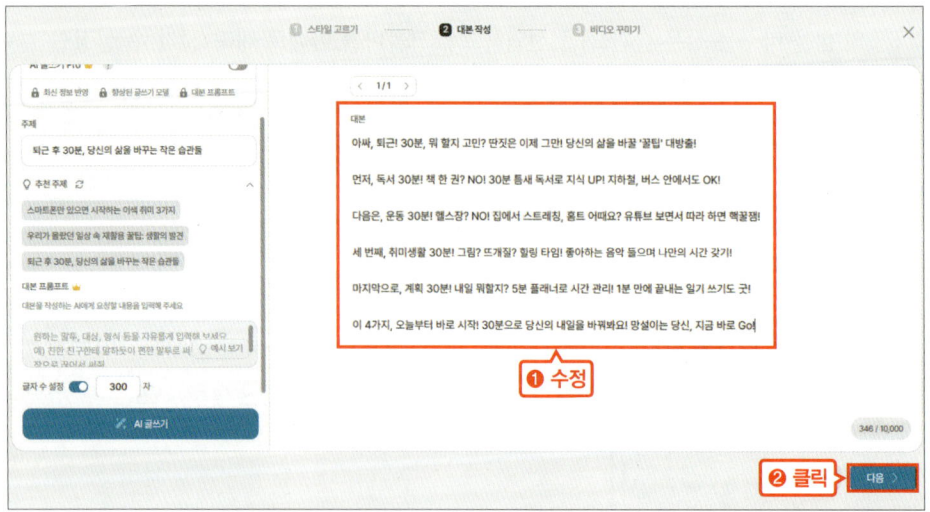

> ⚠️ 대본 편집은 문서 편집을 하듯이 자유롭게 수정할 수 있으며, 직접 텍스트를 삭제하거나 문장을 다듬습니다.

09 '비디오 꾸미기' 단계에서는 원하는 영상의 크기를 선택하고 자막의 길이와 위치, 자동 애니메이션 사용 여부를 설정합니다. 각 항목을 선택할 때마다 화면 중앙에 [미리보기]가 자동으로 적용되어 설정이 영상에 어떻게 반영되는지 바로 확인할 수 있습니다. 모든 설정을 마쳤다면 [완료] 버튼을 클릭하여 다음 단계로 넘어갑니다.

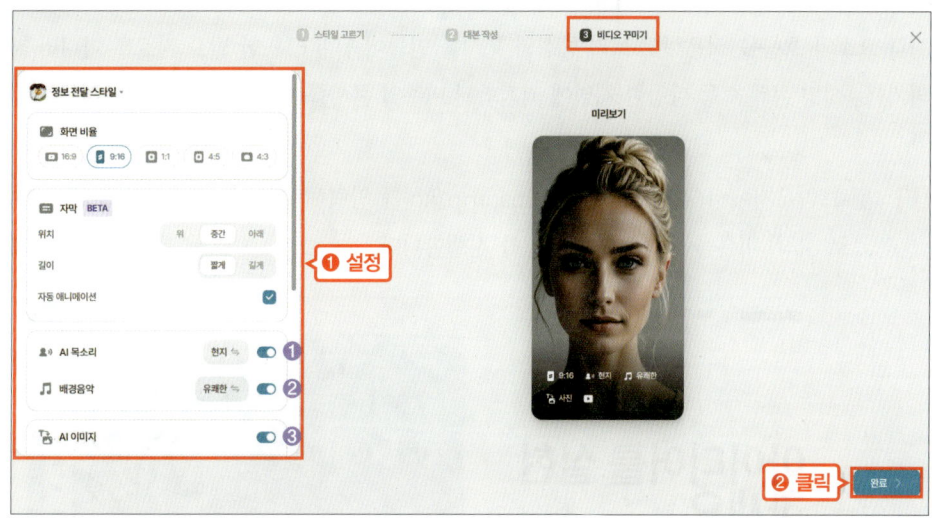

 정보 전달 스타일의 각 기능에 대해 살펴보겠습니다.
① AI 목소리: 설정되어 있는 목소리를 선택해 들어보고 원하는 스타일의 목소리로 변경할 수 있습니다.
② 배경 음악: 설정되어 있는 배경 음악을 클릭하여 음악을 들어보고 원하는 음악으로 변경할 수 있습니다.
③ AI 이미지/무료 비디오: 입력한 주제 글의 내용에 맞게 영상을 자동으로 설정하는 기능입니다.

10 왼쪽에 영상의 미리보기 화면, 오른쪽에 세부 편집 영역이 있는 영상 편집 화면이 나타납니다. 텍스트나 이미지, 구간별 설정은 오른쪽에서 직접 수정할 수 있고, 왼쪽 미리보기 화면을 통해서도 바로 편집할 수 있습니다. 브루가 대본 내용을 자동으로 분석해 각 구간에 적합한 영상과 자막을 알아서 설정해주기에 편집에 들어가는 시간을 크게 줄일 수 있습니다.

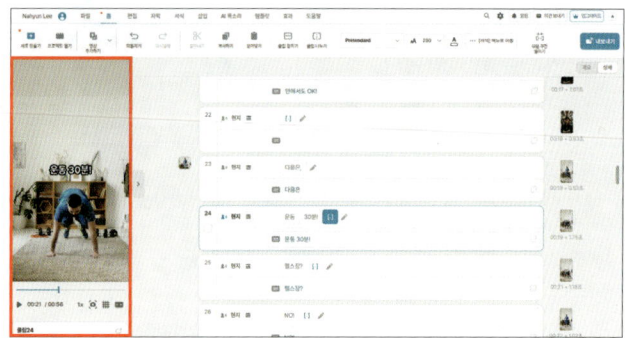

감마

기획 내용을 시각 흐름으로 구성하는 카드형 문서 제작 파트너

감마는 프레젠테이션 디자인뿐만 아니라, 기획 아이디어를 카드 기반의 문서 흐름으로 시각화하는 데 최적화된 콘텐츠 제작 도구입니다. 텍스트를 입력하면 자동으로 구조를 설계하고 내용에 맞는 시각 요소와 흐름을 적용해 스토리 중심의 문서를 만들어줍니다. 또한 발표 자료뿐 아니라 제안서, 피치덱[1], 설명 콘텐츠 등 다양한 채널에 최적화된 비주얼 문서를 제작할 수 있는 디자인형 AI입니다.

01 웹 브라우저에서 '감마' 또는 'gamma.app/ko'를 입력해 접속합니다. 화면 중앙에 있는 [무료로 시작] 버튼을 클릭하여 로그인을 진행합니다.

 웹 기반으로 실행되며 별도 설치 없이 모든 기능을 사용할 수 있습니다.

02 구글 계정을 이용해 로그인하기 위해 [Google로 계속하기] 버튼을 클릭합니다.

---

1 피치덱(Pitch Deck)은 아이디어나 사업 계획을 간단한 슬라이드로 정리한 발표 자료이며, 주로 스타트업이 투자자나 클라이언트에게 내용을 빠르게 설명할 때 사용합니다.

03 로그인 후에는 처음 가입한 사용자를 대상으로 몇 가지 간단한 질문이 표시됩니다. 이 질문들은 사용 목적에 맞는 환경을 설정하기 위한 것이며, 이후 기능 사용에는 영향을 주지 않습니다.

질문 내용은 사용 목적, 사용자의 직무, 사용하고자 하는 기능 그리고 서비스 유입 경로에 관한 항목으로 구성되어 있습니다. 모든 질문에 답변한 후에는 [완료] 버튼을 클릭하여 다음 단계로 진행합니다.

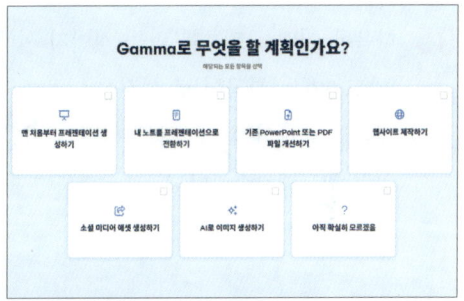

04 초기 설정이 완료되면 'AI로 만들기' 화면으로 이동됩니다. 여기에서 [생성]을 선택하여 감마가 제안하는 콘텐츠를 함께 만들어보겠습니다.

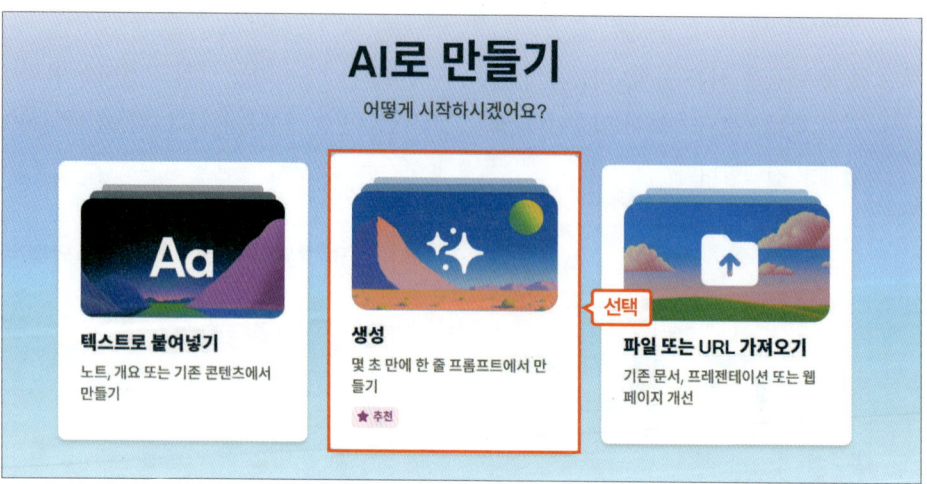

05 다음은 어떤 콘텐츠를 만들 것인지 선택하는 단계입니다. 이번에는 [웹 페이지]를 선택하고 [카드 5개], [한국어]로 설정한 다음 채팅창에 만들고 싶은 웹페이지 내용을 입력합니다. 무엇을 입력해야 할지 막막하다면 채팅창 하단에 있는 '프롬프트 예시'를 참고 자료해 그대로 입력해도 괜찮습니다.

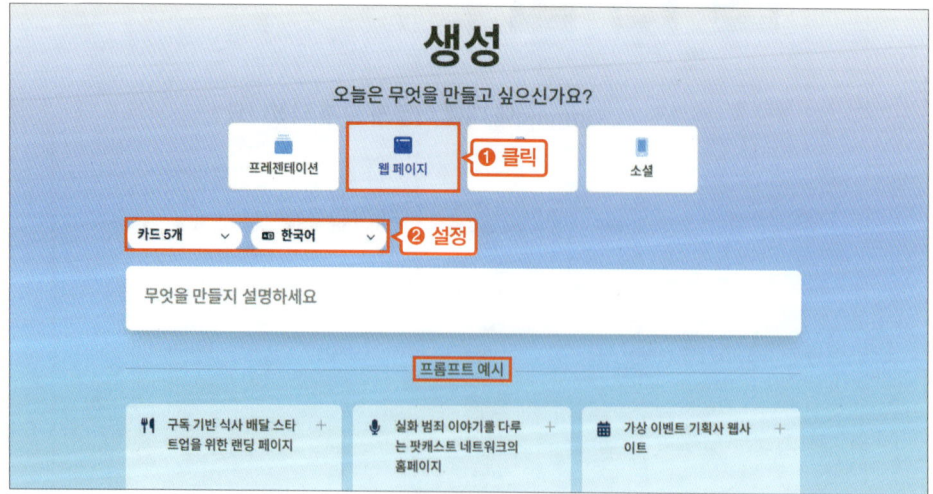

 '카드'란, 웹페이지를 구성하는 콘텐츠 블록 하나하나를 의미합니다. 카드 수에 따라 페이지가 몇 개의 정보 섹션으로 나뉩니다.

06 연구자를 위한 포트폴리오 웹사이트를 만들어봅시다. 채팅창에 프롬프트를 입력하면 채팅창 하단에 [개요 생성] 버튼이 활성화됩니다. 이 버튼을 클릭하여 웹사이트 개요를 생성하겠습니다.

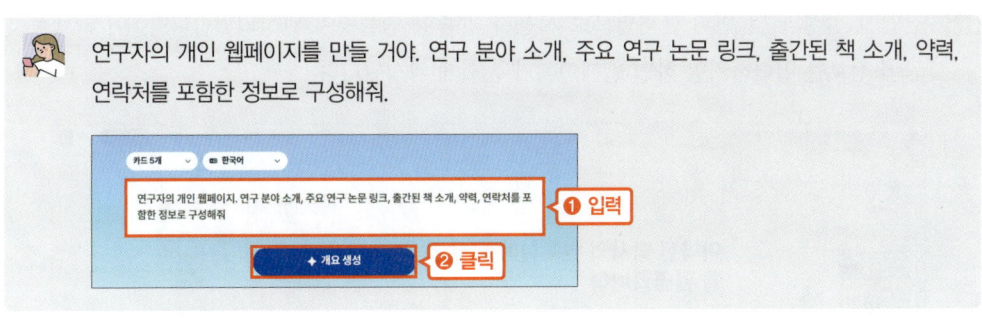

07 '윤곽선' 단계에서는 감마가 요청한 5개의 정보 섹션에 맞춰 입력한 내용을 깔끔하게 정리해 줍니다. 단순히 나열하는 데 그치지 않고 관련된 정보까지 함께 구성하여 전체 개요를 한눈에 파악할 수 있도록 제시하는 점이 인상적입니다. 웹페이지의 흐름을 잡는 데 매우 유용한 기능입니다.

'Gamma 맞춤화' 단계에서는 홈페이지의 전체 테마와 텍스트 분량, 이미지 출처, 사용할 AI 생성 모델과 이미지 아트 스타일 등을 세부적으로 설정할 수 있습니다. 원하는 대로 옵션을 설정한 후 [생성] 버튼을 클릭하면 웹페이지가 자동으로 생성됩니다.

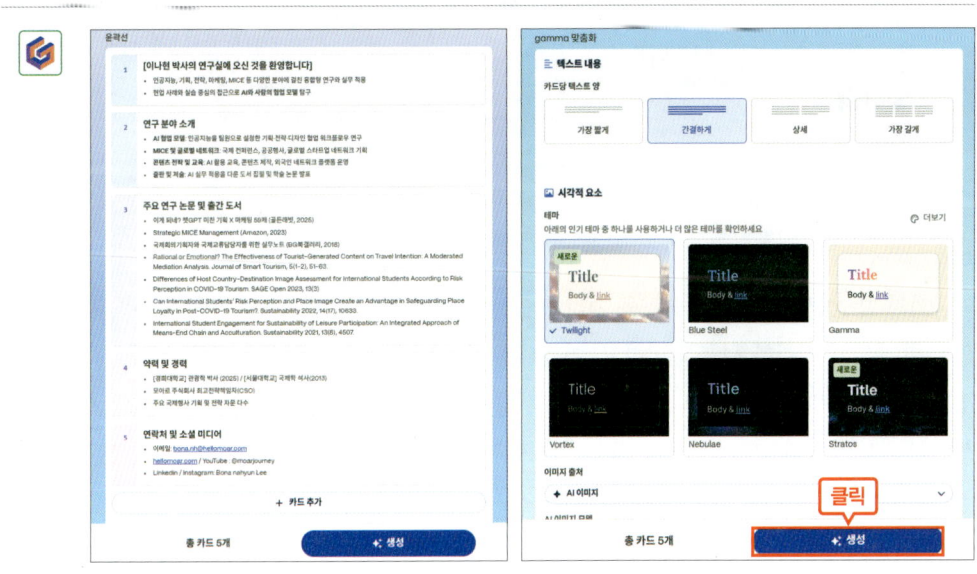

감마에 회원 가입하면 총 400크레딧이 제공되며, AI 기능으로 결과물을 생성할 때마다 40크레딧씩 차감됩니다.

08 간단한 설정과 몇 번의 클릭만으로 사용자 맞춤형 템플릿이 완성되었습니다. 이제 템플릿 안에 정보를 입력하기만 하면 웹페이지가 손쉽게 완성됩니다.

지금까지 각 AI 팀원이 어떤 역량을 지니고 있는지 살펴보았습니다. 기획, 운영, 전략, 디자인 등의 역할에 맞게 적합한 AI를 선발하고, 이들이 우리 팀에서 어떤 방식으로 일할 수 있을지 기본 설정까지 마친 셈입니다. 이제 다음 챕터에서는 실제 업무에 AI 팀원을 어떻게 배치할지, 사람과 AI 사이의 역할 분담과 협업 구조를 어떻게 설계할지를 살펴봅니다.

Chapter 02
AI 팀원과 협업하기

AI 팀원을 영입했다고 해서 곧바로 일이 수월해지는 것은 아닙니다. 우리가 AI 팀원과 한 팀으로 움직이려면 역할 설계와 업무 분담을 해야 합니다.

챕터 2에서는 AI 팀원이 어떤 업무에 강점을 보이고, 실전에서 어떻게 활용할지를 살펴봅니다. AI 팀원은 각자의 전문성을 가진 전문가이자, 사람이 맡은 프로젝트를 속도와 품질 면에서 한 단계 업그레이드시키는 협력자입니다.

여기서 중요한 질문은 "언제, 어떤 AI 팀원에게 어떤 업무를 맡길 것인가?"입니다. 이 질문에 답하기 위해 실전 사례로 풀어보며 사람과 AI의 역할을 재설계해봅시다.

이 팀장의 스토리: AI 팀원의 역할을 나누자

AI 팀원을 영입한 뒤, 기대에 부풀었다.
이제 회의 자료, 보고서, 디자인까지 다 맡길 수 있을 거라 생각했다.
하지만 막상 실전에 들어가니 상황은 달랐다.

챗GPT와 퍼플렉시티에게 각각 어떤 일을 맡겨야 할지 헷갈렸다.
감마는 디자인을 예쁘게 하지만 흐름이 어딘가 어색했고,
코파일럿은 많은 걸 도와주지만 정확히 뭘 시켜야 할지 알 수 없었다.

AI 팀원들 각자는 분명 똑똑했다.
하지만 내가 원하는 것을 정확히 말해주지 않으면 엉뚱한 답을 내놓았다.
'팀원은 많아졌는데, 오히려 더 바빠진 기분이네….'

그제야 깨달았다. 문제는 도구가 아니라, 분담과 조율이었다.
사람이 주도적으로 계획을 세우고 각 AI 팀원이 언제, 어떤 방식으로 투입될지 전략을 짜야 했다.
그래야 진짜 '하나의 팀'처럼 움직일 수 있다.

이제 역할을 나누고 협업을 설계할 차례다.

2.1 AI 팀워크를 극대화하는 5가지 전략

AI 팀원들이 각자 역할을 잘 수행하더라도, 그 팀의 성과는 결국 리더인 여러분에게 달려 있습니다. AI는 뛰어난 퍼포머이지만, 리더가 이들을 잘 조율하고 효과적으로 이끄는 역할을 맡아야 합니다. 사람이 중심이 되어 AI 팀을 조율해가는 다섯 가지 실전 전략을 소개합니다.

✅ 전략 1
명확한 프롬프트로 AI를 움직여라

AI는 정확한 요청에만 정확하게 반응하는 팀원입니다. "이거 좀 해주세요"라는 식의 막연한 지시에도 답은 돌아오지만, 원하는 수준의 결과와는 거리가 먼 경우가 많습니다. 그 원인은 대부분 프롬프트, 즉 요청문이 막연하거나 불완전하기 때문입니다.

특히 챗GPT처럼 텍스트 기반으로 응답하는 AI는 질문의 목적, 대상, 톤 등 맥락을 구체적으로 전달해야만 실무에 적합한 결과물을 만들어낼 수 있습니다. 결국 좋은 성과는 좋은 요청에서 시작된다는 사실을 AI와 협업할수록 실감하게 됩니다.

챗GPT는 대화형 AI라 모호한 요청에도 친절하게 '어떤 직무를 위한 건가요?', '강점은 무엇인가요?'처럼 되물으며 방향을 잡아줍니다. 그렇다면 꼭 구체적인 프롬프트를 써야 할까요? 정답은 '그렇다'입니다. AI가 되묻는 단계 없이 바로 원하는 결과를 제공하는 것이 더 효율적이고 정확한 협업 방식이기 때문입니다.

> 🔍 **NOTE 구체적인 요청이 중요한 이유**
>
> - **시간 절약**: 시간이 부족한 실무 환경에서는 추가 대화 없이 한 번에 완성도 높은 결과가 나오는 것이 가장 효율적입니다. 회의 자료, 보고서, 채용 준비처럼 시간 제약이 있는 작업일수록 더욱 그렇죠.
> - **의도 왜곡 방지**: 사용자가 명확한 방향 없이 요청하면 대화를 주고받는 과정에서 메시지 방향이 흐려질 수 있고, 의도와 다른 결과물이 나올 가능성도 있습니다.
> - **AI 협업 역량 강화**: 명확한 목표와 조건을 제시하는 능력은 디지털 팀워크의 중심에서 리더십을 발휘하는 핵심 역량입니다.

> **비교해보세요** 막연한 요청 vs. 구체적인 요청

프롬프트의 차이가 결과를 어떻게 바꾸는지 직접 체험해보세요. 챗GPT에게 '자기소개서 작성'이라는 같은 주제를 막연하게 그리고 구체적으로 요청해보고, 결과의 차이를 비교해 살펴보겠습니다.

 막연한 요청

> 자기소개서 좀 써줘.

> 물론입니다! 자기소개서를 작성하려면 아래와 같은 몇 가지 기본 정보를 알려주시면 더 적절하고 맞춤화된 내용을 드릴 수 있습니다.
>
> - 지원하는 분야/직무(예: 마케팅, 기획, 개발, 연구 등)
> - 자신의 전공 또는 경력 요약
> - 강점 또는 핵심 역량(예: 커뮤니케이션, 문제 해결, 데이터 분석 등)
> - 자신의 성격이나 업무 스타일
> - 자기소개서에 꼭 담고 싶은 메시지나 키워드(예: 성실함, 창의성, 리더십, 성장 가능성 등)
> - 자기소개서 형식(예: 자유 양식, 항목별 [성장 과정/성격의 장단점/지원동기 및 포부] 등)
>
> 예를 들어 "IT 기획직에 지원하는 경력 3년 차, 기획력과 커뮤니케이션 능력이 강점, 도전적인 성격을 부각하고 싶다"는 식으로 말씀 주시면 맞춤형으로 작성해 드릴 수 있습니다.
> 어떤 포지션이나 상황에 필요한 자기소개서인지 알려주시겠어요?

챗GPT는 자기소개서를 바로 작성하지 않고 지원 분야, 강점 등 몇 가지 추가 정보를 물어보는 방식으로 응답합니다. 결과가 나올 때까지 몇 차례 대화가 더 필요하고, 그 사이 의도나 톤이 달라질 수가 있습니다.

 구체적인 요청

> 자기소개서를 작성하고 있어. 마케팅 직무 신입 지원자이고, 데이터 분석 역량과 콘텐츠 기획 경험을 강조하고 싶어. 분량은 500자 이내로, 친근하지만 신뢰감을 줄 수 있는 톤으로 작성해줘.

감사합니다! 요청해주신 내용을 바탕으로 마케팅 직무 신입 지원자용 자기소개서(500자 이내, 친근하면서도 신뢰감 있는 말투) 초안을 아래와 같이 작성해보았습니다.

데이터는 마케팅의 나침반이라고 생각합니다. 대학교 재학 중 구글 애널리틱스와 설문 데이터를 활용해 콘텐츠 반응을 분석하고, 이를 바탕으로 SNS 캠페인 기획을 주도한 경험이 있습니다. 단순한 아이디어 제안에 그치지 않고, 수치를 근거로 전략을 세우고 실행에 옮기는 과정을 즐깁니다. 마케팅은 결국 사람을 이해하는 일이라고 믿기에, 숫자와 스토리 모두에 귀 기울이는 마케터가 되고자 합니다.

필요하시면 기업 특성이나 포지션에 맞게 조정해 드릴 수도 있어요. 혹시 추가하고 싶은 경험이나 톤이 있다면 말씀해주시겠어요?

챗GPT에게 구체적으로 요청했더니 이렇게 추가 질문 없이도 실무에 바로 활용할 수 있는 자기소개서 초안을 작성해줍니다. 요청한 방향, 톤, 분량까지 모두 반영되어 있어 참고하여 자기소개서에 활용할 수 있습니다.

챗GPT는 질문을 잘 이해하고 대화도 능숙하게 이어갑니다. 그러나 실무에서는 대화의 유연함보다 정확하고 신속하게 원하는 결과를 얻는 것이 더 중요할 때가 많습니다. 이때 구체적인 프롬프트는 AI가 불필요하게 되묻지 않고, 처음부터 실용적인 결과를 내도록 돕는 핵심 전략입니다. AI를 똑똑하게 활용하고 싶다면 명확한 요청부터 시작하세요.

✅ 전략 2
비판적 시각으로 AI를 활용하라

우리는 매일 업무와 관련된 방대한 정보를 접합니다. 트렌드, 정책 변화, 시장 조사, 경쟁사 분석까지 모두 중요한 정보이지만, 그중에서 무엇이 진짜 의미 있는지 가려내고 해석하는 일은 쉽지 않습니다.

이번 전략은 퍼플렉시티로 실습해보겠습니다. 퍼플렉시티는 질문을 요약한 정보를 제공하고 참고한 출처까지 함께 보여줍니다. 이때 한 가지를 잊지 말아야 합니다. 퍼플렉시티가 아무리 요약을 잘해도 '이 정보가 우리에게 어떤 의미가 있는가?'라는 해석과 판단은 결국 사람의 몫이라는 점입니다. 따라서 퍼플렉시티를 사용할 때는 단순한 요약 도구가 아닌, 비판적 해석을 위한 정보 수집 파트너로 활용해야 합니다.

비교해보세요 같은 정보, 다른 해석

같은 정보라도 판단하는 사람의 관점에 따라 해석이 완전히 달라질 수 있습니다. 퍼플렉시티에게 '주 4일제 도입의 장단점'이라는 동일한 질문을 던지고, 그 정보를 어떻게 다른 관점에서 해석할 수 있는지 살펴보겠습니다.

 주 4일제 도입의 장단점은 뭐야?

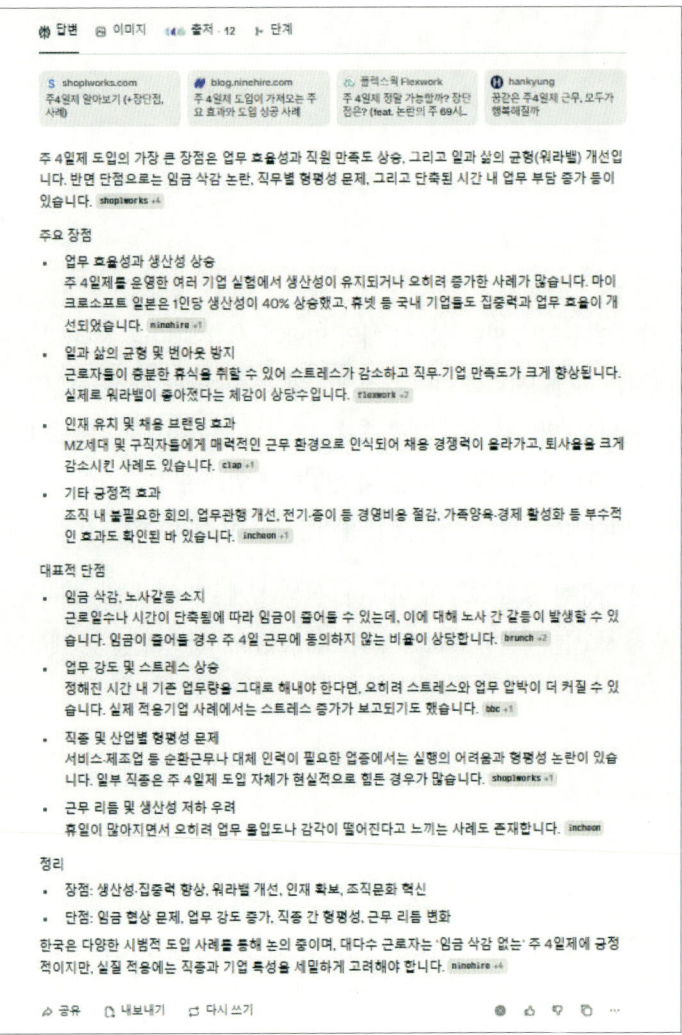

퍼플렉시티가 뉴스, 보고서, 블로그 등 다양한 출처에서 내용을 정리하여 장단점을 목록 형태로 요약해줍니다. 출처도 함께 표시해주어 원문을 확인할 수 있습니다.

다음은 조직 내 인사 담당자와 영업팀 팀장이 이 정보를 각자의 관점으로 해석한 내용입니다.

👤 인사 담당자의 관점

"우리 조직은 창의적인 직무가 많고, MZ세대 비중이 높은 편입니다. 주 4일제는 젊은 인재 유치와 조직 문화 혁신에 긍정적인 영향을 줄 수 있을 것 같습니다. 단점으로 언급된 급여 이슈는 시범 운영 후 내부 기준을 마련해 단계적으로 대응하는 것이 좋겠습니다."

👤 영업팀 팀장의 관점

"우리 부서는 외부 커뮤니케이션이 많고, 고객 대응 속도가 중요한 직군입니다. 주 4일제를 도입하면 업무 공백이 발생할 수 있고, 실질적 생산성 저하가 우려됩니다. 조직 전체의 정책보다는 팀별 자율적 조정 권한을 주는 방식이 더 현실적이라고 판단됩니다."

이렇게 같은 자료를 기반으로 해도 판단하는 주체의 역할과 시각에 따라 전혀 다른 결론이 나옵니다. 그렇다면 실무에서는 퍼플렉시티를 어떤 관점으로 활용해야 할까요? 퍼플렉시티는 단순히 정보를 요약해주는 AI가 아니라, 판단을 위한 재료를 수집해주는 팀원이므로 질문을 던질 때는 맥락과 목적을 명확히 하세요. 그래야 필요한 정보를 더 정밀하게 얻을 수 있습니다. 또 결과를 받아들일 때는 '이 정보가 우리 맥락에서 어떤 의미가 있는가'라는 관점으로 비판적으로 해석해야 합니다.

퍼플렉시티와 같은 AI를 단순한 요약 도구가 아니라, 질문 설계 · 출처 비교 · 맥락 반영이라는 세 단계 과정을 통해 비판적 사고를 지원하는 리서치 파트너로 활용하는 방법을 더 세부적으로 살펴봅시다.

- 질문을 비판적으로 설계하라
- 출처를 비교하며 관점을 확장하라
- 우리 맥락에 맞는 질문으로 연결하라

❶ 질문을 비판적으로 설계하라

먼저 퍼플렉시티가 단순 요약이 아니라 판단을 돕는 정보를 끌어낼 수 있도록 질문을 비판적으로 설계해야 합니다.

퍼플렉시티는 '주 4일제 장단점은?'과 같은 질문에도 꽤 정리된 정보를 제공합니다. 장점과 단점을 나란히 보여주어 내용을 빠르게 파악할 수 있죠. 하지만 중요한 것은 AI의 답변을 그대로 받아들이는 것이 아니라, 나의 판단을 돕는 근거와 통찰을 이끌어내는 것입니다. 비판적 해석을 유도하는 방향으로 질문을 바꾸면 퍼플렉시티는 단순 요약보다 더 풍부한 시야와 근거를 제공합니다.

판단을 유도하는 질문 예시는 다음과 같습니다.

- 주 4일제를 도입한 조직에서 실제 실패한 사례가 있는가?
- 주 4일제가 특정 산업에서 적용되지 않은 이유는 무엇인가?
- 찬성과 반대 입장에서 주 4일제를 바라보는 핵심 논거는 무엇인가?

 주 4일제를 도입한 국가들의 공통점과 실패 원인은?

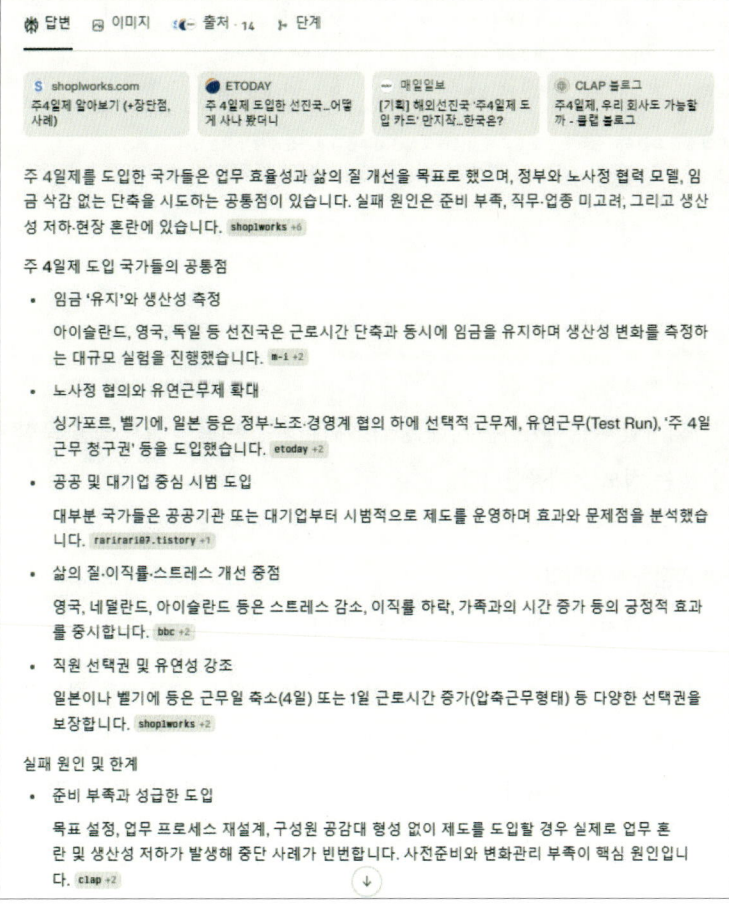

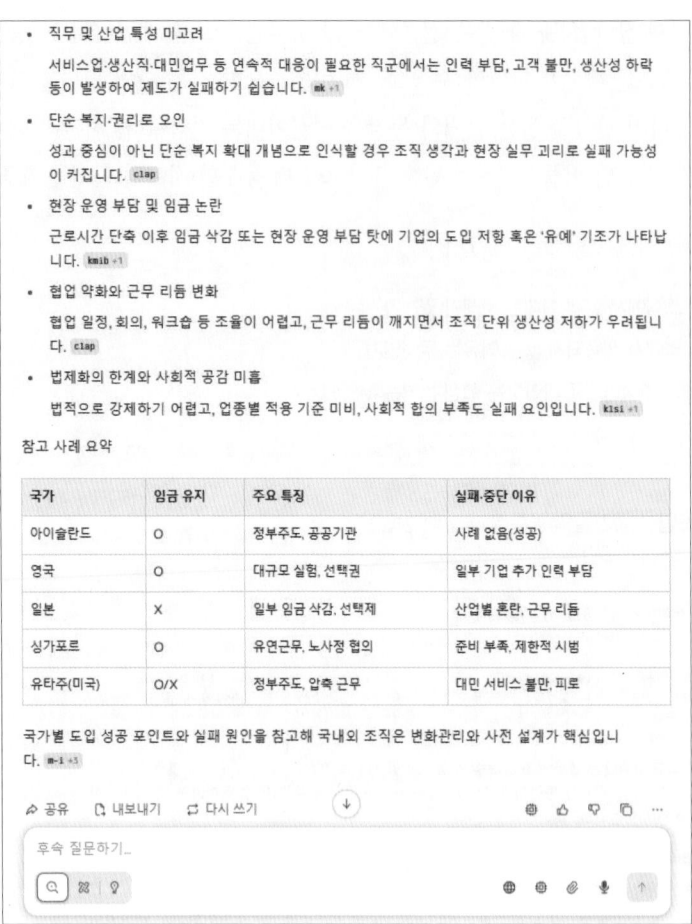

이처럼 질문을 구체화하면 퍼플렉시티는 사례 중심, 예외 상황, 비판적 시각 등을 포함해 더 실무적인 판단을 할 수 있는 정보를 제공합니다.

❷ 출처를 비교하며 관점을 확장하라

퍼플렉시티가 제공하는 출처를 단순 참고가 아닌 '관점 비교의 도구'로 활용하세요.

퍼플렉시티는 단순히 요약을 보여주는 데 그치지 않고, 신뢰할 수 있는 출처를 제시합니다. 이 출처들을 비교·활용하면 다양한 관점을 교차 검토하며 사고의 폭을 넓힐 수 있습니다. 예를 들어 어떤 정보는 정부 기관의 공식 보고서를 기반으로 한 것이고, 또 어떤 정보는 커뮤니티의 경험담이나 뉴스 해설에 기반했을 수 있습니다. 같은 주제를 다루더라도 출처에 따라 강조하는 관점이나 해석이 달라지므로, 다양한 출처를 비교하며 내용을 바라볼수록 더 깊은 이해로 이어집니다.

주 4일제가 실무 생산성에 미친 영향에 대한 상반된 시각은?

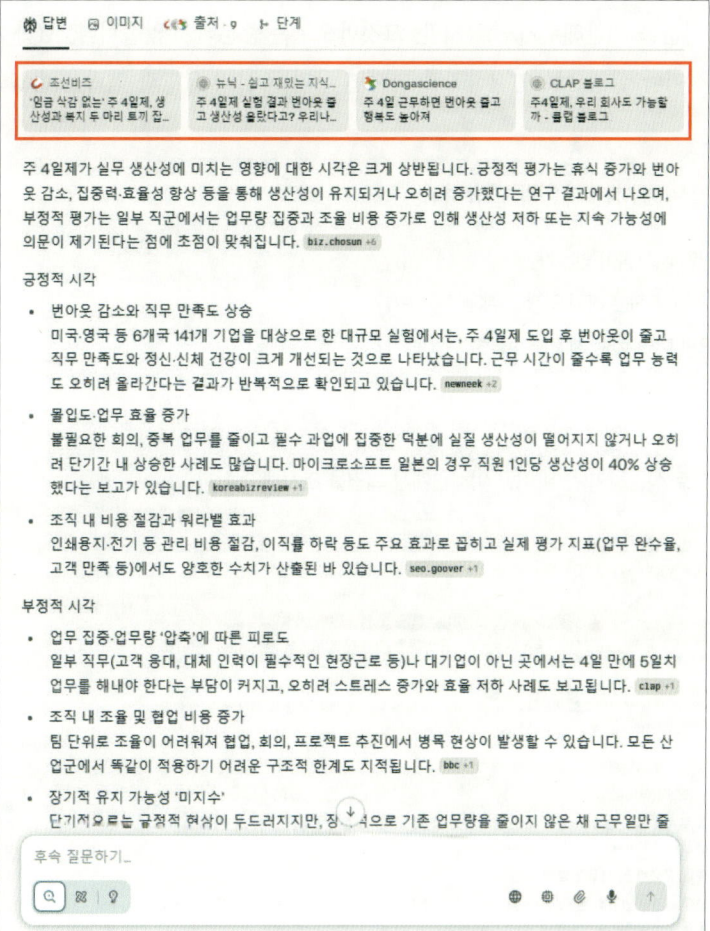

퍼플렉시티가 제공한 답변 상단에는 주요 출처들이 보입니다. 보통 핵심 출처 3개 정도가 요약과 함께 제시되는데, 이들 각각이 동일한 주제를 서로 다른 시각에서 해석하고 있다는 점에 주목할 필요가 있습니다. 예를 들어 정치학회 논문은 구조적·이념적 맥락에서 사안을 분석하고, 법조 전문지는 실무 적용과 법적 리스크에 초점을 맞추며, 영어 신문은 글로벌 사례와 국제적 시사점을 중심으로 내용을 전개합니다.

이처럼 같은 주제라도 출처에 따라 강조점과 해석이 달라지므로 요약된 내용을 그대로 받아들이기보다 출처 링크에 직접 접속해보고 관점을 넓히는 습관이 필요합니다.

❸ **맥락에 맞는 질문으로 연결하라**

마지막으로, 퍼플렉시티가 답변한 내용을 우리 조직, 진행 중인 프로젝트의 상황과 연결할 수 있는 질문을 던지세요. AI가 답변을 제공한 이후에 사람의 질문이 이어져야 합니다. 퍼플렉시티는 답변 하단에 관련 질문을 제안해주기도 하지만, 그것만으로는 충분하지 않습니다. AI가 제공한 정보를 실제 의사결정이나 실행으로 연결하고자 한다면 우리 조직의 상황과 맥락을 반영한 사고가 필요합니다.

맥락과 연결되는 질문 예시는 다음과 같습니다.

- 우리 조직에는 어떤 시사점이 있는가?
- 이 이슈에 대해 우리 조직은 어떤 입장을 취해야 하는가?
- 이 내용을 바탕으로 어떤 실행 계획을 수립할 수 있는가?

 정책을 실제로 적용하기 전에 어떤 이해관계자 의견을 조사해야 할까?

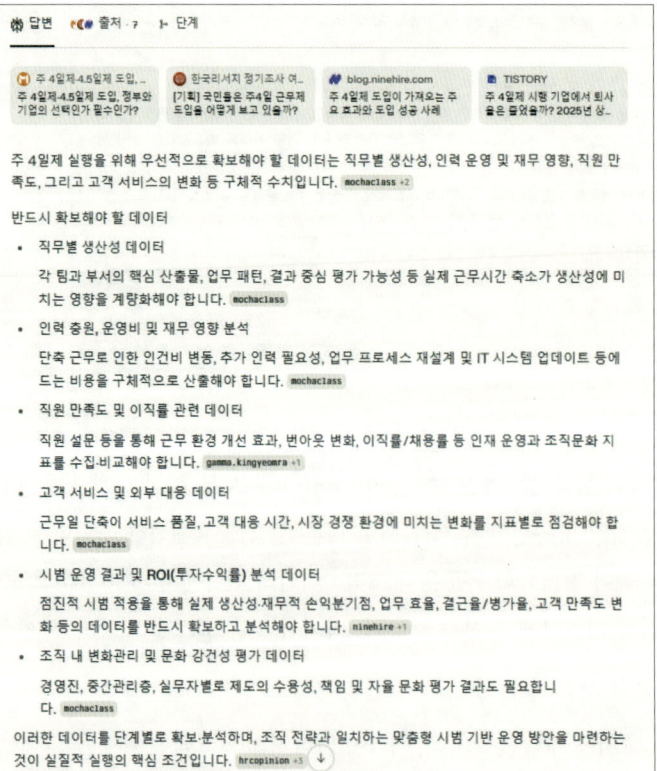

이 이슈가 우리 조직의 전략 목표와 충돌하지 않으려면 어떤 조건을 확인해야 할까?

답변 1-단계

주 4일제 도입이 조직 전략 목표와 충돌하지 않도록 하려면 다음 조건을 반드시 점검해야 합니다.

업무와 생산성 목표 정합성
- 핵심 업무 프로세스와 목표 달성에 영향이 없는지 확인해야 합니다. 주 4일 근무로 업무 산출량이나 품질이 저하되지 않는지, 생산성 지표와 KPI가 유지 또는 향상되는지 평가해야 합니다.
- 업무 집중도와 효율성 극대화를 위해 불필요한 업무, 회의, 절차가 정비되어 있는지 점검할 필요가 있습니다.

조직 문화 및 직원 수요 반영
- 직원들의 주 4일제 수용성, 만족도, 번아웃 감소 등 정성적 효과가 조직문화를 강화하는 방향인지 확인해야 합니다.
- 구성원 간 협업, 커뮤니케이션 체계가 주 4일제 아래에서 원활히 유지 가능한지도 검토해야 합니다.

직무 및 산업 특성 적합성
- 조직 내 직군별 업무 특성과 요구를 세분화하여 주 4일제가 가능한 직무인지, 고객 대응이나 서비스 지연이 발생하지 않을지 살펴야 합니다.
- 특히 생산, 대민 서비스, 긴급 대응 업무 등은 별도의 대응 방안이나 교대 근무 모델 검토가 필요합니다.

재무·인력 운영 영향 분석
- 임금, 인력 충원, 운영비용, 워라밸 개선에 따른 이직률 변화 및 생산성 변동이 조직 재무에 미치는 영향을 예상해야 합니다.
- 재택근무, 유연근무 등 기존 전략과 주 4일제가 상호 보완적일지도 판단해야 합니다.

변화관리 및 단계적 실행 계획
- 주 4일제 도입을 위한 명확한 목표 설정과 성공 평가 지표(생산성, 직원 만족도, 비용 절감 등)를 마련해야 합니다.
- 시범 운영, 구성원 교육, 피드백 수집 등의 변화관리 체계가 구비되어 중장기적으로 안정적인 정착을 도모할 수 있어야 합니다.

이처럼 퍼플렉시티는 '정보 요약 봇'이 아니라, 사람의 사고를 보조하는 리서치 파트너입니다. 핵심은 답변을 그대로 받아들이지 않고, 그 정보를 토대로 어떤 해석과 결정을 내릴 것인지 주도적으로 질문을 던지는 것입니다.

전략 3
디자인하기 전에 메시지 흐름부터 설계하라

AI 디자인 도구는 슬라이드와 이미지를 손쉽게 만들어주지만, 전체적인 흐름과 톤을 설계하는 일은 사람의 몫입니다. 예를 들어 감마는 자동 프레젠테이션 기능을, 미리캔버스는 다양한 템플릿을 제공합니다. 그러나 먼저 서론-본론-결론 구조와 메시지가 정리되지 않으면 그럴싸한 디자인을 입혀도 설득력 있는 메시지를 만들기 어렵고, 색상과 폰트 그리고 키워드의 일관성이 없다면 브랜드 메시지가 흐려질 수 있습니다. 결국 AI가 시각화하기 이전에 우리가 설계한 흐름과 방향이 있어야 완성됩니다.

비교해보세요 단순 결과만 요청 vs. 과정과 흐름을 설계한 후 요청

어떤 흐름으로 이야기를 전개할지, 어디서 임팩트를 줄지, 무엇을 강조할지는 우리가 설계해야 합니다. 감마에서 브랜드 리뉴얼 제안서 프레젠테이션 제작을 요청하는 예시를 통해 프레젠테이션 흐름을 설계한 슬라이드와 그렇지 않은 슬라이드를 비교해봅시다.

브랜드 콘셉트

- 브랜드명: MIRACLE
- 카테고리: 저자극 자연 성분 기반 스킨케어
- 대상 고객: MZ세대 여성, SNS 감성 브랜드 선호
- 리브랜딩 목적: 젊고 감각적인 이미지로 새 단장, 기존 브랜드 감성 탈피

프레젠테이션 개요

- 주제: 화장품 브랜드 MIRACLE 리뉴얼 제안서
- 목적: 의사결정권자(임원)를 설득하여 리뉴얼 실행 승인을 받는 것

 단순 결과만 요청

> 브랜드 리뉴얼 제안서를 만들어줘.
> - 브랜드명: MIRACLE
> - 카테고리: 저자극 자연 성분 기반 스킨케어
> - 대상 고객: MZ세대 여성, SNS 감성 브랜드 선호
> - 리브랜딩 목적: 젊고 감각적인 이미지로 새 단장, 기존 브랜드 감성 탈피

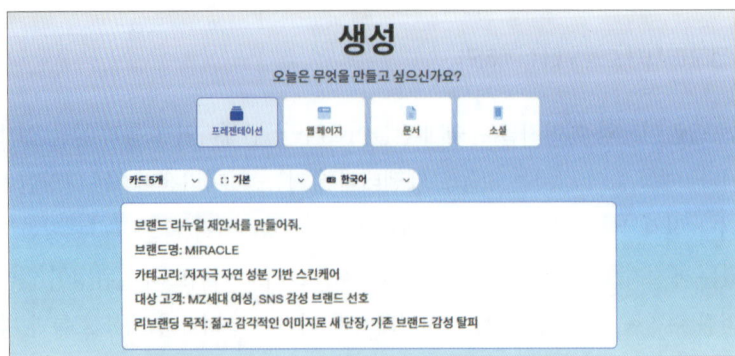

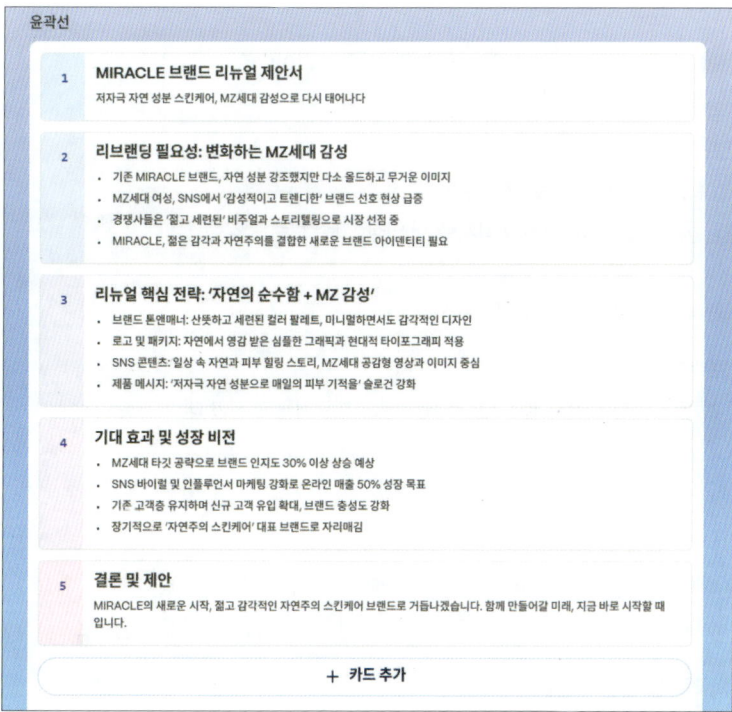

감마는 자동으로 슬라이드를 정리해주는 데 강점이 있지만, 제안된 결과를 보면 항목별로 정보가 나열된 수준에 머무르고 있습니다. 리브랜딩의 필요성, 핵심 전략, 기대 효과 등이 모두 포함되어 있으나, 어떤 메시지를 가장 강조해야 하는지, 청중이 집중해야 할 핵심이 무엇인지가 뚜렷하게 드러나지 않습니다. 이처럼 AI가 구성한 슬라이드는 전체 맥락을 빠짐없이 담아내더라도 설득의 힘을 주는 핵심 포인트가 빠져 아쉬울 수 있습니다.

🙂 과정과 흐름을 설계한 후 요청

이번에는 직접 프레젠테이션의 흐름을 다음과 같이 먼저 설계한 후 감마에게 요청해보겠습니다.

프레젠테이션 흐름

① 현재 브랜드의 위기 상황 → ② 경쟁사 성공 사례 → ③ 우리가 추구하는 리뉴얼 방향 → ④ 리뉴얼 효과 예측 수치 → ⑤ 지금 실행해야 하는 이유 + 결론

아래 내용을 바탕으로 브랜드 리뉴얼 제안서를 5장의 슬라이드로 구성해줘.

- 브랜드명: MIRACLE
- 카테고리: 저자극 자연 성분 기반 스킨케어
- 대상 고객: MZ세대 여성, SNS 감성 브랜드 선호
- 리브랜딩 목적: 젊고 감각적인 이미지로 새 단장, 기존 브랜드 감성 탈피

슬라이드는 다음과 같은 흐름으로 만들어줘.

1. [현재 브랜드의 위기 상황]
   - 최근 브랜드 인지도 조사에서 42%로 하락했고 재구매율도 전년 대비 25% 감소했어.
   - 주요 원인은 브랜드 감성의 진부함과 SNS 트렌드 미흡 때문이야.
   - 이 데이터를 중심으로 위기 상황을 설명해줘.

2. [경쟁사 리뉴얼 성공 사례]
   - 같은 뷰티 업계에서 리뉴얼로 성과를 낸 브랜드 사례 1~2개 소개해줘.
     예: 버츠비(Burt's Bees), 라네즈처럼 브랜드 감성 강화에 성공한 사례 중심으로

3. [우리의 리뉴얼 방향 제안]
   - 리뉴얼 전략의 핵심 키워드는 다음 세 가지야.
     ① MZ세대 감성 강화
     ② 친환경·비건 메시지 강화
     ③ 디지털 채널 중심 캠페인 전환
   - 이 키워드를 중심으로 전략 방향을 요약하고 설명해줘.

4. [기대 효과 정량화]
   - 리뉴얼을 통해 인지도 +20%, 매출 +25% 상승을 기대하고 있어.
   - 특히 SNS 채널 전환율과 온라인 매출 증가가 주요 지표야.
   - 정량적 기대 효과를 수치 기반으로 보여줘.

5. [실행 타이밍 강조 + 결론]
   - 지금 리뉴얼을 실행해야 하는 이유는 다음과 같아.
     ① 경쟁사 대비 뒤처진 감성 개선 필요성
     ② 예산 확보 및 여름 캠페인 시작 시점
   - 이 타이밍의 적절성을 강조하고, 마지막은 요약 문장으로 마무리해줘.

1번 슬라이드 [현재 브랜드 위기 상황]

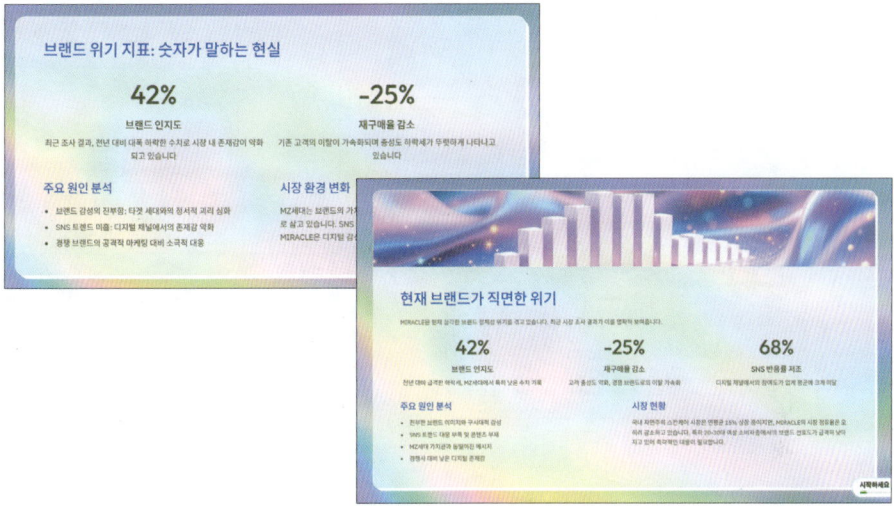

현재 브랜드의 위기 상황을 데이터 중심으로 설명해달라고 요청했는데, 그 부분이 명확하게 잘 반영되었습니다.

2번 슬라이드 [경쟁사 리뉴얼 성공 사례]

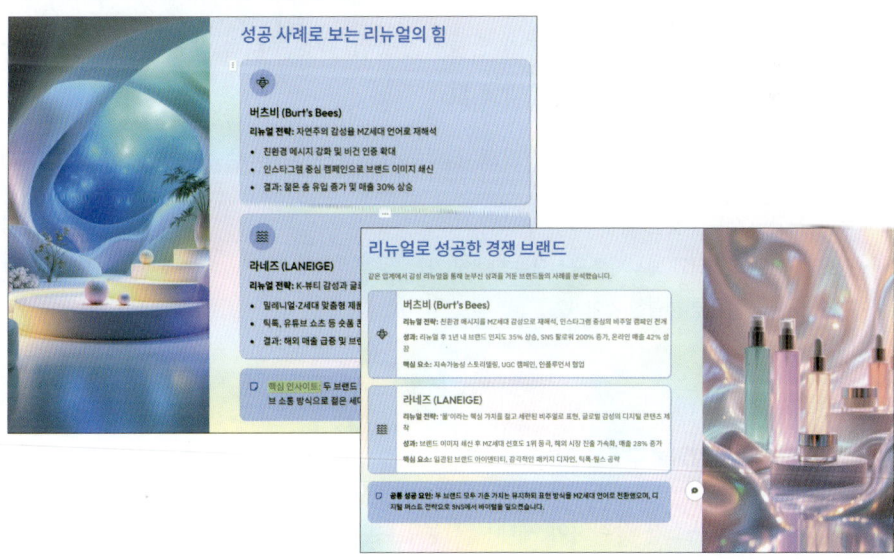

브랜드 감성 강화를 성공적으로 이끈 사례들을 잘 정리해주었네요. 비교와 맥락이 잘 살아 있어 설득력 있게 다가옵니다.

(중략)

5번 슬라이드 [실행 타이밍 강조 + 결론]

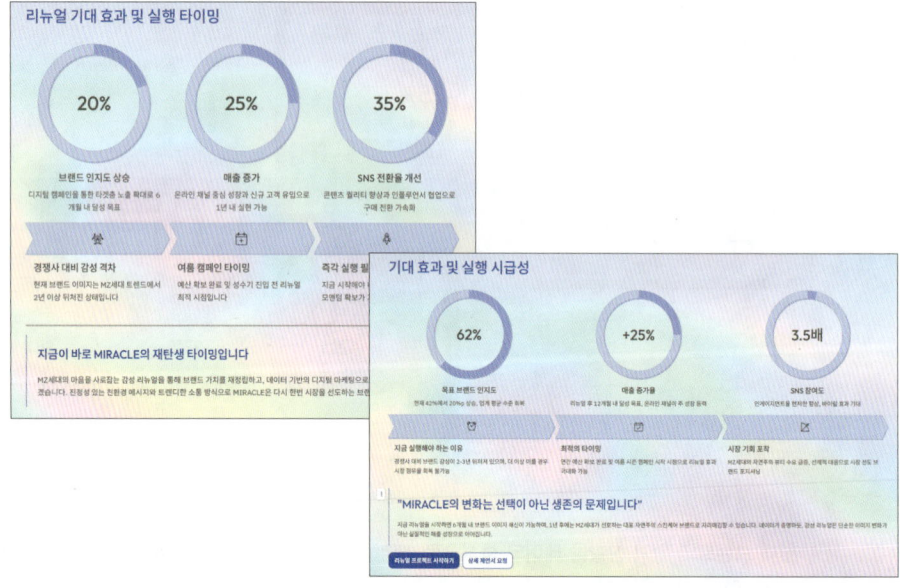

이번 리뉴얼의 타이밍이 왜 중요한지를 강조하고, 마지막에 요약 문장으로 임팩트 있게 정리했습니다.

감마는 자료를 만들 수는 있어도 전략을 만들지는 못합니다. 우리가 방향을 제시하지 않으면 감마도 목적 없는 프레젠테이션을 만들 수밖에 없죠.

사람이 먼저 다음과 같은 요소들을 정리해서 제공해야 AI가 만든 슬라이드도 힘을 얻습니다.

- **목적**: 누구를 설득할 것인가?
- **강조점**: 어떤 데이터와 메시지를 중심으로 할 것인가?
- **구조**: 어떤 흐름으로 전달할 것인가?

✅ 전략 4
명확한 맥락과 결과물 구조를 충분히 제시하라

AI는 맥락과 문서 구조가 갖춰져야 제대로 작동합니다. 무엇을 만들지, 왜 만드는지, 달성할 목표는 무엇인지, 어떤 형태의 결과물이 필요한지를 분명히 알려주세요. 목표와 구조가 불분명하면 AI는 그럴듯한 문장을 만들어낼 수는 있어도 바로 활용 가능한 결과물을 내기는 어렵습니다.

> **비교해보세요** 구조 없이 요청 vs. 맥락과 구조를 설명한 후 요청

이번에는 코파일럿으로 실습해보겠습니다. 앞서 제작한 'MIRACLE 브랜드 리뉴얼 제안서'를 바탕으로 코파일럿에게 발표자용 스크립트를 만들어달라고 요청해봅시다.

두 가지 방식으로 요청합니다. 하나는 아무런 구조 없이 단순히 요청하고, 다른 하나는 문서의 목적과 청중, 강조 포인트를 먼저 설계한 뒤 요청합니다.

구조 없이 요청

먼저 워드 문서를 새로 생성한 후, 문서 상단의 코파일럿 채팅창에 발표 대본 작성을 위한 발표 자료를 첨부합니다. 파일을 첨부 후 별다른 맥락 없이 "발표자용 스크립트를 만들어달라"는 식으로 간단히 요청합니다.

> 내가 첨부한 제안서의 발표자용 스크립트를 만들어줘.

 MIRACLE 브랜드 리뉴얼 발표자용 스크립트

안녕하세요, 여러분. 저는 NA HYUN LEE입니다. 오늘 여러분께 MIRACLE 브랜드 리뉴얼 제안서를 발표하게 되어 기쁩니다.

서론: 오늘 발표의 목표는 MZ세대 감성을 강화하여 브랜드 경쟁력을 회복하는 MIRACLE의 새로운 도약 전략을 공유하는 것입니다. 저자극 자연 성분을 기반으로 한 스킨케어 브랜드로서, 우리는 새로운 방향을 모색하고 있습니다.

브랜드 위기 상황: 우리는 현재 브랜드 인지도가 최근 1년간 42% 감소하고 있으며, 신규 고객 유입이 저조한 상황입니다. 또한, 재구매율이 전년 대비 25% 감소하여 충성 고객의 이탈이 우려됩니다. MZ세대 시장점유율 또한 경쟁사 대비 18% 낮아 트렌드 민감도가 부족합니다.

(중략)

결론적으로, 지금이 MIRACLE 브랜드의 변화와 성장을 위한 골든타임입니다. 데이터 기반 디지털 마케팅 전략과 감성적 디자인 혁신이 시너지를 내어 시장 점유율 확대와 고객 충성도 향상을 기대합니다. 감사합니다.

코파일럿이 생성한 결과는 문서 전체를 요약한 일반적인 설명문에 그쳤습니다. 슬라이드별 핵심 메시지와 발표 상황의 맥락이 충분히 반영되지 않았기 때문에 실제 발표에 사용하기에는 한계가 있습니다.

맥락과 구조를 설명한 후 요청

코파일럿은 '문서 안'의 정보를 잘 다룹니다. 그러나 발표는 '문서 밖'의 상황에서 일어납니다. 따라서 우리가 먼저 문서의 목적과 사용 맥락을 정리해줘야 코파일럿이 단순 정보가 아닌 실행 가능한 산출물을 만듭니다. 이번에는 맥락과 구조를 충분히 제시한 후 요청해보겠습니다.

> 내가 첨부한 자료는 MZ세대 여성 타깃 화장품 브랜드 'MIRACLE'의 리뉴얼을 위한 제안서야. 청중은 마케팅 팀장과 경영진이야. 슬라이드별로 발표자가 실제 말하듯 설명하는 발표용 스크립트를 5문장씩 작성해줘. 특히 브랜드 비전과 리뉴얼 방향을 말할 때는 감성적인 표현도 포함해줘.

MIRACLE 브랜드 리뉴얼 제안서 발표 스크립트

1. 브랜드 위기 상황
안녕하세요, 오늘은 MIRACLE 브랜드의 리뉴얼 방안을 소개하고자 합니다.
우리 브랜드가 현재 겪고 있는 위기는 고심 끝에 이 제안서를 준비하게 된 계기입니다.
최근 1년간 브랜드 인지도가 42% 감소했고, 재구매율도 25% 감소했습니다.
특히 MZ 세대 고객과의 소통 부족으로 시장 점유율이 18% 낮아졌습니다.
브랜드 감성의 진부함을 극복하지 못하면 우리 충성 고객을 지키기 힘들어질 것입니다.

2. 경쟁사 리뉴얼 성공 사례

(중략)

7. 실행 타이밍과 결론
경쟁사 대비 브랜드 감성 개선이 시급하며, 현재가 변화의 골든타임입니다.
여름 캠페인을 시작점으로 새로운 고객을 유입하고자 합니다.
예산 효율성을 극대화하여 지금 이 순간이 가장 적기입니다.
MIRACLE 브랜드의 변화와 성장을 위한 기반을 다질 기회입니다.
데이터 기반 디지털 마케팅 전략과 감성적 디자인 혁신으로 시장 점유율과 고객 충성도를 향상시킬 것입니다.

맥락과 구조를 먼저 제시하자, 코파일럿은 타깃 청중을 반영한 스크립트를 즉시 활용 가능한 수준으로 생성하고 요청한 감성 톤도 충실히 반영되어 전달력이 높아졌습니다.

코파일럿은 어디까지나 문서 안의 AI입니다. 우리가 전달하려는 의도와 흐름을 먼저 설계해줘야 그에 맞는 실행 가능한 결과물이 나옵니다. 이처럼 문서의 구조와 목적을 분명히 설정할수록 코파일럿은 유능한 실행 보조자로 작동합니다.

✅ 전략 5
확신에 찬 답도 의심하고 검증하라

AI는 사실이 아닌 내용을 그럴듯한 문장으로 꾸며 마치 사실인 것처럼 답변을 만들어내기도 합니다. 예를 들면 지난 정보를 마치 최신 정보처럼 전달하거나 실제로 존재하지 않는 수치를 그럴듯하게 제시하는 경우가 있습니다. 이때 AI가 제시한 답이 정확한 팩트에 근거하는지, 사용 목적이나 의도와 맞는지는 사람이 반드시 검토해야 합니다. 자신 있게 내놓은 답변 속에 숨은 오류가 있다면 단순 실수를 넘어 잘못된 의사결정과 신뢰 저하로 이어질 수 있습니다. 결국 AI의 답을 실질적 결과물로 전환하는 최종 책임은 사람에게 있습니다.

> **🔍 NOTE 실수를 줄이는 방법**
>
> AI는 신빙성 있는 진실이 아닌, 가능성 있는 언어 패턴을 우선합니다. 그래서 틀리는 방식마저도 그럴듯하죠. 유창하고 완성도도 높은 답변만 출력하기 때문에 우리의 판단을 흐리게 만듭니다. AI가 사실이 아닌 문장을 진실처럼 말할 수 있는 도구라는 점을 기억하고, 다음 질문으로 스스로를 점검하세요.
>
> - 출처가 명확한가?
> - 이 답변에 포함된 사실은 최근 기준에도 여전히 유효한가?
> - 이 내용은 우리의 맥락과 실제 상황에 적용 가능한가?
> - 이 내용이 실제 실행으로 이어질 수 있는가?

비교해보세요 출처 확인 없이 질문 vs. 출처를 명확히 요구한 질문

챗GPT를 이용하여 출처 확인 없이 질문한 것과 명확히 요구하여 질문하는 것을 비교해 살펴보겠습니다.

출처 확인 없이 질문

AI에게 출처를 확인하지 않고 단순히 질문하면 사실이 아닌 정보를 답변할 수 있습니다. 챗GPT를 이용해 실습해보겠습니다.

> 중국 여행을 가려고 하는데, 비자 발급을 받아야 해?

> **한국인이 중국 여행 시 비자 필요 여부(2025년 5월 기준)**
> - 2024년 12월 1일 ~ 2025년 11월 30일까지 한시적 비자 면제
>   - 대상: 대한민국 일반여권 소지자
>   - 목적: 관광, 친지 방문, 비즈니스, 환승 등 단기 방문
>   - 체류 허용 기간: 최대 15일 무비자 입국 가능
>   - 조건: 중국 입국일 기준 체류 일수 15일 초과 시에는 반드시 사전 비자 발급 필요
>   단, 기존에 중국 입국 거부 이력이 있거나 정상적인 여행 목적이 아닌 경우 입국이 제한될 수 있으므로 주의가 필요합니다.
>
> - 비자가 필요한 경우
>   - 15일 이상 체류 예정
>   - 장기 체류 목적(유학, 취업, 장기 상주 등)
>   - 한시적 비자 면제 기간 이후 입국 계획
>
> - 출처 확인 및 최신 정보
>   중국 대사관 또는 주한 중국대사관 홈페이지에서 최신 공지를 꼭 확인하세요. 정책은 외교 상황에 따라 변경될 수 있습니다.

전체적으로 매끄러운 답변이었지만, 비자 면제 기간에 대한 설명이 실제 정책과 달랐습니다. 이처럼 겉보기에는 정확해 보여도 이런 작은 오류 하나가 중요한 의사결정에 영향을 줄 수 있죠. 그래서 출처를 통해 정확한 기간을 다시 확인하기로 했습니다.

 출처를 명확히 요구한 질문

이번에는 출처를 분명히 요구하며 질문해보겠습니다.

비자 한시적 면제 기간이 2025년 11월 30일까지야? 12월 31일까지라고 하던데? 업데이트된 거야? 출처를 알려줘.

 네, 맞습니다. 중국 정부는 대한민국 일반여권 소지자를 대상으로 2024년 11월 30일부터 2025년 12월 31일까지 한시적으로 비자 면제 정책을 시행하고 있습니다.

중국 무비자 입국 정책 요약(2025년 기준)
- **적용 기간**: 2024년 11월 30일 0시부터 2025년 12월 31일 24시까지 중국 대사관+1
- **대상**: 대한민국 일반여권 소지자
- **허용 체류 기간**: 최대 30일
- **허용 목적**: 비즈니스/관광/친지 방문/경유/교류 방문(학술, 문화, 종교, 비정부조직 교류 등)

- **주의 사항**:
  - 30일을 초과하여 체류하거나 취업, 유학 등 기타 목적의 방문 시에는 해당 목적에 맞는 비자를 사전에 발급받아야 합니다.
  - 무비자 입국 시에도 여권의 유효 기간이 충분히 남아 있어야 하며, 입국 후 숙박 등록 등의 절차를 준수해야 합니다. LalaSir+2wish.jieunii+2세계탐험 안내서 – world travel guide+2

더 자세한 정보나 특정 상황에 대한 안내가 필요하시면 알려주세요.

그러자 최신 정책과 조건이 반영된 더 신뢰도 높은 답변을 제공했습니다. 최신 정책인 2025년 12월 31일까지의 적용 기한을 반영했고, 체류 조건과 목적에 따른 안내도 더 명확해졌습니다. 출처와 시점을 구체적으로 요구하니 챗GPT도 더 신뢰도 있게 응답한 셈이죠.

> **비교해보세요** 출처 확인 없이 인용 요청 vs. 출처와 진위 확인을 요구한 요청

AI는 실제로 존재하지 않는 인용문이나 실제 인물이 하지 않은 발언을 마치 사실인 것처럼 생성할 수 있습니다. 특히 인용, 발언, 통계처럼 신뢰성과 출처가 핵심인 콘텐츠에는 이러한 오류가 큰 리스크로 작용합니다. 따라서 AI가 생성한 정보를 사용할 때는 반드시 '출처가 정확한가?'라는 질문을 먼저 던져야 합니다. 신뢰할 수 있는 정보인지 검증하는 출발점이 되기 때문입니다.

😠 출처 확인 없이 인용 요청

이번에는 코파일럿을 이용해 실습해보겠습니다.

 브랜드 리뉴얼에 대해 유명 인사가 말한 인용문을 넣어줘.

- **마크 저커버그 (Meta CEO):** "브랜드 리뉴얼은 미래를 준비하는 과정입니다. 끊임없이 변화하는 세상에서, 브랜드 역시 적응하고 성장해야 합니다. 진정한 혁신은 브랜드의 정체성을 지키면서도, 새로운 비전을 담아내는 데서 시작됩니다."

마크 저커버그가 한 적이 없는 발언임에도 불구하고, AI가 마치 존재하는 인용문처럼 만들어냈습니다.

🙂 출처와 진위 확인을 요구한 요청

답변 이후에 해당 문장의 진위를 질문하자, AI는 이를 검토한 뒤 영어 원문에서도 유사한 공식 발언이나 기록이 없음을 밝혔습니다.

 이 인용문은 마크 저커버그의 인용문이 맞아?

현재까지 브랜드 리뉴얼 또는 리브랜딩과 직접적으로 관련된 마크 저커버그의 공식 인용문은 공개된 바 없습니다. 그러나 2021년 페이스북이 메타(Meta)로 사명을 변경할 당시, 저커버그가 공식적으로 한 발언 중 하나는 다음과 같습니다:
- "From now on, we're going to be metaverse-first, not Facebook-first."
이 발언은 2021년 10월 28일 Meta 사명 발표 행사에서 저커버그가 실제로 한 말이며, 브랜드 리뉴얼(리브랜딩)과 관련된 대표적인 공식 인용문으로 꼽힙니다.

스티브 잡스는 혁신과 리더십, 그리고 브랜드의 본질에 대해 다양한 인상적인 말을 남겼습니다. 브랜드 리뉴얼과 혁신, 리더십에 대한 그의 대표적인 인용문 중 하나는 다음과 같습니다.
- **스티브 잡스 (Apple 공동 창업자):** "혁신이 리더와 추종자를 구분 짓는다."
이 인용문은 브랜드 리뉴얼 과정에서 혁신의 중요성과, 진정한 리더는 변화를 두려워하지 않고 새로운 가치를 창출한다는 잡스의 신념을 잘 보여줍니다.

클릭

코파일럿이 제안한 인용문은 출처가 정확하지 않다는 것을 확인하였습니다. '재생성' 아이콘(↻)을 클릭하여 새로운 인용문을 요청하겠습니다. 새롭게 생성된 인용문에 대한 진위는 다음과 같습니다.

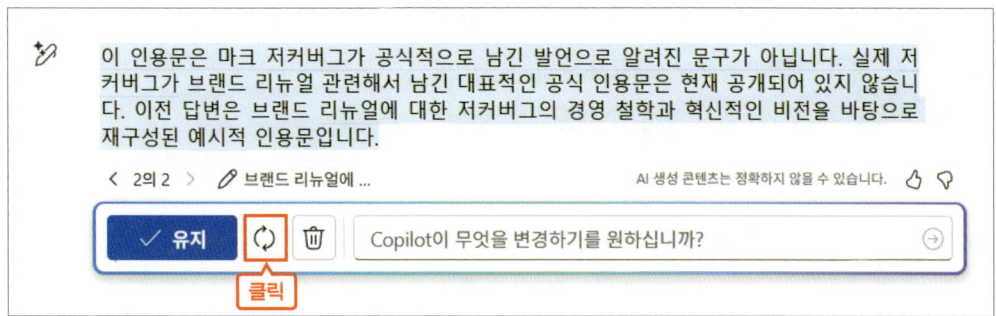

이번에는 코파일럿이 생성한 인용문이 실제로 존재하는 출처를 바탕으로 한 것인지 구글 검색을 통해 직접 확인해보려고 합니다. 인용문의 신뢰도를 판단하려면 누가, 언제, 어떤 맥락에서 한 말인지 확인하는 과정이 꼭 필요하니까요.

검증 결과, 이번에 코파일럿이 제시한 인용문은 실제로 스티브 잡스가 했던 발언이었고, 출처도 정확했습니다.

AI는 다양한 유형의 오류를 범할 수 있습니다. 그래서 대부분의 생성형 AI 서비스 화면에는 '실수를 할 수 있습니다', '정확하지 않을 수 있습니다'라는 안내 문구가 함께 표시됩니다. 이는 곧 정보의 신뢰성에 대해 사용자가 경계해야 한다는 의미입니다.

물론 AI의 응답 정확도와 신뢰도는 꾸준히 발전하고 있습니다. 하지만 사람의 검증과 책임 있는 확인은 여전히 필수입니다. AI가 제공하는 답변은 어디까지나 참고 자료일 뿐, 최종 판단은 반드시 우리가 내려야 한다는 점을 잊지 맙시다.

2.2 AI 팀원과의 첫 프로젝트

앞서 살펴본 다섯 가지 전략은 AI 팀원과 효과적으로 협업하기 위한 기본기라고 할 수 있습니다. 이제 이 전략들을 실제 업무에 적용해볼 차례입니다. 다음 메일을 읽고 여러분이 '이 팀장'이 되어서 돌발적인 요청 속에서 어떻게 AI 팀원들과 협력해 발표 준비를 풀어나갈지 직접 체험해보세요.

보낸 사람: HR팀 〈recruit@company.com〉
받은 사람: 전략 기획팀 이 팀장
날짜: 2025년 5월 13일(화) 오후 2:16
제목: 채용 설명회 발표 참여 요청드립니다(5/16 콘퍼런스)

안녕하세요, 이 팀장님.
오는 5월 16일(금) 예정된 2025 상반기 채용 설명회 관련하여 안내드립니다.

이번 설명회에는 각 부서의 팀장이 직접 참여해
신입사원 지원자들에게 팀의 업무 방향과 비전을 소개할 예정입니다.
전략 기획팀도 발표팀으로 포함되었으며, 발표 시간은 15분 내외입니다.

발표 자료는 5월 15일(목) 오전까지 전달 부탁드리며,
사내 LED 패널용 홍보 이미지도 함께 요청드립니다.
(※ 현장 게시용 및 사내 포스터로 사용 예정)

많은 준비 부탁드리며, 필요하신 사항은 언제든지 HR팀으로 연락주시기 바랍니다.
감사합니다.

HR팀 드림

업무 요청은 언제나 갑작스럽고 마감 역시 늘 빠듯합니다. 발표 자료 구성부터 홍보용 이미지 제작까지 직접 손대야 한다면 다른 업무들이 밀릴 것이 뻔합니다. 이럴 때 가장 중요한 것은 모든 일을 혼자 감당하려는 마음을 내려놓는 것입니다. 반복적이고 구조적인 업무는 AI 팀원에게 맡기고, 여러분은 전략과 판단에 집중해야 합니다.

예를 들어 채용 설명회 발표 준비를 챗GPT와 킥오프 회의로 시작할 수 있습니다. 전체 일정과 요구사항을 정리하고 어떤 업무를 챗GPT가 맡고 어떤 부분을 다른 AI 도구들과 분담할지 결정합니다. 이렇게 초기 단계에서 업무 범위와 타임라인을 함께 설계해두면 이후 실무가 훨씬 수월해집니다. 이제 발표 준비는 나 혼자만의 업무가 아닌, AI 팀원들과 함께하는 프로젝트가 됩니다.

지금부터 챗GPT, 코파일럿, 퍼플렉시티, 감마, 미리캔버스 등 AI 팀원들과 함께 채용 설명회 발표를 준비하며 어떻게 협업해야 성과를 극대화할 수 있는지를 구체적으로 살펴보겠습니다.

킥오프 회의

담당자 챗GPT

AI 팀원과 함께 일할 때는 무엇을 위해, 어떤 방식으로, 누구와 함께할지, 즉 프로젝트의 방향을 가장 먼저 설정해야 합니다. 이때 방향성 설정의 출발은 기획 총괄 역할의 챗GPT와 함께하는 것이 효과적입니다.

먼저 챗GPT와 함께 킥오프 회의를 진행하며 채용 설명회 발표 자료 제작 프로젝트의 목적과 전체 구조를 정리하고 각 AI 팀원의 역할, 실행 순서 그리고 전체 타임라인까지 설계해보겠습니다.

01 먼저 챗GPT와 프로젝트의 개요를 파악해봅시다. 챗GPT에게 업무를 설명할 때는 현재 상황과 배경 정보를 충분히 전달하는 것이 중요합니다. 어떤 맥락에서 어떤 결과물을 만들고 싶은지 설명해야 챗GPT도 정확한 방향을 제시할 수 있습니다.

 인사팀으로부터 이번 채용 설명회에서 우리 전략 기획팀을 소개해달라는 요청을 받았어. 하지만 우리 팀은 구체적인 성과보다는 방향을 설계하는 역할이 많아서 어떤 방식으로 발표해야 할지 감이 잘 오지 않아.

이번 발표는 신입사원들에게 팀의 역할과 매력을 전달할 좋은 기회라고 생각해. 발표의 목적, 방향, 핵심 메시지를 먼저 정리하고, 어떤 구조로 소개하면 좋을지 알려줘.

1. 발표의 목적
- 신입사원에게 전략 기획팀의 정체성과 필요성을 명확히 설명한다.
- 전략 기획팀이 회사 전체의 방향과 우선순위를 설계하는 팀이라는 점을 전달한다.
- 팀의 보이지 않는 기여가 어떻게 조직에 영향을 미치는지 인식시킨다.
- 단순한 정보 제공을 넘어 '이 팀에서 일하고 싶다'라는 매력을 느끼게 한다.

2. 발표 방향

항목	설명
대상 이해	조직 구조나 전략 용어에 익숙하지 않은 신입사원
스타일	실적 대신 스토리 중심 + 시각적 예시 중심 + 쉬운 언어
포커스	'무엇을 했는가'보다 '왜 이 팀이 필요한가', '어떻게 일하는가'
톤앤매너	전문가답지만 과하지 않고, 친근하지만 가볍지 않게

3. 핵심 메시지(Key Messages)
- 우리는 회사가 '올바른 방향'으로 움직이게 만드는 팀이다.
- 보이지 않는 것처럼 보여도, 모든 의사결정의 기준은 기획에서 시작된다.
- 기획은 '아이디어'를 넘어 '실행의 설계'다.
- 우리는 다양한 부서와 함께 문제를 재정의하고 길을 찾는다.
- AI와 함께 더 빠르고 정밀하게 기획하고 실행한다.

4. 발표 구조 제안(5장 기준)

슬라이드	제목
① 전략 기획팀은 어떤 팀인가요?	회사 전체를 바라보며 방향을 설계하는 팀이라는 정체성 강조
② 우리는 이렇게 일합니다	일의 방식 소개(문제 정의→방향 설정→실행 설계), 협업 사례 포함
③ 우리는 이런 가치를 만듭니다	보이지 않는 기여를 '왜 중요한가'로 설득(예: 기획 없으면 어떤 혼란이 생기는가)
④ 우리는 AI와 함께 일합니다	챗GPT, 퍼플렉시티 등과의 협업 방식 소개(디지털 전환형 전략팀 이미지)
⑤ 앞으로 함께할 당신에게	"기획은 누구의 몫인가?"에 대한 메시지+팀의 개방성 강조("당신도 전략을 만들 수 있다")

 이처럼 프로젝트의 기한, 대상, 성격, 기대 결과를 명확히 전달하면 챗GPT는 전체적인 흐름과 구성에 대해 실질적인 제안을 제공합니다.

02 이제 어떤 AI 팀원이 어떤 역할을 맡아야 할지 구체적으로 정리할 차례입니다. 챗GPT에게 업무 분장과 타임라인 설계를 요청해봅시다.

이 발표는 나 혼자 준비하는 게 아니야. 챗GPT, 코파일럿, 퍼플렉시티 그리고 미리캔버스, 브루, 감마 같은 디자인 도구처럼 각 영역의 전문 팀원들과 함께할 거야. 이들이 어떤 업무를 진행해야 할지 그리고 어떤 순서로 작업을 진행하면 좋을지 정리해줘. 발표는 3일 뒤니까 그에 맞춘 타임라인도 함께 구성해줘.

AI 팀원별 역할 분담표

담당 분야	AI 팀원	주요 역할
기획 총괄	챗GPT	발표 목적·흐름 설계, 핵심 메시지 정리, 발표 원고 초안 작성
운영 지원 총괄	코파일럿(Word/PPT)	발표 문서 정리, 슬라이드 작성 및 자료 구조화, 할 일 목록 정리
전략 분석 총괄	퍼플렉시티	전략 기획팀 역할 관련 외부 사례 리서치, 키워드 및 비교 자료 수집
디자인 총괄	미리캔버스/브루/감마	슬라이드 디자인 구성, 도식화/그래픽 디자인, 레이아웃 편집

※ 팀장(사람)은 전체 기획 총괄자: 타임라인 운영, 품질 점검, 최종 승인

3일간 실행 타임라인(D-day 기준 역산)

날짜	작업 목표	세부 내용	담당
D-3(오늘)	발표의 구조 설계	발표 목적 및 핵심 메시지 정리, 발표 흐름 5 슬라이드 안 구성	챗GPT, 퍼플렉시티
	콘텐츠 초안 작성	발표 대본 초안, 키 슬라이드 문장 도출	챗GPT
	참고 자료 수집	유사 사례, 전략 기획팀 트렌드 리서치	퍼플렉시티
D-2 오전	디자인 방향 정리	시각 자료 방향 설정, 도식 구성안 정리	감마, 브루
	슬라이드 템플릿 설정	레이아웃 기본 구성, 문구 적용	코파일럿, 미리캔버스

D-2 오후	슬라이드 1차 완성	전체 슬라이드 구성 및 텍스트 입력	코파일럿, 미리캔버스
	피드백 1차 반영	기획자 검토 → 수정 지시	팀장(사람)
D-1 오전	발표 리허설용 버전 완성	발표 흐름 점검, 발표자용 스크립트 작성	챗GPT, 코파일럿
D-1 오후	최종 디자인 반영	색상, 시각 자료, 애니메이션 적용	브루, 미리캔버스
	리허설 실행	말하기 톤, 흐름 점검	발표자, 팀장(사람)
D-day	발표 당일	현장 확인, 백업자료 준비, 진행	코파일럿, 발표자

03 다음 표는 챗GPT와 킥오프 회의를 통해 협업하는 흐름을 정리한 것입니다. 챗GPT가 제안한 내용을 토대로 실제 상황에 맞게 판단하고 조율하면서 프로젝트의 방향과 실행 계획을 구체화합니다.

업무 항목	챗GPT 제안 → 이 팀장의 판단
프로젝트 개요 파악	질문 기반으로 프로젝트 방향 제안 → 전체 맥락 정리, 발표 목적·대상 명확히 설정
핵심 메시지 설정	발표 목적 요약/메시지 초안 제시 → 최종 메시지 결정, 어조·형식 조율
업무 분장 설계	기능 중심으로 맡길 업무 제안 → 도구별 강점을 고려해 전략적으로 분장
추진 계획 수립	일정 흐름에 맞는 업무 단계 추천 → 실제 일정과 리소스에 맞게 우선순위·타임라인 결정

✅ 기획·전략 설계

담당자   챗GPT,   퍼플렉시티

채용 설명회까지 남은 시간은 단 3일. 가장 먼저 해야 할 일은 전체 발표의 목적과 메시지를 명확히 정리하고 발표 흐름을 설계하는 것입니다.

챗GPT와 퍼플렉시티에게 발표 구조를 설계하고 콘텐츠 초안 작성과 참고 자료 리서치를 맡겨봅시다. 이 단계에서 중요한 것은 '무엇을, 어떻게 전달할 것인가'를 정의하는 일입니다. 발표의 방향이 명확해지면 이후 단계도 훨씬 수월해집니다.

01 먼저 발표 흐름을 설계합니다. 챗GPT에게 발표 자료를 몇 개의 슬라이드로 구성하면 좋을지 물어보고, 각 슬라이드의 핵심 내용을 정리해보겠습니다.

 킥오프 회의에서 논의한 내용(발표 목적, 방향, 핵심 메시지)을 바탕으로, 총 5장 이내로 구성된 발표 슬라이드 구성을 제안해줘. 각 슬라이드에 담길 내용과 함께, 슬라이드 제목과 핵심 문장도 정리해줘.

 전략 기획팀 소개 슬라이드 구성안(총 5장)

1. 전략 기획팀은 어떤 팀인가요?

핵심 문장: "회사의 방향을 설계하고, 모두가 같은 목표를 향해 움직이도록 만드는 팀입니다"
구성 내용:
- 전략 기획팀의 존재 이유
- 다른 팀과의 차별점: '수행' 보다 '설계', '실행' 보다 '정렬'
- "우리가 움직이기 전, 누구도 어디로 가야 할지 모릅니다"라는 인상적인 비유 포함

2. 우리는 이렇게 일합니다

핵심 문장: "정답을 찾기보다, 올바른 질문을 던지고 방향을 설계합니다"
구성 내용:
- 일하는 방식 소개: 문제 정의 → 우선순위 설정 → 실행 설계
- 협업 중심의 흐름: 각 부서와의 연결, 조율, 전략 제안
- "전략은 한 사람의 아이디어가 아닌 팀 전체의 공통 언어입니다"

(중략)

5. 앞으로 함께할 당신에게

핵심 문장: "전략은 특정 직무의 일이 아니라, 더 나은 선택을 고민하는 모든 이의 일입니다"
구성 내용:
- 신입사원이 전략 기획팀에 느낄 수 있는 매력 포인트
- '누구나 전략을 만들 수 있다'라는 개방성 강조
- "우리는 함께 일하는 사람들의 전략 감각을 키우는 팀입니다"로 마무리

02 다음은 챗GPT에게 발표 대본 초안과 키 슬라이드 문장을 작성해달라고 요청해보겠습니다.

 발표 슬라이드 구성안을 바탕으로 각 슬라이드에 맞는 발표 대본 초안과 핵심 문장을 작성해줘. 톤은 신입사원이 쉽게 이해할 수 있도록 친근하면서도 전문성을 유지해줘.

 전략 기획팀 소개 발표 대본 & 슬라이드 문장(5 슬라이드 구성)

슬라이드 1. 전략 기획팀은 어떤 팀인가요?
- **발표 대본 초안**: 안녕하세요. 저희 전략 기획팀은 회사가 어디로, 왜 가야 하는지를 고민하고 설계하는 팀입니다. 많은 부서가 '무엇을 할까'를 고민한다면 저희는 '왜 그걸 해야 하는가'에 더 집중하여 조직 전체가 같은 방향을 바라보고 움직일 수 있도록, 길을 만들고 이정표를 세우는 역할을 합니다.
- **슬라이드 핵심 문장**: "우리는 회사의 방향을 설계하고, 모두가 같은 목표를 향해 움직이도록 만드는 팀입니다"

슬라이드 3. 숫자보다 먼저 결정되는 것들
- **발표 대본 초안**: 전략기획팀은 KPI나 숫자 성과를 직접 만들지는 않지만, 그 성과가 '왜 그렇게 나왔는지'의 출발점이 되는 기준을 만듭니다. 가령 어떤 프로젝트가 시작되기 전, 방향이 명확하지 않으면 모두가 각자 다르게 움직이게 되죠. 저희는 그 혼란을 줄이고, 모든 부서가 같은 페이지에서 출발할 수 있도록 전략의 기준을 세웁니다.
- **슬라이드 핵심 문장**: "성과보다 앞선 것이 방향이고, 그 출발점이 전략기획입니다."

슬라이드 4. 우리는 AI와 함께 일합니다
- **발표 대본 초안**: 전략기획은 빠르게 변화하는 환경을 민감하게 읽어야 하기 때문에, 저희는 AI를 팀원처럼 활용하고 있습니다. 아이디어 정리는 챗GPT, 트렌드 분석은 퍼플렉시티, 문서 정리는 코파일럿, 디자인은 감마, 미리캔버스 등, 각 단계마다 전문 AI와 협업하면서 전략의 정밀도와 속도를 높이고 있어요. 우리에겐 도구가 아니라, 함께 일하는 '팀원'입니다.
- **슬라이드 핵심 문장**: "전략의 속도와 정밀도를 높이기 위해, AI는 우리의 팀원이 되었습니다."

슬라이드 5. 앞으로 함께할 당신에게
- **발표 대본 초안**: 전략 기획은 정해진 직무나 직책의 영역이 아닙니다. 더 나은 선택을 고민하고, 팀과 조직을 좋은 방향으로 움직이게 하고자 하는 모든 사람이 전략을 고민할 수 있습니다. 저희 팀은 늘 새로운 관점을 환영하고, 함께 고민할 사람을 기다리고 있습니다. 당신의 시선이, 우리 전략의 다음 시작점이 될 수 있습니다.
- **슬라이드 핵심 문장**: "전략은 특정 직무의 일이 아니라, 더 나은 선택을 고민하는 모든 이의 일입니다"

 여기서 챗GPT가 출력한 내용은 이후 업무 단계에 필요하니 잘 저장해두세요!

03 퍼플렉시티에게 참고 자료 수집을 요청하겠습니다. 퍼플렉시티는 다양한 웹 기반 콘텐츠, 기업 발표 자료, 블로그 등을 분석해 요약된 정보를 제공합니다. 이 정보를 참고하면 우리 팀이 어떤 점에서 차별화되는지를 더 명확히 파악할 수 있고, 발표 내용에도 전략적으로 반영할 수 있습니다.

최근 2년간 기업 채용 설명회 자료 중 전략 기획팀이 강조한 키워드나 주요 슬라이드 구성 사례를 찾아줘. 또한 전략 기획 조직이 채용 홍보 시 자주 강조하는 핵심 가치나 메시지가 있다면 함께 알려줘.

최근 2년간 기업 채용 설명회에서 전략 기획팀이 강조한 키워드와 주요 슬라이드 구성을 요약하면 다음과 같습니다.

전략 기획팀이 강조한 키워드
- 비전과 성장 가능성: 회사 중장기 비전, 성장 전략, 사업 확장 방향 강조.
- 데이터 기반 의사결정: 데이터를 활용한 문제 해결과 전략 수립 능력 중시.
- 혁신과 변화 관리: 변화하는 시장과 환경에 대응하는 유연성과 혁신 강조.
- 협력과 소통: 조직 내 다양한 부서와의 협업 및 커뮤니케이션 역량.
- 성과 중심 문화: 목표 달성과 결과 중심의 업무 태도와 문화.
- 미래 지향성: 신기술, 디지털 전환, ESG 경영과 같은 최신 트렌드 반영.

주요 슬라이드 구성 사례
- 회사 비전 및 미션 소개
  전략 기획팀의 역할과 회사의 장기 목표 제시.
- 주요 전략 프로젝트 및 성과 사례
  최근 수행한 핵심 프로젝트, 전략적 의사결정 사례 공유.
- 시장 분석 및 경쟁 상황
  외부 환경 분석, 경쟁사 비교 및 차별화 전략 설명.
- 채용 직무와 기대 역량
  전략 기획 직무에서 필요로 하는 역량과 성장 경로 안내.
- 기업 문화 및 가치
  협업, 도전, 혁신 등 조직이 추구하는 핵심 가치 전달.
- Q&A 및 실무진 인터뷰 영상
  현업 담당자 경험 공유로 지원자의 이해도 및 관심도 제고.

전략 기획 조직이 채용 홍보 시 강조하는 핵심 가치 및 메시지
- 명확한 비전과 방향성을 갖춘 조직
  "우리는 미래를 준비하고 이끌어가는 전략적 리더입니다."
- 데이터와 분석을 기반으로 한 스마트한 의사결정
  "근거 중심 사고와 실행력을 통해 가치를 창출합니다."
- 혁신과 지속 가능한 성장 추구
  "변화에 민첩하게 대응하며 지속 가능한 성장을 이룹니다."
- 협력과 열린 소통문화
  "팀워크와 소통으로 시너지를 만들어가는 조직입니다."
- 도전 정신과 성장 지향적 마인드
  "새로운 시도를 즐기고 개인과 조직이 함께 성장합니다."

이와 같은 키워드와 메시지가 최근 채용 설명회 자료의 핵심을 이루며, 지원자들에게 전략 기획팀의 역할과 기대 역량을 효과적으로 전달하고 있습니다. lifeupstory +2

기획/전략 총괄 단계는 발표 흐름의 설계도를 완성하는 과정입니다. 챗GPT는 전체 구조를 빠르게 잡고 메시지 초안을 제안하며 퍼플렉시티는 유사 사례나 조사 결과를 통해 논리적 근거를 보완해줍니다. 퍼플렉시티가 찾아준 전략 기획팀의 채용 설명회 키워드나 핵심 메시지는 우리 팀의 발표 내용에 직접 반영하거나 차별화된 방향으로 조정하는 데 유용하게 활용할 수 있습니다.

필요하다면 관련 질문을 이어서 검색해 더 구체적인 사례나 표현을 확보하는 것도 좋은 방법입니다. 이 과정에서 무엇을 강조하고 무엇을 덜어낼지, 어떤 흐름이 설득력을 가질지 판단하는 것은 결국 사람의 일입니다. AI가 설계 도구라면 사람은 방향을 결정하는 설계자입니다.

지금까지 진행한 기획·전략 설계 단계 업무에서 챗GPT, 퍼플렉시티와 어떤 흐름으로 협업을 진행했는지 표로 살펴봅시다.

업무 항목	챗GPT	퍼플렉시티	이 팀장의 판단
발표 흐름 설계	슬라이드 구성 초안 제시	유사 사례 조사로 흐름 보완	발표 흐름 구조 판단, 중요 메시지 선택
메시지 조율	슬라이드별 설명 문장 작성	키워드 및 문구 조사	어조·톤·내용 표현 수정, 강조점 결정
콘텐츠 초안 작성	발표 대본용 텍스트 초안 제공	전략 기획 관련 키 인사이트 정리	문장의 맥락·조직 적절성 검토, 언어의 조화 판단
참고 자료 수집	—	신뢰할 수 있는 외부 출처 리서치	조사 결과 활용 여부 판단, 불필요 자료 걸러내기

✔ 콘텐츠 제작 및 디자인

담당자 감마, 미리캔버스

이제 발표 구조를 바탕으로 슬라이드를 디자인할 차례입니다. 감마는 발표 흐름에 맞는 슬라이드 시안 제작부터 템플릿 구성, 색상과 폰트 조정까지 전체 디자인 톤을 정리하는 데 적합한 도구입니다. 또한 미리캔버스를 활용하면 디자인 전문 지식이 없어도 인스타그램이나 사내 메신저에 활용할 카드형 포스터 등의 이미지를 손쉽게 완성할 수 있습니다.

슬라이드마다 전달할 메시지가 이미 정리되어 있으므로, 이를 채용 설명회 분위기에 맞는 비주얼로 시각화하는 것이 핵심입니다.

01 감마로 슬라이드의 시안을 제작해보겠습니다. 먼저 [텍스트로 붙여넣기]를 선택하세요.

02 앞서 〈2.2절 AI 팀원과의 첫 프로젝트〉의 기획·전략 설계 **02**번에서 작성한 '전략 기획팀 소개 발표 대본 & 슬라이드 문장'을 감마 입력창에 붙여 넣고 [프레젠테이션]을 선택합니다.

이때 페이지 스타일을 설정하기 위해 여기에서는 [일반적]을 선택하고 스크롤 바를 내려 '이 콘텐츠로 어떤 작업을 하고 싶으신가요?' 목록에서 생성하려는 작업과 맞는 옵션을 선택하고 [프롬프트 에디터로 계속하기] 버튼을 클릭합니다.

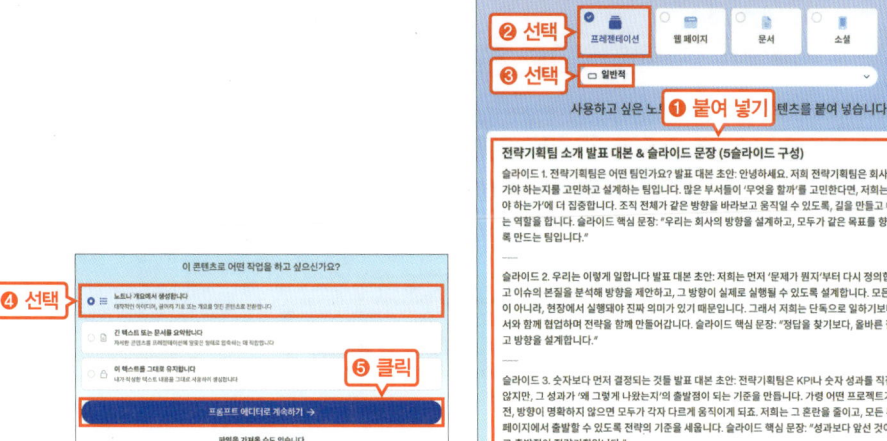

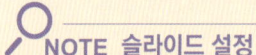

NOTE 슬라이드 설정

페이지 스타일은 [기본], [일반적], [Tall]의 세 가지 옵션이 제공됩니다. 우리가 선택한 [일반적]은 16:9의 화면 비율로, 파워포인트 화면의 표준 비율로 설정하는 기능입니다.

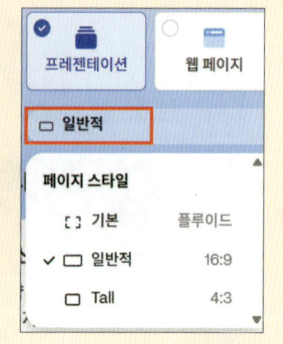

03 프롬프트 편집 화면이 나타납니다. 여기서는 슬라이드에 들어갈 텍스트 콘텐츠, 콘텐츠 형식 그리고 추가 정보를 입력할 수 있습니다.

먼저 화면 중앙의 '콘텐츠' 영역에 텍스트를 입력할 때, 대시 기호(---)를 사용해 구분해 두었기 때문에 카드별 내용이 명확하게 정리된 것을 확인할 수 있습니다. 왼쪽 '설정' 메뉴의 '텍스트 콘텐츠' 옵션에서 [생성]과 [간결하게]를 선택하면, 한눈에 읽기 좋은 가독성 있는 콘텐츠로 변환됩니다.

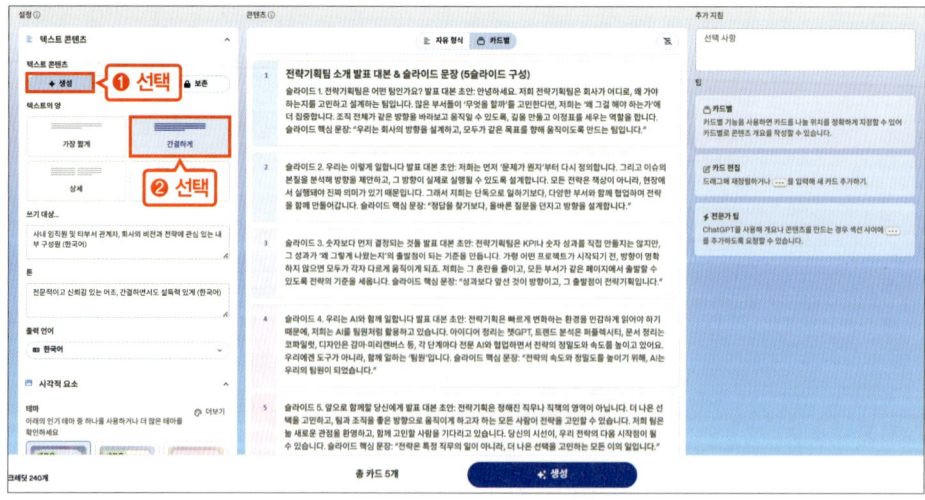

04 슬라이드의 첫인상은 디자인 톤이 좌우합니다. 발표 목적에 맞는 템플릿을 선택하고, 폰트와 색상을 일관성 있게 정리하여 전체 분위기를 통일해보겠습니다.

왼쪽 메뉴의 '시각적 항목' 영역에 다양한 프레젠테이션 테마가 있습니다. 좀 더 많은 테마를 확인하기 위해 [더보기]를 선택합니다.

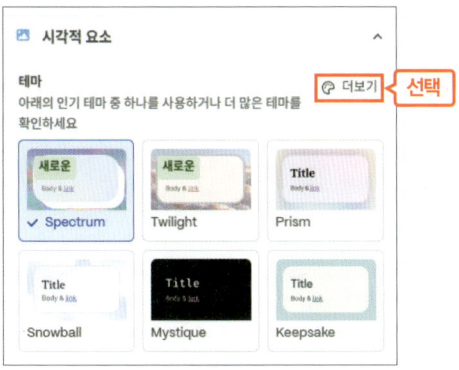

05 더 많은 테마를 확인할 수 있는 창이 나타나면 각 테마를 선택하여 미리보기를 확인한 다음 [테마 선택] 버튼을 클릭합니다. 채용 설명회에서 전략 기획팀이 발표할 내용이므로, 화려하거나 캐주얼한 디자인보다는 신뢰감 있고 전문적인 분위기의 테마를 선택하는 것이 좋습니다.

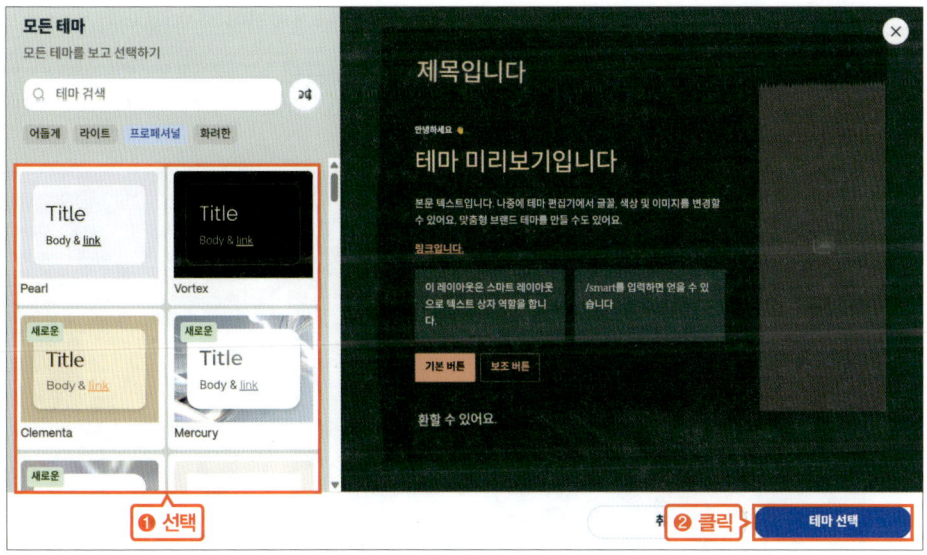

02 AI 팀원과 협업하기　**105**

06 이미지의 출처와 모델은 [AI 이미지]와 [자동 선택]을, 이미지 아트 스타일은 [포토리얼리스틱]로 선택합니다. 추가 키워드 입력이 필수는 아니지만 일관성 있는 이미지 스타일을 위해 '포토폴리오급' 키워드를 입력합니다. 시각적 설정이 완료되면 화면 하단에서 슬라이드(카드) 수를 설정하고 [생성] 버튼을 클릭하여 슬라이드를 생성합니다.

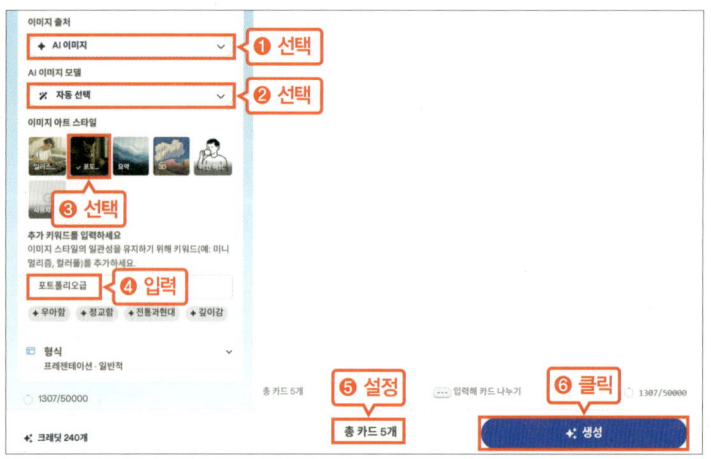

 5장 이상으로 설정해도 감마가 자동으로 내용을 적절히 나누어 조정해주므로 필요에 따라 더 많은 카드로 설정한 후 수정해도 괜찮습니다.

07 선택한 테마에 맞춰 슬라이드가 자동 생성되었습니다. 전체적인 톤과 분위기가 채용 설명회와 전략 기획팀 발표 취지에 적합한지 확인해보세요. 다른 테마를 시도하고 싶다면 화면 상단의 [테마] 메뉴를 통해 언제든 변경할 수 있습니다.

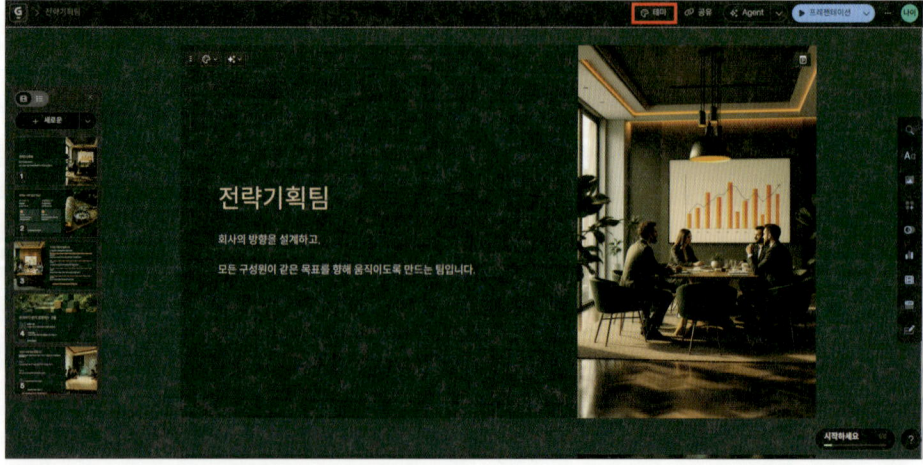

08 화면 오른쪽의 '차트 및 그래프' 아이콘( )을 클릭하여 메뉴에서 각 슬라이드의 텍스트 위치, 이미지 배치, 색상 포인트 등을 세부적으로 조정할 수 있습니다. 삽입할 차트나 다이어그램이 있다면 이 단계에서 추가하세요. 수치 데이터를 시각적으로 표현하는 막대그래프나 원형 차트, 흐름을 설명하는 프로세스 다이어그램을 활용하면 청중의 이해도를 크게 높일 수 있습니다.

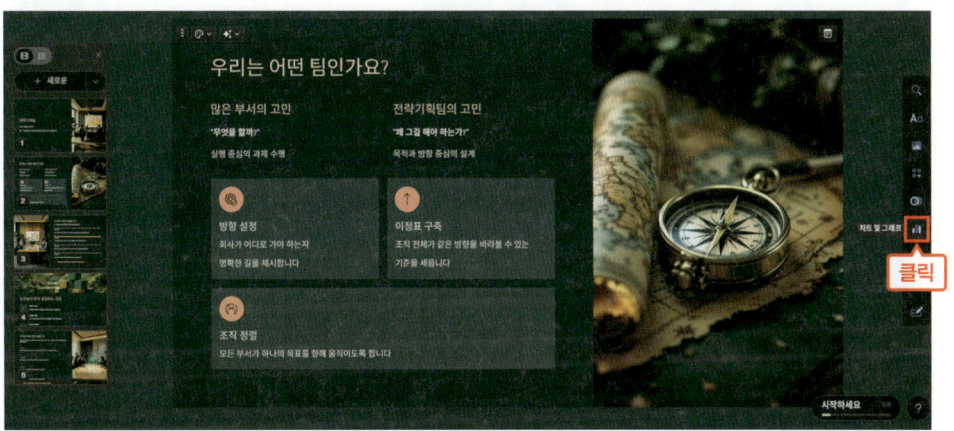

 5장의 슬라이드가 제대로 구성되었는지 하나씩 점검해보세요. 슬라이드 간 내용 흐름이 자연스러운지, 각 페이지에 텍스트가 과도하게 들어가지 않았는지, 시각적으로 깔끔하게 정돈되어 있는지 등 슬라이드 내용을 꼼꼼히 검토하고 필요한 부분을 조정하여 완성도를 높이세요.

09 자료가 모두 완성되었다면 이제 최종 단계로 파일 내보내기를 진행하겠습니다. 화면 오른쪽 상단의 '더 보기' 아이콘(⋯)을 클릭하고 [내보내기]를 선택합니다. 지원하는 다양한 형식의 파일 중에서 운영 지원 총괄 담당자에게 자료를 전달하기 위해 [PowerPoint로 내보내기]를 선택하여 내보냅니다.

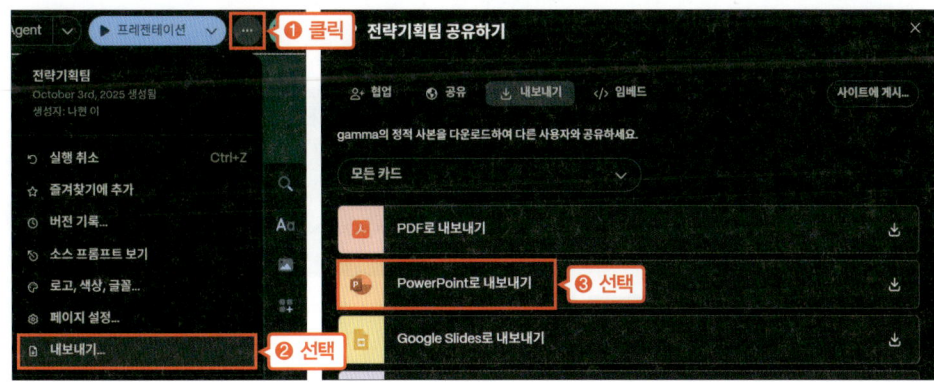

10 미리캔버스를 활용해 채용 설명회 현장 및 사내 게시용 LED 라이트 패널 이미지를 제작해 보겠습니다. [모든 템플릿] 메뉴를 선택하고 검색창에 'LED'를 입력하면 관련 템플릿이 나타납니다. 세로형 LED 패널용 이미지를 제작하기 위해 [LED 라이트 패널]의 [세로형]을 선택합니다.

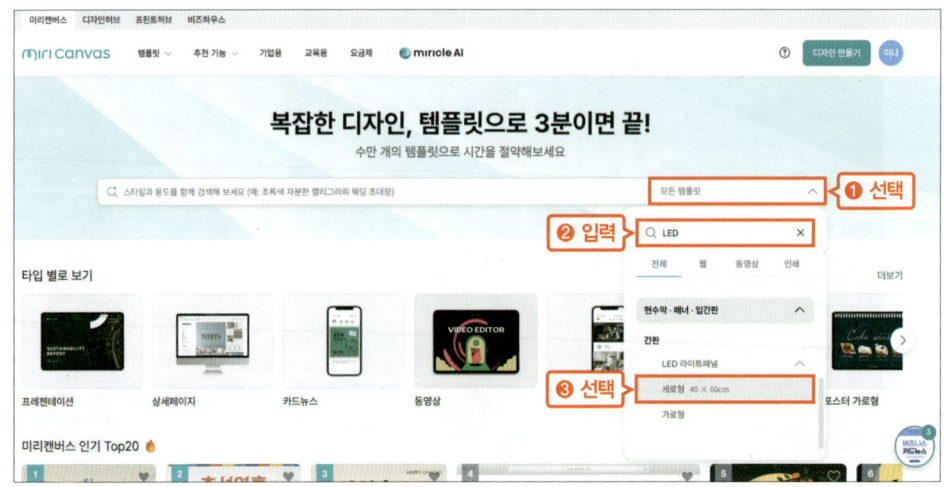

11 음식, 콘퍼런스, 교육 등 다양한 테마로 LED 패널용 세로형 템플릿이 보입니다. 작업을 더 수월하게 진행하기 위해 제작할 콘텐츠와 유사한 주제의 템플릿을 선택하는 것이 좋습니다. 상단 검색창에 '채용'이라는 키워드를 입력한 후 Enter 를 눌러 채용 관련 템플릿들 중에서 활용할 수 있는 디자인을 찾아보세요.

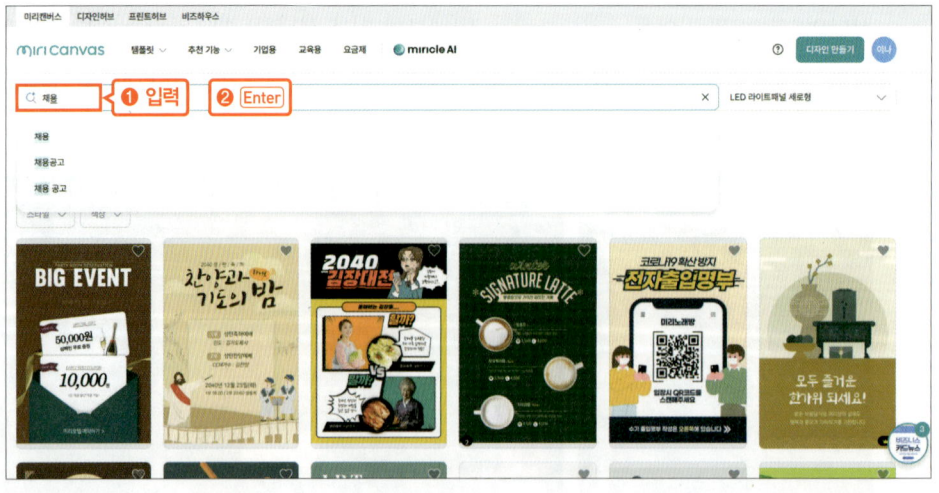

12 채용 설명회와 유사한 주제의 [채용모집 공고] 템플릿을 선택하겠습니다. 원하는 템플릿을 클릭하면 하단에 미리보기 화면이 표시됩니다. 디자인이 마음에 들면 우측 하단의 [이 템플릿 사용하기] 버튼을 클릭하여 편집 작업을 시작합니다.

13 선택한 템플릿은 콘텐츠 구성과 메시지가 유사하기 때문에 전체 디자인을 크게 수정하지 않고 활용할 수 있습니다. 먼저 이미지 상단의 텍스트 박스를 클릭하여 팀명을 '전략 기획팀'으로 변경한 후, 하단 정보 박스의 내용도 팀 소개나 연락처 등 실제 정보로 교체합니다.

 더 세부적인 텍스트 스타일 변경, 색상 조정, 이미지 교체 등이 필요하다면 왼쪽 메뉴바에서 제공되는 도구들(텍스트, 사진, 배경, 도형 등)을 선택해 자유롭게 편집할 수 있습니다.

14 이미지 제작이 완료었다면 파일을 다운로드하기 위해 화면 오른쪽 상단의 [다운로드] 버튼을 클릭하고 나타나는 팝업 창에서 파일 형식과 페이지 범위를 설정합니다. 현재 사용 중인 템플릿은 총 6장의 슬라이드로 구성되어 있으므로 불필요한 페이지까지 저장되지 않도록 '페이지 선택'에서 현재 편집 중인 페이지만 선택하고 모든 설정을 완료한 후 [고해상도 다운로드] 버튼을 클릭하여 최종 이미지를 컴퓨터에 저장합니다.

지금까지 진행한 디자인 업무를 정리하며 감마, 미리캔버스와 어떻게 협업했는지 그 흐름을 표로 살펴봅시다.

업무 항목	감마/미리캔버스 제안	이 팀장의 판단
디자인 방향 설계	• **감마**: 슬라이드 템플릿 구성, 시각 흐름 제안 • **미리캔버스**: 패널/포스터 디자인 블록 제공	• 각 슬라이드 이미지에 담길 메시지 기획 • 강조할 포인트, 시각 표현 방식 결정
슬라이드 시안 완성	• **감마**: 색상 구성, 콘텐츠 블록 배치 지원	• 전체 흐름에 맞춘 슬라이드 시안 배열 순서와 강약 조정
홍보 이미지 제작	• **미리캔버스**: LED 패널용 포스터/배너 템플릿 추천 및 구성 수정 지원	• 패널 문구 및 톤 결정(브랜딩 방향과 일치 여부 확인)
브랜드 톤 적용	• **감마/미리캔버스**: 시각 톤/폰트/컬러 적용	• 컬러 · 폰트 · 스타일 통일 여부 검토 • 브랜드 이미지와 어울리는지 최종 결정

문서화 및 운영 지원

담당자 마이크로소프트 365 코파일럿

이제 발표 자료를 실제 활용할 수 있도록 문서화하고 운영 지원을 준비할 차례입니다. 마이크로소프트 365 코파일럿은 발표 대본 정리, 예상 질문 작성, 체크리스트 구성 등 발표자가 놓치기 쉬운 부분까지 꼼꼼하게 정리해주는 운영 지원 파트너입니다. 또한 워드, 파워포인트, 팀즈 등의 도구와 연동되어 최종 문서를 PDF로 정리하거나 공유용으로 가공하는 데에도 유용합니다. 이번에는 운영 지원 총괄 코파일럿과 함께 채용 설명 발표 준비를 마무리해보겠습니다.

01 마이크로소프트 365에 로그인하고 홈 화면 왼쪽에서 [Word] 메뉴를 선택합니다. 새로 열린 워드 탭에서 [+ 빈 문서 만들기] 버튼을 클릭하여 새 문서를 생성합니다.

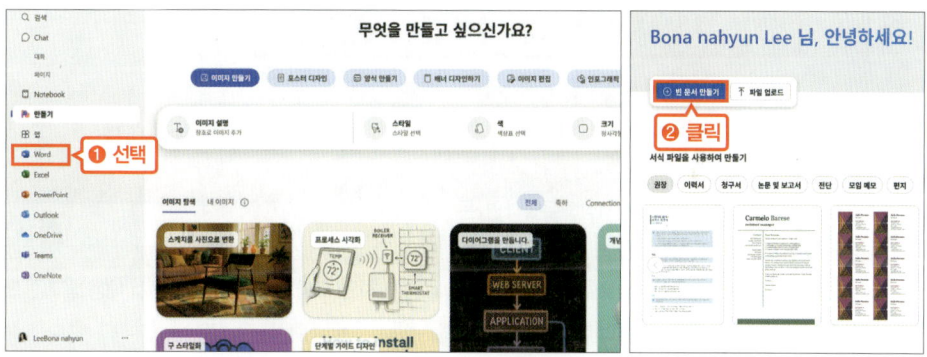

02 문서 상단에 프롬프트 예시와 함께 코파일럿 입력창이 나타납니다. 화면 상단 메뉴바 오른쪽의 [Copilot]을 선택하여 채팅창을 표시합니다.

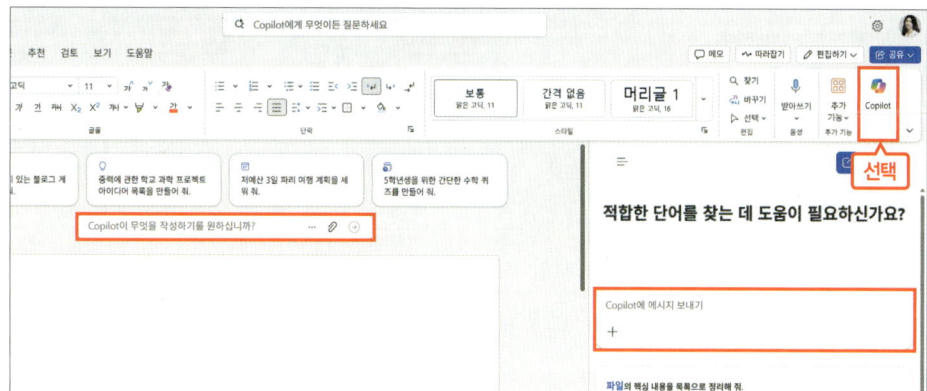

03 앞서 〈2.2절 AI 팀원과의 첫 프로젝트〉의 기획·전략 설계 **02**번에서 작성한 '전략 기획팀 소개 발표 대본 & 슬라이드 문장'을 복사하여 워드의 빈 문서에 붙여 넣습니다.

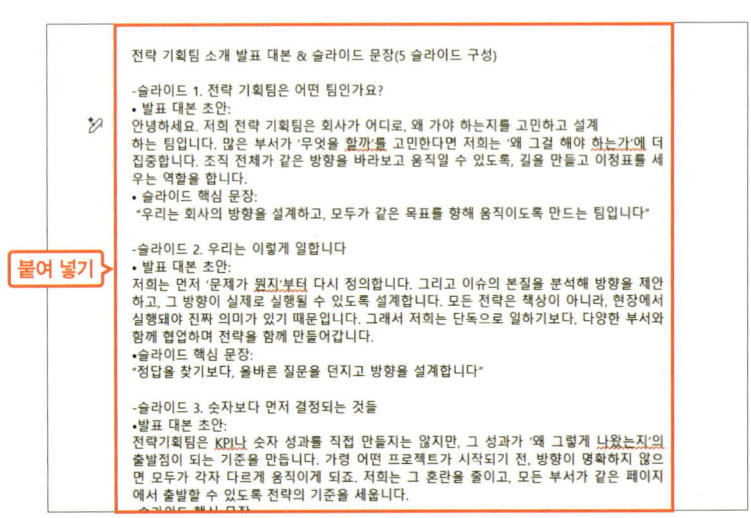

> **NOTE 첨부 문서 활용하기**
>
> 만약 해당 대본을 별도 파일로 저장해두었다면 문서 상단 프롬프트 입력창에 클립 모양의 '첨부' 아이콘(📎)을 클릭해 해당 파일을 첨부할 수도 있습니다. 이렇게 하면 코파일럿이 첨부된 문서 내용을 기반으로 요약, 재구성, Q&A 도출 등 다양한 편집 작업을 지원합니다.

04 기존 텍스트를 고쳐 다듬고 싶다면 원하는 스타일의 작성 기능을 선택하면 됩니다. 새로운 아이디어나 다른 표현 방식을 얻고 싶을 때는 [제안 작성]을 사용합니다. 다시 작성할 문장을 드래그하여 선택하고 왼쪽에 표시되는 '펜' 아이콘(✎)을 클릭합니다. 자동으로 나타나는 옵션 리스트에서 [제안 작성]을 선택하여 아이디어를 제안받습니다.

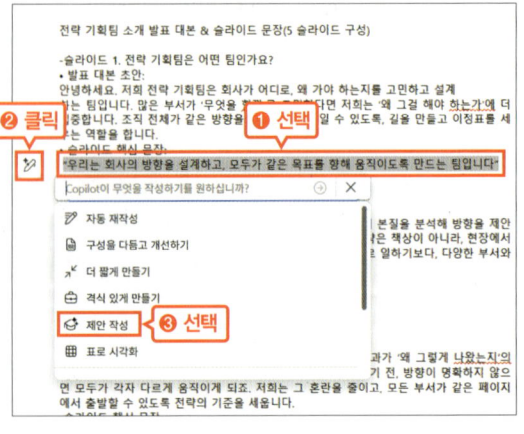

Part 01 AI 팀원 영입과 역할 분담

05 코파일럿은 선택한 문장의 의미를 문맥 속에서 파악한 뒤, 그에 맞는 구체적인 예시나 표현 보완 아이디어를 제안합니다. 특히 발표 대본 작성 시 핵심 메시지가 청중에게 더 명확하게 전달될 수 있도록 문장을 자연스럽게 풀어내거나 사례 중심으로 재구성해주는 AI 기반 코칭 도우미 역할을 수행합니다.

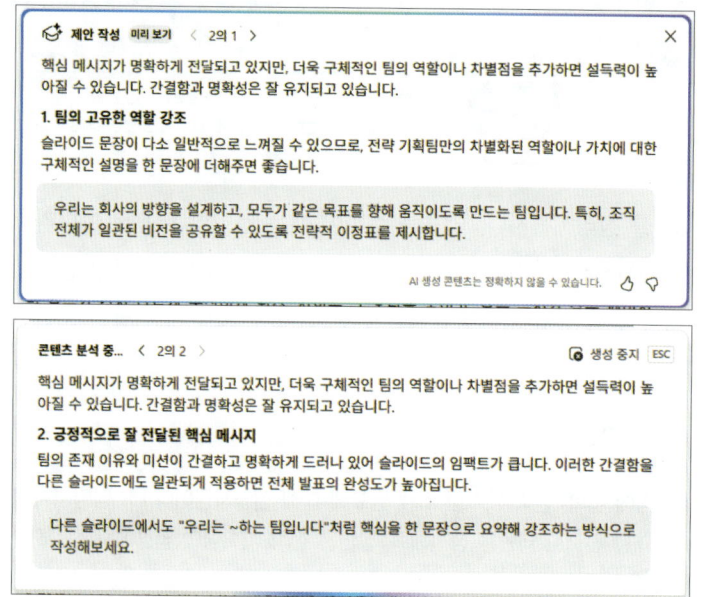

06 코파일럿은 문서 속 나열된 문장을 자동으로 표 형식으로 변환해 가독성을 높여줍니다. 문장이 나열형이거나 비교 구조일 경우, 해당 부분을 선택하고 '펜' 아이콘( )을 클릭한 다음 [표로 시각화]를 선택하면 분석된 내용이 표로 정리됩니다.

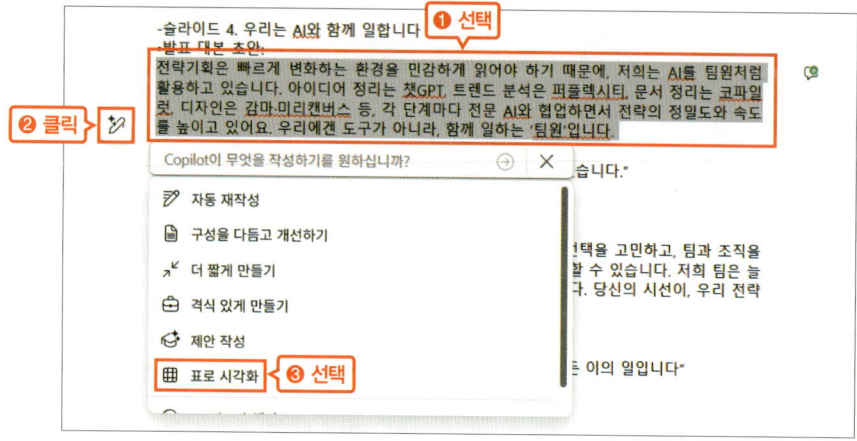

07 생성된 표가 마음에 들면 하단 옵션에서 [유지] 버튼을 클릭하여 원래 문장을 표 형식으로 변환합니다. 이 기능은 슬라이드용 발표 대본을 시각적으로 정리할 때 매우 유용합니다.

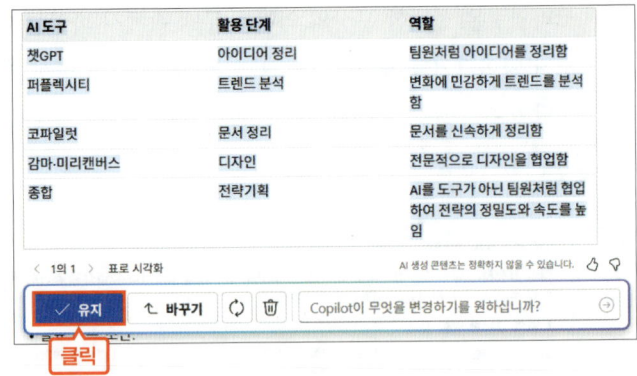

08 코파일럿과 예상 Q&A를 정리해봅시다. 발표를 준비할 때는 전달할 내용뿐 아니라 청중이 어떤 질문을 할지 미리 예상하는 것도 중요합니다. 코파일럿은 슬라이드의 흐름과 내용을 바탕으로, 신입사원이나 인사 담당자가 궁금해할 만한 질문과 그에 대한 답변 초안까지 자연스럽게 제안해줍니다.

 (오른쪽 코파일럿 채팅창에 입력) 전략 기획팀 소개 발표에 대해 신입사원이나 HR 담당자가 할 수 있는 질문 5개와 그에 대한 간결한 답변을 정리해줘. 답변은 전략 기획팀의 입장에서 작성하되, 전문적이면서도 명확한 톤으로 작성해줘.

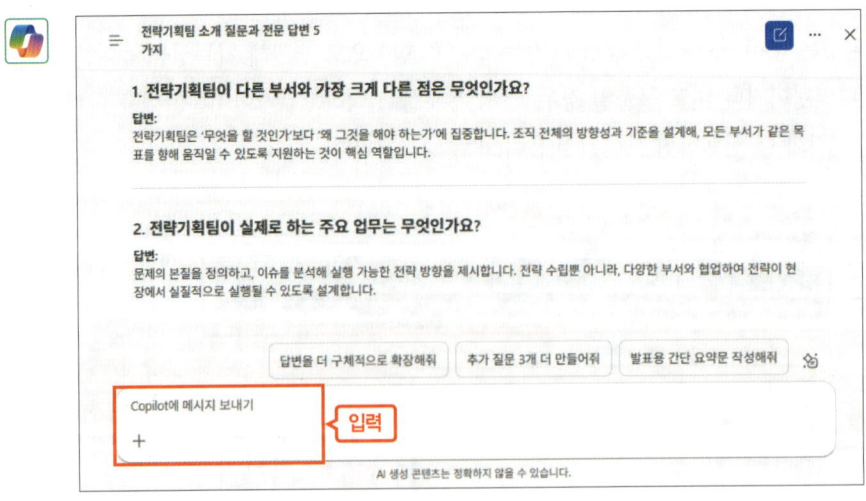

 코파일럿은 발표 흐름을 분석해 질문과 답변을 일목요연하게 정리해줍니다. 또한, 생성된 답변 하단에 제시되는 연관 질문을 활용하면 추가적인 내용 요청이나 수정도 손쉽게 진행할 수 있습니다.

09 생성된 내용은 '문서에 추가' 아이콘(+)을 클릭하면 커서가 위치한 곳에 해당 내용이 자동으로 입력되어 별도로 복사하거나 붙여 넣을 필요 없이 바로 문서화할 수 있습니다. 간편하게 원하는 내용을 반영할 수 있어 문서 작성 효율성이 크게 향상됩니다.

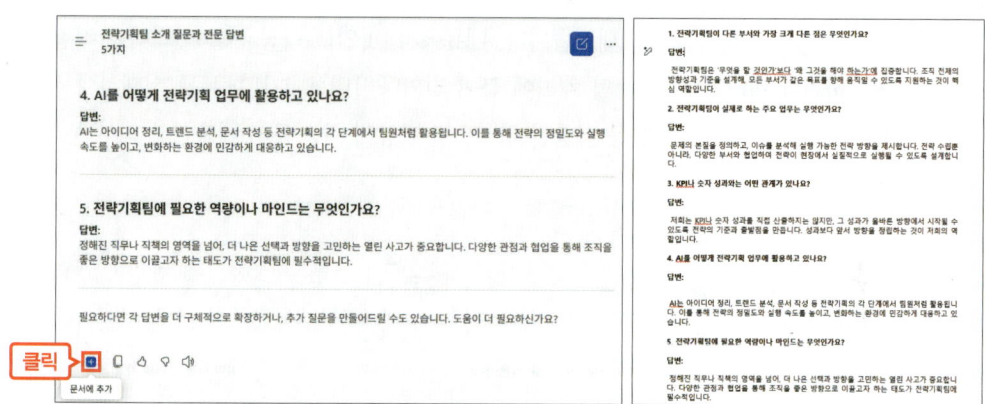

10 발표 대본과 예상 Q&A 준비까지 완료되었다면 이제 리허설 체크 사항을 정리할 차례입니다. 발표는 내용만 갖춘다고 끝나는 것이 아니므로 실제 상황을 시뮬레이션하며 점검할 요소들을 확인해야 합니다. 리허설 체크리스트는 발표자의 긴장을 줄이고 실전 대응력을 높이는 중요한 마무리 도구입니다. 리허설 체크리스트가 정리된 것을 확인하고 답변 하단의 '문서에 추가' 아이콘(+)을 클릭하여 내용을 문서에 추가해 작업을 마무리합니다.

 (오른쪽 코파일럿 채팅창에 입력) 발표 리허설 전에 확인해야 할 체크리스트를 만들어줘. 시간 관리, 메시지 강조, 질문 대응, 시선 처리 등을 포함해서 10개 이내로 간단하게 정리해줘.

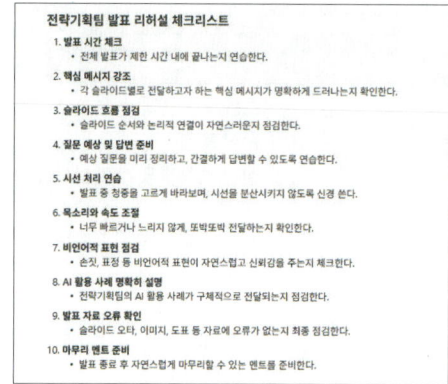

코파일럿 채팅창에서는 현재 작성 중인 문서뿐 아니라 외부 자료까지 검색해 바로 활용할 수 있습니다. 필요한 정보와 인사이트를 대화형으로 불러올 수 있어 문서 작성과 리서치를 동시에 진행할 수 있습니다.

11 이제 모두 정리된 문서를 내보내겠습니다. 메뉴에서 [파일] → [공유]를 선택하여 직접 문서를 공유하거나 링크를 복사해 팀 채널에 붙여 넣거나, [내보내기] 메뉴를 선택하여 문서를 PDF, 메모 포함 PDF, ODT 등 다양한 형식으로 저장해 최종 문서 제출이나 외부 공유하는 데 사용합니다.

 운영 지원 총괄 단계는 발표 직전 실행 가능성과 전달력을 점검하는 마무리 과정입니다. 이 단계에서 코파일럿은 팀장이 기획과 디자인을 총괄해 준비한 내용을 실제 무대에서 원활히 발표할 수 있도록 지원하는 실무 파트너 역할을 합니다.

진행한 문서화 및 운영 지원 업무에서 운영 지원 총괄 코파일럿과 어떤 흐름으로 협업을 진행했는지 표로 살펴봅시다.

업무 항목	코파일럿 제안	이 팀장의 판단
문서 내용 수정 및 보완	• 발표 대본 요약 및 구어체 변환, 문장 생성, 예상 질문 작성 지원	• 흐름과 톤앤매너 점검, 포인트 및 반복 문장 조정 • 질문 맥락에 맞게 메시지 조율
문서 자동화	• 표 자동 구성, 리허설 기준 체크리스트 자동 생성 • PDF/PPT 배포, 문서 자동화	• 시각적 구성 요청, 체크리스트 초안 리뷰 및 최종 수정
최종 문서 공유	• Teams/OneDrive 공유 지원 • 발표자용 보기 파일 자동 구성	• 최종 버전 확인 및 팀/발표자 전달 • 전달용 문서 정리 및 공유

지금까지 AI 팀원들과 함께 채용 설명회 발표를 준비하는 과정을 살펴보았습니다. 이 팀장의 리드 아래 챗GPT는 기획, 퍼플렉시티는 전략, 코파일럿은 운영, 감마와 미리캔버스는 디자인을 각각 맡아 협업했습니다. 각 AI 팀원은 자신의 강점을 발휘해 자료 조사, 기획 구조 설계, 콘텐츠 정리, 시각 자료 제작까지 프로젝트 전 과정을 분담했습니다.

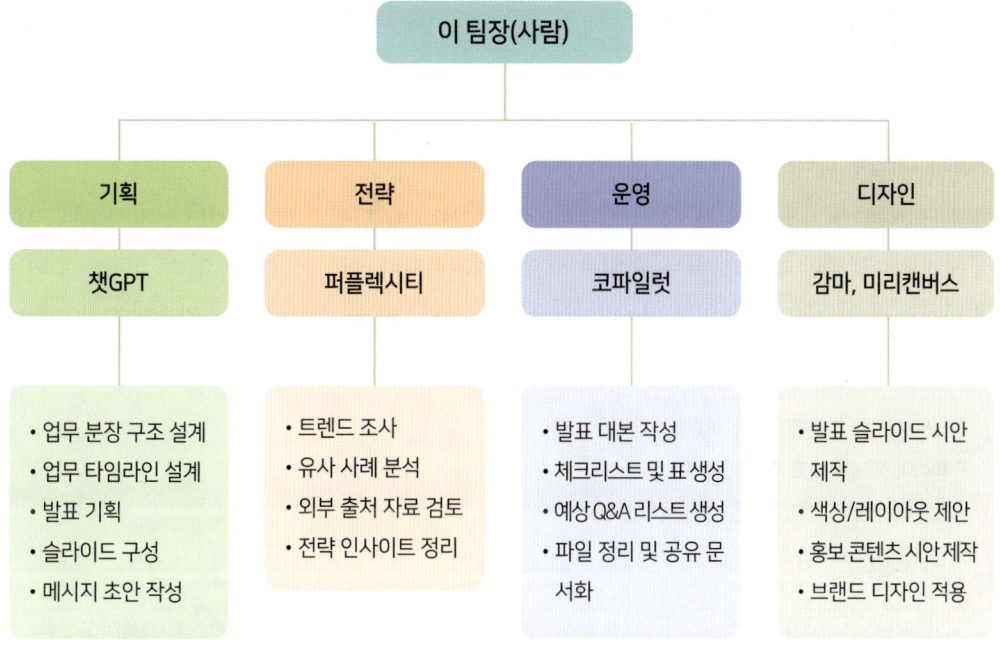

이 사례는 단순히 발표 준비를 넘어 사람과 AI 팀원이 어떻게 역할을 나누고 유기적으로 협업할 수 있는지를 보여줍니다.

AI는 든든한 팀원이 될 수 있지만, 프로젝트의 방향을 설정하고 조율하는 최종 결정은 결국 사람이 내려야 한다는 점을 잊지 말아야 합니다. AI의 역량을 전략적으로 활용할 때 우리는 더 짧은 시간 안에 더 높은 완성도의 결과물을 만들어낼 수 있습니다.

나만의 AI 팀, 직접 설계해보세요!

여러분의 AI 팀을 최적의 형태로 구성해봅시다. 다음 워크시트를 작성하며 내 업무를 정리하고, 각 업무에 적합한 AI 팀원을 직접 배정해보세요. 이 과정에서 내게 필요한 AI 팀원과 협업 전략이 자연스럽게 구체화될 것입니다.

[1단계] 내 업무 파악하기

여러분의 하루를 가장 많이 차지하는 업무는 무엇인가요? AI 팀원과 협업하려면 먼저 내 업무부터 제대로 파악해야 합니다. 하루 중 많은 시간을 차지하거나, 반복적이거나, 단순 정리만 잘 되면 넘기고 싶은 업무가 무엇인지 떠올려보세요. 여러분의 업무를 다음 네 가지 기준에 따라 분류하여 알맞은 빈칸에 작성해보세요.

- 많은 시간을 할애해야 하는 비효율적 업무
- 형식이 정해져 있고 자주 반복되는 업무
- 집중이 필요한 기획/전략 또는 창의적 업무
- 정보를 시각화해야 하는 콘텐츠 제작 업무

	분류 기준	많은 시간을 할애해야 하는 비효율적 업무	형식이 정해져 있고 자주 반복되는 업무	집중이 필요한 기획/전략 또는 창의적 업무	정보를 시각화해야 하는 콘텐츠 제작 업무
1단계	업무 예시	• 대용량 보고서 작성 • 수많은 링크/자료 정리 • PPT 자료 반복 수정 • 인터뷰/회의 녹취 정리 • 업무 일정표/ 분배표 작성 • 콘퍼런스 안내문 · 공지문 반복 작성	• 주간 회의록 작성 • 정기 보고서 편집 • 내부 시스템 고정 양식 입력 • 뉴스 클리핑 정리 • 템플릿 복사 · 붙여넣기	• 기획안 초안 작성 • 발표 메시지 구성 • 전략 방향 자료 설계 • 제안서 구조 설계 • 타깃 콘텐츠 문구 개발 • 브랜딩 문구 · 표현 수정	• 발표 자료용 슬라이드 구성 • 카드형 콘텐츠 제작 • 홍보용 이미지 · 포스터 구성 • 브랜드 컬러/폰트/스타일 맞춤 디자인 • SNS용 시각 자료 제작 • 영상 콘텐츠 기획 및 편집

1단계	나의 업무				
2단계	담당 AI 팀원				

[2단계] 나만의 AI 팀원 채용하기

이제 AI 팀원을 직접 영입해봅시다. 업무별 담당 AI 팀원을 제시한 다음 표를 참고하여 위 표의 마지막 행에 업무별로 가장 적합한 AI 팀원을 골라 적어보세요. 팀장이 새로운 팀원을 뽑아 프로젝트를 맡기는 상황을 떠올리면 이해가 더 쉽습니다.

AI 팀원	역할/전문 분야	주요 업무 상황
챗GPT	기획 · 초안 · 텍스트 정리 전문가	아이디어를 정리하거나 기획안 · 제안서 · 발표문 등 텍스트 초안이 필요할 때
퍼플렉시티	전략 · 인사이트 조사 전문가	유사 사례, 전략 인사이트, 트렌드 등 외부 데이터를 빠르게 조사 · 비교해야 할 때
코파일럿	문서 자동화 전문가	문서를 정리하거나 표 · 체크리스트 · 요약본 등 반복 서식을 자동으로 생성해야 할 때
감마/미리캔버스	시각 콘텐츠 설계 전문가	발표 자료, 카드뉴스, 포스터 등 콘텐츠를 시각적으로 설계하고 브랜드 톤을 적용해야 할 때
브루	영상 편집 전문가	영상 콘텐츠를 제작하거나 짧은 편집 영상 · 자막 영상 · SNS용 클립을 빠르게 만들고 싶을 때

여러분이 설계한 AI 팀은 곧바로 실행 가능한 업무 파트너입니다. 이후 과정을 차근차근 따라 하면 AI 팀원과의 협업이 점점 더 자연스러워질 것입니다.

PART 2

실무 프로젝트 투입
AI 팀원에게 기획·전략·디자인 업무를 맡겨라

자, 이제 AI 팀원들을 실무 프로젝트에 투입할 차례입니다. 아이디어를 기획하고, 시장을 분석해 전략을 세우며, 문서와 디자인으로 결과물을 만들어내는 전 과정에서 AI는 도구를 넘어 성과를 함께 창출하는 팀원으로 활약합니다.

파트 2에서는 기획, 전략, 디자인을 담당하는 각 AI 팀원과 각 분야의 실무 프로젝트를 단계별로 수행합니다. 챕터 3에서는 챗GPT를 활용한 기획 및 문서 작성, 챕터 4에서는 퍼플렉시티를 활용한 시장 조사와 전략 수립 그리고 챕터 5에서는 다양한 디자인 AI 도구를 활용한 브랜드 콘텐츠 제작을 다룹니다.

지금부터 AI 팀원과 실무 프로젝트 팀플레이를 시작해볼까요?

MISSION

"기획, 데이터 분석, 문서 작성, 디자인 담당 AI 팀원과 함께 주어진 프로젝트를 수행하자"

- ☑ AI 팀원과 프로젝트 기획하기
- ☑ AI 팀원의 아이디어 정리 능력 체험하기
- ☑ 데이터 기반 전략 수립 실습하기
- ☑ AI 팀원과 문서 자동 생성하기
- ☑ AI 디자인 팀원과 콘텐츠 제작하기

Chapter 03

[기획 총괄: 챗GPT]
설득력 갖춘 제안서 작성하기

기획은 단순한 아이디어 발상이 아니라, 무엇을, 왜, 어떻게 할지를 명확하고 설득력 있게 구조화하는 일입니다. 특히 제안서를 쓸 때는 논리적 흐름, 정확한 정보, 명확한 메시지가 모두 중요합니다. 아이디어가 좋아도 전달이 매끄럽지 않으면 설득력을 잃고, 정보가 많아도 구조가 없으면 신뢰를 얻기 어렵습니다. 챕터 3에서는 챗GPT와 함께 아이디어 정리부터 메시지 설계, 문서화까지 기획 과정 전반을 단계별로 살펴봅시다.

이 팀장의 스토리: 챗GPT와 '2030 리스킬링 프로그램 제안서'를 작성하라

이번 프로젝트는 생각보다 까다롭다.
2030 세대를 위한 리스킬링 프로그램.
즉, 새로운 직무나 환경에 맞춰 기존 직무 역량을 재교육하는 교육 프로그램을 짜야 한다.

단순히 좋은 취지만으로는 설득이 되지 않는다.
누구에게, 왜 필요한지, 어떻게 실행할 것인지가 한눈에 보여야 한다.

자료는 많은데 정리가 안 되고, 할 말은 많은데 문장은 안 써진다.
기획서 한 장 쓰는 것도 버겁다.

그래서 이번 프로젝트의 기획 총괄은 챗GPT에게 맡기기로 했다.
아이디어를 구조화하고, 논리를 잡고, 전달력 있는 메시지로 설계하는 데 이만한 파트너가 없기 때문이다.

기획은 결국 방향을 잘 잡는 팀원이 중심에 있어야 한다.
이번엔 그 역할을 챗GPT가 맡는다.

3.1 프로젝트 요구사항 정의

기획의 출발점은 '문제 정의'입니다. 제안서를 작성하기 전 가장 먼저 해야 할 일은 무엇을 해결해야 하는지, 즉 과제를 명확히 파악하는 것입니다. 그러나 실제 업무에서는 문제가 한 문장으로 깔끔하게 정리되는 경우가 드물죠. 장황한 이메일, 여러 부서가 협업해 작성한 문서, 여러 요구사항이 흩어져 있는 내부 보고서가 일반적입니다.

따라서 흩어진 정보를 요약·정리하고 실제로 해야 할 과제를 재구성하는 과정이 필요합니다. 이때 챗GPT를 이용하면 긴 텍스트에서 핵심을 추출하고 해야 할 일을 체계적으로 구조화하는 데 유용합니다.

지금부터 '2030 세대 리스킬링 프로그램 제안서' 작성을 위해 먼저 요청받은 업무를 정확히 파악하고 이번 프로젝트의 목적과 해결해야 할 과제를 정의해보겠습니다.

✅ 과제 파악

- **담당자**   챗GPT
- **과제**   요청받은 업무를 파악하고 첨부 문서를 분석해 기획 과제를 정의한다

01 먼저 이메일로 요청받은 업무를 정확히 파악해봅시다. 업무 요청 메일은 보통 길고 핵심 내용이 분산되어 있는 경우가 많습니다. 이럴 때 챗GPT에 메일 내용을 입력하고 요약을 요청하면 주요 요청사항과 과제의 범위를 신속하게 파악할 수 있습니다.

 다음 이메일 내용을 요약해줘. 핵심 요청사항과 내가 해야 할 일을 중심으로 정리해줘.

[요청] 2030 세대 리스킬링 프로그램 제안서 작성 건

안녕하세요, 이 팀장님.
HR 부서입니다.

최근 내부 데이터 분석 결과, 2030 세대 직원들의 이직률 증가와 조직 만족도 저하가 뚜렷하게 나타나고 있습니다. 이에 따라 당사에서는 해당 연령대 직원들의 역량 개발 및 커리어 성장을 지원하기 위한 리스킬링 프로그램 도입을 검토하고자 합니다.

(중략)

다음은 이메일의 핵심 요약입니다.

요청 배경
- 2030 세대 직원들의 이직률 증가 및 조직 만족도 저하가 나타남
  이를 개선하기 위한 리스킬링 프로그램 도입 검토 중

당신의 업무
- 기획팀에서 제안서 작성 요청(두 가지 형태의 산출물 필요)
  - 사내 보고용 워드 문서
  - 경영진 대상 PPT 발표 자료

참고 자료: 최근 직원 만족도 조사 결과 보고서 첨부됨 → 기획 시 참고 자료
문의 연락처: HR실 김은지(내선 1234/hr@company.com)

이메일에 담긴 핵심 내용과 해야 할 일들이 깔끔하게 정리되었습니다. 특히 참고 자료로 직원 만족도 조사 결과 보고서가 함께 전달되었다고 하니, 이 자료도 빠르게 살펴보며 전반적인 맥락을 파악해보겠습니다.

02 이메일에 첨부된 파일을 분석해봅시다. 챗GPT에 PDF 파일을 업로드한 뒤 직원 만족도 조사 결과의 핵심 내용과 주요 통계 수치를 간략하게 정리해달라고 요청해 전체 흐름을 빠르게 파악할 수 있습니다.

  최근 직원 만족도 조사 결과.pdf
PDF

첨부한 직원 만족도 조사 결과 보고서를 바탕으로, 2030 세대 직원들이 가장 크게 불만족한 요인 3가지를 수치 기반으로 간략하게 요약해줘.

 2030 세대 직원 주요 불만족 요인(상위 3가지)
- 역량 개발 기회 부족 – 58%
- 커리어 성장에 대한 불확실성 – 51%
- 업무의 단조로움 및 동기 저하 – 47%

 단순히 '요약해줘'라고 요청하는 것이 아니라, 무엇을 하려는지 그 의도를 명확히 담아 질문하세요. 예를 들어 '이 보고서를 바탕으로 제안서 기획 시 고려해야 할 핵심 이슈는?'과 같이 목적 지향적으로 질문하면 챗GPT도 훨씬 전략적으로 응답합니다.

03 이메일 요청사항 정리와 만족도 보고서 인사이트 추출을 완료했으니, 제안서 작성을 위한 To-Do(해야 할 일) 리스트를 도출해보겠습니다.

 위 메일 요약과 보고서 내용을 바탕으로, 이번 제안서 프로젝트에서 수행해야 할 과제를 To-Do 리스트 형태로 정리해줘. 각 항목에 간단한 설명도 덧붙여줘.

 To-Do 리스트: 2030 세대 리스킬링 프로그램 제안서 작성 과제

1. **2030 세대 주요 불만족 요인 분석 정리**: 설문 결과 기반으로, 핵심 불만족 요인(역량 개발 기회 부족, 커리어 성장 불확실성, 업무 단조로움)을 정리하여 문제 배경으로 제시합니다.
2. **리스킬링 프로그램의 핵심 방향성 설정**: 불만족 요인을 해소할 수 있는 리스킬링 전략 방향(예: 내부 교육, 직무 전환, 커리어 코칭 등)을 정의합니다.
3. **프로그램 구성안 기획(모듈/단계별)**: 교육 대상, 콘텐츠 주제, 운영 방식(온오프라인 병행 여부 등)을 포함한 전체 프로그램 구성안을 설계합니다.
4. **운영 방안 및 일정 제시**: 연간 또는 분기별 운영 계획, 내부 협력 부서, 실행 일정 등을 구체적으로 설계합니다.
5. **예상 효과 및 기대성과 정리**: 직원 만족도 개선, 이직률 감소, 조직 몰입도 상승 등의 정성·정량적 기대 효과를 명시합니다.
6. **경영진 대상 발표용 PPT 자료 작성**: 워드 보고서의 핵심 내용을 시각화하여 경영진이 빠르게 이해할 수 있는 발표용 자료로 재구성합니다.
7. **첨부된 직원 만족도 조사 결과 인용 및 시각화**: 보고서 내 불만족 수치 데이터를 그래프나 도표로 정리하여 설득력을 높입니다.
8. **경쟁사/벤치마크 사례 간략 조사(선택)**: 유사 업계나 선진 기업의 리스킬링 사례를 간단히 인용하면 신뢰도와 설득력이 높아집니다.

2030 세대 리스킬링 프로그램 제안서를 작성하기 위한 사전 과제 파악을 마쳤습니다. 다음 단계로 제안서의 방향성과 구성을 설계하기 위한 브레인스토밍을 진행해볼까요?

3.2 제안서의 흐름과 메시지 구조 설계

효과적인 제안서를 작성하기 위해서는 아이디어를 구조화하는 과정이 필요합니다. 어떤 문제를 해결할 것인지, 그 해결책을 어떤 방식으로 전달할 것인지, 어떤 흐름으로 제안서를 읽는 사람의 관심을 끌어야 하는지가 모두 이 단계에서 결정됩니다.

챗GPT는 막연한 아이디어를 구체화하고 설득력 있는 제안서의 뼈대를 빠르게 마련하는 데 강점이 있습니다. 이번 단계에서는 챗GPT를 활용해 주제에 맞는 접근 방식을 설계하고, 문서의 전체 흐름과 핵심 구성 요소를 도출해보겠습니다.

✅ 제안서 구조화

- **담당자** 🟢 챗GPT
- **과제** 제안서의 틀을 잡고 설득의 흐름을 다듬는다

01 제안서의 중심 주제를 설정하기 위해 가장 중점적으로 다룰 핵심 문제를 선정해보겠습니다. 이어서 문제의 원인을 분석하고, 주요 이해관계자들의 관점도 함께 정리하겠습니다.

2030 세대 리스킬링 프로그램 제안서에서 어떤 문제를 중심 메시지로 잡아야 할지 고민 중이야. 앞에서 정리한 요청 내용이랑 2030 세대가 불만족했던 점들을 참고해서, 제안서에서 가장 중요하게 다뤄야 할 문제를 한 문장으로 정리해줘. 왜 이게 중요한지, 또 이해관계자들은 이 문제를 어떻게 볼지도 함께 알려줘.

중심 문제 문장

"2030 세대 직원들은 역량을 개발하고 성장할 기회를 조직 내에서 충분히 얻지 못하고 있으며, 이는 이직률 증가와 낮은 조직 만족도로 이어지고 있습니다."

왜 이 문제가 중요한가?
- **이직률 증가**: 성장 기회 부족은 젊은 인재의 조기 이탈로 직결되며, 이는 인재 확보 및 조직 안정성에 악영향을 줍니다.
- **조직 몰입도 하락**: 역량을 펼칠 기회가 없다고 느끼는 직원은 자기 효능감과 업무 몰입도가 저하됩니다.
- **장기 경쟁력 약화**: 2030 세대는 미래 리더십 후보군이자 변화에 민감한 핵심 인재층으로, 이들의 이탈은 조직의 중장기 혁신 동력 상실로 이어질 수 있습니다.

이해관계자 시각
- **HR 부서**: 인재 유지와 조직문화 개선을 위해 꼭 해결해야 할 전략 과제
- **경영진**: 인력 손실로 인한 비용 증가와 미래 리더 공백을 막기 위한 투자 타이밍
- **2030 세대 직원**: 현재의 정체감과 불만족을 해소해줄 구체적이고 실현할 수 있는 성장 경로를 요구
- **직속 관리자들**: 리스킬링 기회를 통해 팀 내 동기 부여 및 성과 향상 가능성에 주목

02 제안서의 구성 항목을 도출하여 전체 구조를 설계해보겠습니다. 앞서 정리한 To-Do 리스트를 참고하여 제안서를 어떤 챕터로 나누고 각 챕터에 어떤 내용을 담을지 큰 틀을 기획하겠습니다. 각 항목에는 제목과 간단한 설명도 함께 포함하여 정리해달라고 요청하겠습니다.

2030 세대 리스킬링 프로그램 제안서의 구성 항목을 기획하고 있어. 아래 To-Do 리스트를 참고해서, 제안서의 큰 틀을 챕터별로 나눠 정리해줘. 각 항목의 제목과 간단한 설명도 함께 적어줘.
(To-Do 리스트 붙여 넣기)

제안서 구성안: 챕터별 구조

1장. 문제 정의: 2030 세대 직원 이탈의 근본 원인
2030 세대 직원들이 조직에 대해 느끼는 핵심 불만족 요인(역량 개발 기회 부족, 커리어 성장 불확실성, 업무 단조로움 등)을 조사 결과 기반으로 정리하고, 리스킬링이 필요한 배경을 설명합니다.

2장. 프로그램 도입의 필요성과 전략 방향: 왜 지금 리스킬링 프로그램이 필요한지, 어떤 목표를 달성하고자 하는지 제시합니다. '역량 강화 → 몰입도 향상 → 조직 성과 개선'으로 이어지는 전략적 구조를 설계합니다.

3장. 리스킬링 프로그램 구성안: 전체 프로그램의 모듈별 구성과 학습 흐름을 단계별로 정리합니다. 대상자 분류, 교육 콘텐츠, 방식(온오프라인 혼합 등), 참여 방식 등을 상세히 제시합니다.

4장. 실행 계획 및 운영 체계: 운영 주체, 내부 협력 부서, 연간 또는 분기별 일정, 평가 방식 등 구체적인 실행 방안을 설명합니다. 실현 가능성과 지속 운영 가능성을 강조합니다.

5장. 기대 효과 및 조직 관점의 가치: 이 프로그램을 통해 기대할 수 있는 정성적·정량적 효과(예: 이직률 감소, 조직 몰입도 향상, 리더십 인재 육성 등)를 도표와 함께 제시합니다.

6장. 벤치마크 사례 및 결론: 국내외 유사 사례를 간단히 인용하여 설득력을 높이고, 당사 조직문화에 적합한 차별화 포인트를 정리하며 제안서를 마무리합니다.

03 제안서의 제목을 제안해달라고 요청하겠습니다. 제목은 단순한 문구가 아니라, 보고서의 첫인상을 결정하는 중요한 요소이므로 핵심 키워드와 제안 목적이 명확히 드러나도록 설계하는 것이 중요합니다.

앞서 정리한 제안서의 중심 주제를 바탕으로, 시선을 끌 수 있는 제안서 제목 문구를 세 가지 제안해 줘. 조직 내 보고서와 경영진 대상 발표 자료 모두에 어울리는 표현이면 좋겠어.

1. "2030 세대, 성장의 문을 열다: 조직을 바꾸는 리스킬링 전략"
→ 직원 개인의 성장을 넘어 조직의 혁신과 연결되는 변화를 강조한 제목으로, 전략성과 미래지향적 이미지를 함께 전달합니다.

2. "지금 리스킬링이 필요한 이유: 2030 세대 이탈을 막는 실행 해법"
→ 문제 해결 중심으로 설계된 제목으로, 경영진의 의사결정 포인트인 '왜 지금 필요한가?'에 직관적으로 답합니다.

3. "정체된 인재, 떠나는 미래: 2030 세대를 붙잡는 리스킬링 프로그램 제안"
→ 현재 상황의 위기감과 리스킬링의 필요성을 강조하여, 보고자에게 주목도를 높이는 문구입니다.

04 제안서의 초안을 작성해보겠습니다. 앞서 제안한 제목 중 하나를 선정하고, 이전 단계에서 구성한 챕터별 구조를 바탕으로 완성된 제안서를 작성하겠습니다. 제목과 전체 구조가 조화롭게 결합되면 논리적 흐름을 갖춘 완성도 높은 보고서 형태의 결과물을 얻을 수 있습니다.

'2030 세대, 성장의 문을 열다: 조직을 바꾸는 리스킬링 전략'이라는 제목을 바탕으로, 앞서 정리한 챕터별 구성에 맞춰 제안서 초안을 작성해줘.

『2030 세대, 성장의 문을 열다: 조직을 바꾸는 리스킬링 전략』

1장. 문제 정의: 2030 세대 직원 이탈의 근본 원인
최근 실시한 사내 직원 만족도 조사 결과에 따르면 2030 세대 직원들은 ▲ 역량 개발 기회 부족(58%) ▲ 커리어 성장에 대한 불확실성(51%) ▲ 업무의 단조로움과 동기 저하(47%)에 대해 가장 큰 불만을 느끼고 있는 것으로 나타났습니다. 이러한 문제는 이직률 증가와 낮은 조직 몰입도로 이어지고 있으며, 특히 장기적으로 조직 내 중간 리더십 부재, 업무 혁신 저하 등 구조적 리스크를 초래할 가능성이 큽니다. (근거 자료. 프로그램 도입의 필요성과 전략 방향)
2030 세대는 단순한 업무 수행자나 실무자가 아니라, 조직의 미래를 만들어갈 핵심 인재군입니다. 이들이 조직 안에서 '성장할 수 있다'는 신뢰를 회복하지 않는 한, 인재 유출과 조직 역량 약화는 가속화될 것입니다.

(중략)

6장. 벤치마크 사례 및 결론

- **카카오**: 30대 직원 대상 '잡 크래프팅 워크숍' 운영 → 사내 순환 직무 전환율 18% 증가
- **신한금융**: 디지털 전환 대응을 위한 '디지털 리더 양성 과정' 도입 → 2030 세대 주도 TF 구성 확대
- **SAP**: 글로벌 리스킬링 캠페인 'SAP Learning Hub' 운영 → 이직률 22% 감소 효과 보고

결론적으로, 2030 세대의 성장 경로를 설계하고, 조직의 리더십 파이프라인을 확보하기 위한 전략적 투자로서 본 리스킬링 프로그램은 매우 시의적절한 실행안입니다. 단기적 만족도 개선을 넘어 조직의 중장기적 경쟁력을 높이는 핵심 수단으로 자리매김할 것입니다.

앞서 구성한 챕터별 구조에 따라 초안이 잘 완성되었습니다. 하지만 제안서의 신뢰도를 높이기 위해서는 공식 자료나 언론 보도 등 신뢰할 수 있는 출처를 바탕으로 구성하는 것이 중요하기 때문에 6장의 벤치 마크 사례는 정보 정확성을 재검토해야 합니다.

05 관련 출처를 함께 확인해보겠습니다. 챗GPT가 작성한 문장 중 출처 확인이 필요한 문장을 드래그하면 문장 왼쪽 상단에 '회신하기' 아이콘(")이 나타납니다. 이 아이콘을 클릭하고 출처 확인을 요청합니다.

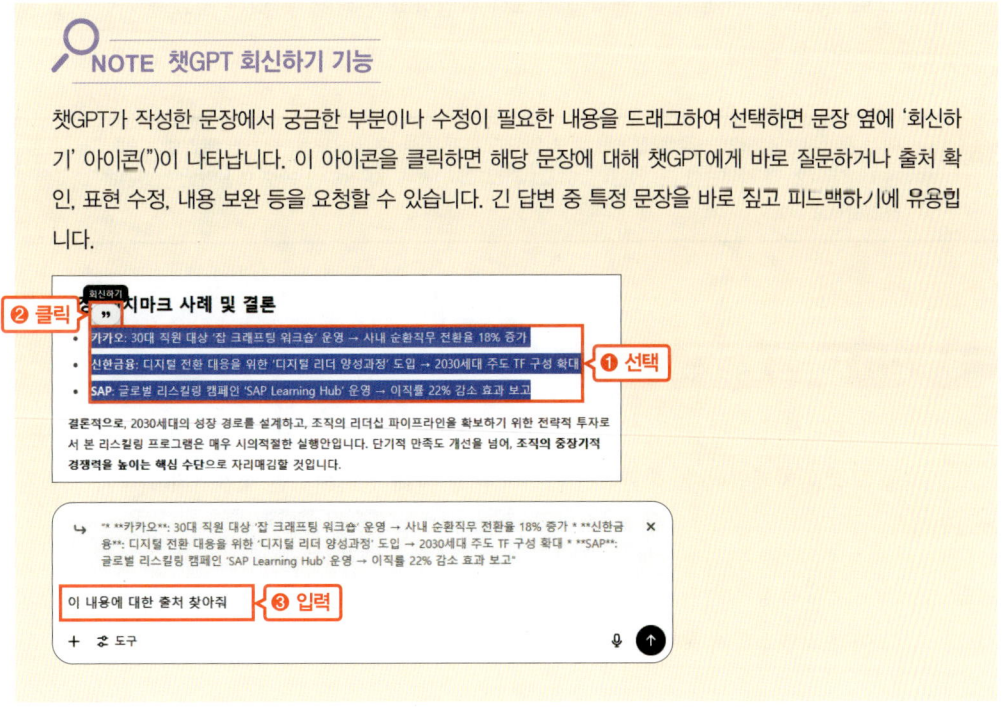

> **NOTE 챗GPT 회신하기 기능**
>
> 챗GPT가 작성한 문장에서 궁금한 부분이나 수정이 필요한 내용을 드래그하여 선택하면 문장 옆에 '회신하기' 아이콘(")이 나타납니다. 이 아이콘을 클릭하면 해당 문장에 대해 챗GPT에게 바로 질문하거나 출처 확인, 표현 수정, 내용 보완 등을 요청할 수 있습니다. 긴 답변 중 특정 문장을 바로 짚고 피드백하기에 유용합니다.

(문장 드래그 → '회신하기' 아이콘(") 클릭) 이 내용에 대한 출처를 찾아줘.

 앞서 제안서 초안에서 언급된 사례 중 일부는 명확한 출처를 확인하기 어려웠습니다. 특히, 카카오의 '잡 크래프팅 워크숍'과 SAP의 'SAP Learning Hub' 관련 수치에 대한 공식적인 보도 자료나 기사 등은 확인되지 않았습니다. 이러한 정보는 비공식적인 내부 자료나 구체적인 출처 없이 회자된 내용일 수 있으므로, 제안서에 포함하실 때는 주의가 필요합니다.

한편, KT의 'AXcelerator TF' 사례는 공식 보도 자료와 다수의 언론 보도를 통해 확인된 바 있습니다. KT는 2030 세대 직원들을 중심으로 구성된 TF를 통해 사내 AI 전환을 가속화하고 있으며, 이를 통해 젊은 인재들의 역량 강화와 조직 혁신을 도모하고 있습니다. 이러한 사례는 제안서에 포함하셔도 신뢰도를 높일 수 있을 것입니다.

(생략)

챗GPT에게 답변 내용의 출처를 다시 확인해달라고 요청해보니, 해당 정보에 대한 정확한 출처는 확인할 수 없다고 답했습니다. 대신 유사한 사례 중 공식 출처가 있는 정보를 새롭게 제시했습니다. 이처럼 AI가 제공하는 정보에는 오류나 사실 확인이 부족한 경우가 있을 수 있으므로, 중요한 내용일수록 출처를 반드시 확인하고 신뢰할 수 있는 자료를 기반으로 활용하는 것이 좋습니다.

 AI가 제공하는 정보에는 검색/잘못된 정보 생성 오류가 있을 수 있으므로, 출처를 확인해야 합니다. 관련된 내용은 〈2.1절 팀워크를 극대화하는 5가지 전략〉의 전략 5 '확신에 찬 답도 의심하고 검증하라' 내용을 참고하세요.

3.3 참고 자료로 논리 구조 보강

제안서의 초안을 구성하고 전체 흐름을 정리했다면 이제는 그 내용을 뒷받침할 신뢰할 수 있는 자료로 논리를 보강할 차례입니다. 객관적인 근거나 비교 사례가 더해지면 제안서의 설득력은 훨씬 높아집니다.

이번에는 챗GPT와 특정 작업에 최적화된 챗GPT 도구인 GPTs를 활용해, 제안서에 필요한 참고 자료를 찾고 이를 자연스럽게 통합하는 방법을 실습해보겠습니다.

NOTE GPTs 이용 방법

GPTs는 사용자가 특정 작업이나 도메인에 맞게 커스터마이징할 수 있는 맞춤형 챗GPT입니다. 개인화된 지시어(Instructions), 파일 업로드, 코드 실행, API 호출 등 다양한 기능을 포함할 수 있으며, 사용자의 목적에 최적화된 역할을 수행하도록 설정할 수 있습니다.

예를 들어 웹 리서치 전용 GPT나 업로드된 보고서를 자동으로 요약해주는 GPT처럼, 특정 기능에 특화된 GPT를 선택하여 활용하면 단순한 대화형 AI를 넘어 실무에 바로 적용할 수 있는 스마트 도우미로 활용할 수 있습니다.

❶ 채팅창 왼쪽 상단에 있는 '사이드바 열기' 아이콘(□)을 클릭하고 사이드바 메뉴에서 'GPT' 항목에 있는 [탐색하기]를 선택합니다.

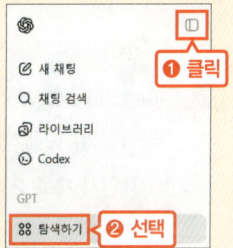

❷ 챗GPT의 GPT 화면에서 검색창에 원하는 검색어나 질문을 입력하고 실행합니다. 결과를 확인한 뒤 추가 질문을 이어가며 업무에 활용할 수 있습니다. 상단 검색창에 원하는 키워드를 입력해 원하는 GPT를 찾고 [채팅 시작] 버튼을 클릭하여 대화를 시작합니다.

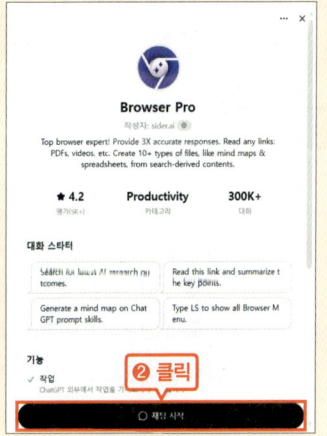

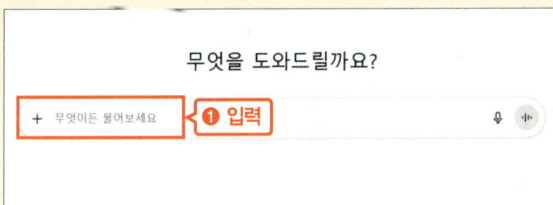

❸ 한 번 대화를 시작한 GPT는 왼쪽 메뉴바에 자동으로 저장되어 언제든지 다시 이어서 사용할 수 있습니다.

✅ 제안서 설득력 강화

- **담당자**   챗GPT, Browser Pro GPT
- **과제**   신뢰할 수 있는 자료를 바탕으로 설득력을 높인다

01 제안서의 설득력을 뒷받침할 자료를 탐색해보겠습니다. 이 단계에서 제안 내용을 참고 자료의 방향성을 설정하고, 필요한 정보의 구체적인 유형을 체계적으로 정리합니다. 신뢰성 높은 자료로 핵심 메시지를 보강하면, 제안서의 완성도와 설득력을 크게 향상시킬 수 있습니다.

 이번 제안서에서 신뢰도 있는 참고 자료를 활용하고 싶은데, 어떤 정보가 있으면 제안서의 설득력이 높아질까? 아래 내용은 제안서 작성 배경이야.

- **제안서 제목**: 2030 세대, 성장의 문을 열다: 조직을 바꾸는 리스킬링 전략
- **문제 배경**: 이직률 증가, 역량 개발 기회 부족, 커리어 성장 불확실성
- **목표**: 내부 직원 대상 리스킬링 프로그램을 도입해 직원 만족도 향상과 조직 몰입도 개선

이런 맥락에서 찾아야 할 참고 자료 유형을 구체적으로 정리해줘.

 제안서 설득력을 높이는 참고 자료 유형

1. 2030 세대 이직률 및 조직 만족도 관련 통계
- **목적**: 문제의 보편성과 심각성을 객관적으로 입증
- **추천 자료 유형**:
    - 고용노동부 또는 통계청의 청년층 이직률/조직 만족도 통계
      한국HRD협회, HR코리아 등에서 발표한 조직 내 세대별 만족도 리포트
      잡코리아, 사람인, 인크루트 등의 2030 직장인 인식 조사 결과

2. 직원 역량 개발이 조직 성과에 미치는 영향
- **목적**: 리스킬링 투자가 단지 복지 차원이 아니라 조직성과와 직결됨을 강조
- **추천 자료 유형**:
    - 맥킨지, 딜로이트, BCG 등의 HR/인재 전략 리포트(예: "How to reskill your workforce in the age of AI")
    - Harvard Business Review 등에서 발표한 직원 역량 개발과 이직률 관계에 대한 연구
    - 국내 대기업 또는 공기업의 직무 전환/교육 프로그램 후 효과 측정 사례

(중략)

5. Z세대/2030 세대의 직장 선택 기준 및 기대 요소
- **목적**: 제안서 대상층에 대한 이해도를 높이고, 리스킬링 전략의 공감 기반 강화
- **추천 자료 유형**
  - 한국청년정책연구원, 청년재단 등에서 발간한 2030 세대 직업 인식 조사
  - 리멤버, 퍼블리, 대학내일20대연구소 등의 세대별 일 문화 리포트
  - "Z세대가 회사를 떠나는 이유" 같은 주제의 기사나 칼럼

(중략)

---

02 웹을 통한 정보 수집을 진행하여 제안서의 신뢰성을 강화해보겠습니다. 앞서 제안한 참고 자료 유형을 면밀히 검토한 후, 제안시 주제와 부합하는 자료의 출처 링크와 핵심 내용을 체계적으로 수집하겠습니다. 이를 통해 제안서에 직접 활용할 수 있는 신뢰성 높은 근거 자료를 확보하고, 전체적인 논리적 완성도를 한층 더 향상시킬 수 있습니다.

 2030 세대 직장인의 이직률 증가 및 리스킬링 프로그램 도입 효과에 대한 신뢰할 만한 보고서를 웹에서 찾아줘. 특히 다음 조건을 만족하면 좋아.
- 국내외 공식 통계 기관 또는 글로벌 컨설팅사의 리포트
- 최근 2~3년 이내 발행된 자료
- 직무 만족도, 교육 효과, 커리어 향상과의 연관성 있는 내용

보고서가 있다면 링크와 요약도 함께 알려줘.

 국내 보고서

1. 고용노동부 -『2020~2030 중장기 인력수급 전망』(2022)
- **요약**: 2030년까지 생산가능인구 증가 폭이 급감하고, 청년층 비중이 낮아지며, 고령층 비중이 높아질 것으로 전망됩니다. 이러한 변화는 노동시장에 공급 제약을 초래하며, 디지털 전환과 리스킬링의 필요성을 강조합니다.
- **자료 링크**: 고용노동부고용노동부+3고용노동부+3미래를 보는 창 – 전자신문+3

2. 한국고용정보원 -『중장기 인력수급 전망 2022~2032』(2024)
- **요약**: 경제활동인구는 2027년까지 증가하다가 2028년부터 감소로 전환될 것으로 예상되며, 고령화로 인한 노동 공급 제약이 심화될 것으로 예측됩니다. 이러한 변화는 리스킬링 프로그램의 도입 필요성을 시사합니다.
- **자료 링크**: 한국전자통신연구원First-Class 경제신문 파이낸셜뉴스+3고용노동부+3미래를 보는 창 – 전자신문+3

해외 보고서

1. McKinsey & Company - 『RetrAIning and Reskilling Workers in the Age of Automation』 (2017)
- **요약**: 2030년까지 전 세계 노동자의 약 14%인 3억 7,500만 명이 직업 전환이 필요할 것으로 예상되며, 이는 디지털화와 자동화로 인한 변화에 대응하기 위한 리스킬링의 중요성을 강조합니다.
- **자료 링크**: McKinsey & Company

2. Deloitte - 『Superlearning: Reskilling the Workforce』 (2020)
- **요약**: 세계경제포럼은 2030년까지 10억 명 이상의 인력을 리스킬링해야 한다고 발표하였으며, 이는 조직과 사회가 협력하여 인력 개발에 집중해야 함을 나타냅니다.
- **자료 링크**: Deloitte United States

---

03 국내 보고서는 출처가 명확하고 요청 기준에 부합하는 최근 2~3년 내 발행 자료를 적절히 확보했습니다. 다만 해외 보고서의 경우 일부 최신성이 부족한 자료가 포함되어 있어, 이번에는 GPTs 기능을 활용해 보완해보겠습니다.

> 🔍 **NOTE 챗GPT '@' 멘션 기능 활용**
>
> 사용 중인 프로젝트와 GPT라면 굳이 해당 대화창으로 이동하지 않아도 @(멘션 기능)을 통해 바로 호출할 수 있습니다. 이 방법을 사용하면 기존 대화 흐름을 유지하면서도 원하는 GPT를 불러와 바로 이어서 작업할 수 있어 효율적입니다.
>
> ❶ 챗GPT 입력창에 '@'를 입력하면 '최근 GPT 및 고정된 GPT 검색' 리스트가 나타납니다. [Browser Pro]를 선택합니다.
>
> ❷ 챗GPT 입력창과 같은 방식으로 메시지를 입력하면 먼저 선택한 GPT와 연결되고, 이후 답변이 완료된 후 메시지가 함께 표시됩니다.

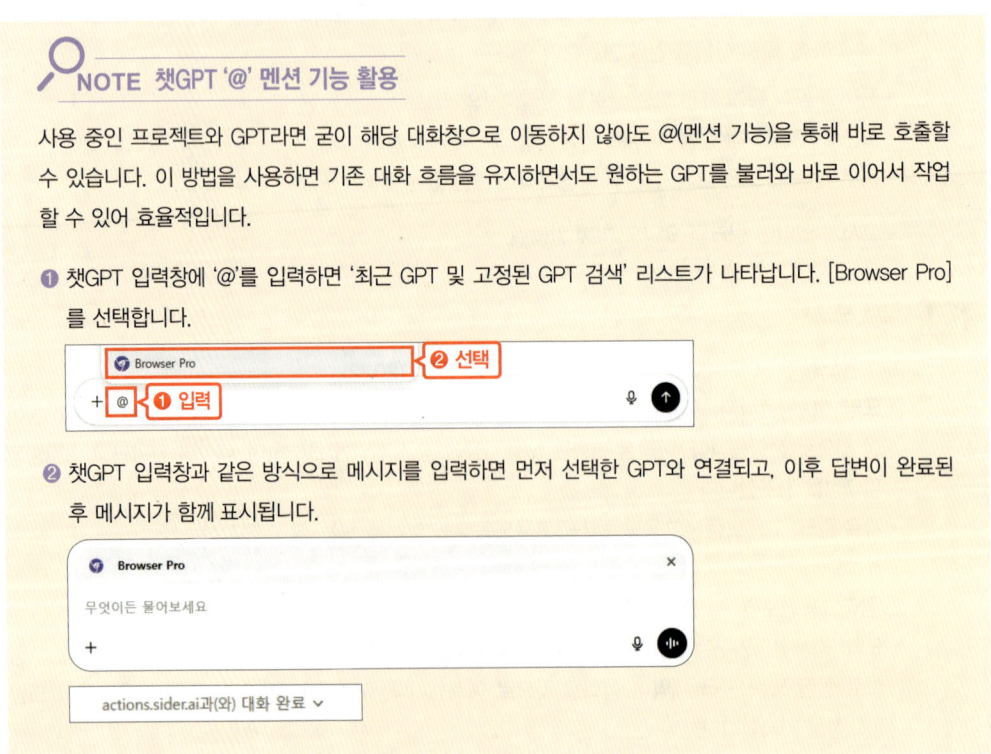

1. McKinsey & Company – "Building workforce skills at scale to thrive during—and after—the COVID-19 crisis" (2021)
   - 핵심 내용
     - 리스킬링을 전략적으로 도입한 기업은 위기 상황에서 생산성 2배 이상 향상직원 교육 투자로 몰입도 +30%p, 이직률 −15%p 감소 효과젊은 세대일수록 '성장 기회'가 조직 잔류 결정에 더 큰 영향을 줌

2. World Economic Forum – "The Future of Jobs Report 2023"
   - 핵심 내용
     - 18~34세 직장인 중 44%가 '성장 기회 부족'을 이직 사유로 꼽음
     - 리스킬링과 업스킬링 프로그램은 직원 유지와 조직 적응력 강화의 핵심
     - 전 세계 기업의 50% 이상이 리스킬링을 인재 유지 전략으로 공식 채택

3. OECD – "Skills Outlook 2023: Skills for a Resilient Workforce"
   - 핵심 내용
     - 디지털 전환 가속으로 '기존 직무 소멸+새로운 직무 증가' → 리스킬링 수요 폭발
     - OECD 평균에서 리스킬링을 받은 근로자들이 직무 만족도 25% 증가
     - 커리어 성장 가능성을 느낀 그룹의 이직률 20% 이상 감소

[1] 성과 관리 시행 계획(정부업무평가위원회)
보고서 보기
- 요약
  - 정부가 추진 중인 일·생활 균형 및 인재 관리 제도의 이직률 감소 효과를 다루는 지표 포함
  - 근로자 이직률, 인재 확보 수준, 직무 만족도 변화 등을 성과 지표로 제시
  - 조직 차원의 정책 개입(예: 리스킬링, 근로 유연연제 등)이 실질적으로 인력 유지 효과를 유발한다는 시사점 제공

[2] 2023 대전경제백서(대전광역시청)
보고서 보기
- 요약
  - 리스킬링이나 지역 인재 교육 투자와 관련된 기업 지원 정책들의 효과 분석 포함
  - 특히 고용 안정성과 직무 역량 강화 프로그램이 지역 청년층 유지에 기여하고 있음을 보고
  - 지역 기반 직업 전환 교육 사례를 간접 참고 자료 가능

[3] 국립중앙도서관 사서 교육 훈련 중장기 발전계획(전남대학교 산학협력단, 2021)
보고서 보기
- 요약
  - 비록 특정 직군(사서직)에 국한되지만, 교육훈련이 직무 전환, 만족도, 경력 유지에 미치는 영향을 실증적으로 분석
  - 리스킬링이 이직 예방 및 장기근속 유도 효과를 갖는다는 점에서 유사 관점으로 참고 자료 가능

한국어 자료는 챗GPT가 제안한 내용이 비교적 정확했지만, 영문 자료의 경우에는 GPTs를 활용했을 때 요청한 기준에 더 부합하는 결과를 얻을 수 있었습니다. 이는 많은 GPTs가 영어 데이터를 기반으로 학습되었거나 영어 환경에 최적화되어 있기 때문입니다.

04 PDF를 요약 정리하여 추천받은 국내 참고 자료 중 하나를 참고 자료로 활용하겠습니다. 한국고용정보원 발행『중장기 인력수급 전망 2022~2032』보고서 PDF를 다운로드하여 챗GPT에 첨부해 주요 내용을 체계적으로 정리하고, 공식 통계에 기반한 신뢰도 높은 데이터를 제안서의 핵심 근거 자료로 활용하겠습니다.

 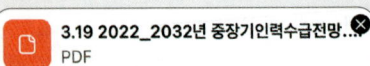

이 보고서의 주요 내용을 요약해줘. 특히 '2030 세대, 성장의 문을 열다: 조직을 바꾸는 리스킬링 전략'이라는 제안서 주제에 맞춰, 활용할 수 있는 핵심 정보나 인사이트를 중심으로 정리해줘.

 '2030 세대, 성장의 문을 열다: 조직을 바꾸는 리스킬링 전략' 제안서를 위한 요약 정리

 한국고용정보원의《2022~2032년 중장기 인력수급 전망 및 추가 가능 전망》(2024.3.19 발행) 보고서는 2030 세대 인재 확보와 리스킬링 전략의 중요성을 뒷받침하는 핵심 데이터를 제공하며, 제안서에 다음과 같은 요소들을 포함할 수 있습니다.

핵심 요약 및 제안서 활용 포인트
1. 인력 구조 변화와 공급 제약
    - **2028년부터 노동력 총량 감소 본격화**: 경제활동인구는 2027년까지 증가하다가 2028년 이후 감소로 전환
    - **고령층 비중 확대와 청년층 유입 부족**은 장기적으로 노동력 공급에 구조적 제약으로 작용
    - **제안서 활용**: 2030 세대(청년층)의 리스킬링과 노동시장 유입은 인력 공백을 메우는 핵심 전략임을 강조

2. 산업 및 직업별 이직·감소 예상
    - **보건·복지서비스업, 전문가 직종**에서 인력 수요 급증 전망
    - 반면 **제조업, 도소매업, 판매직, 기능직** 등은 감소세 예측
    - **제안서 활용**: 디지털·서비스 산업 중심으로 리스킬링 전략 재편 필요. 2030 세대의 교육·전환 훈련 집중 타겟 설정 근거 제시 가능

3. '89.4만 명'의 추가 필요 인력
    - 장기 성장률(2.1~1.9%) 유지를 위해 2032년까지 89.4만 명의 추가 유입 필요

(중략)

보고서 기반 인용 시 유용한 핵심 수치

항목	수치 및 내용
경제활동인구 증가('22~'32)	+31.6만 명(과거 대비 대폭 둔화)
취업자 수 증가('22~'32)	+30.9만 명(2028년 이후 감소 전환)
추가 필요 인력 규모	89.4만 명
수요 급증 직종	전문가, 서비스직
감소 직종	판매직, 조립직, 기계조작직

05 챗GPT가 요약한 PDF 내용을 시각적으로 표현해보겠습니다. Browse Pro GPT는 파일 요약 기능뿐만 아니라 시각적 정보 표현 기능을 통해 복잡한 내용을 구조화된 형태로 정리해 주는 기능도 갖추고 있습니다. 제안서에 다이어그램, 마인드맵, 차트 등의 시각 자료를 함께 활용하면 메시지 전달력이 높아지고 전체 문서의 설득력도 한층 강화됩니다.

 이 내용을 마인드맵으로 그려줘.

 마인드맵: 2030 세대 리스킬링 전략
 아래는 제안서 작성에 활용 가능한 핵심 내용을 정리한 마인드맵입니다.

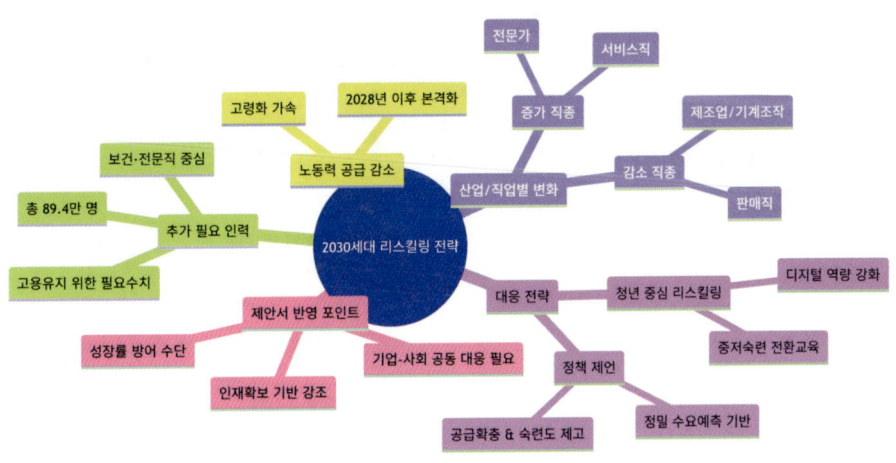

이 내용을 다이어그램으로 그려줘.

 '2030 세대 리스킬링 전략'을 위한 보고서 핵심 다이어그램

 아래는 한국고용정보원 보고서의 내용을 바탕으로 정리한 전략적 다이어그램입니다.

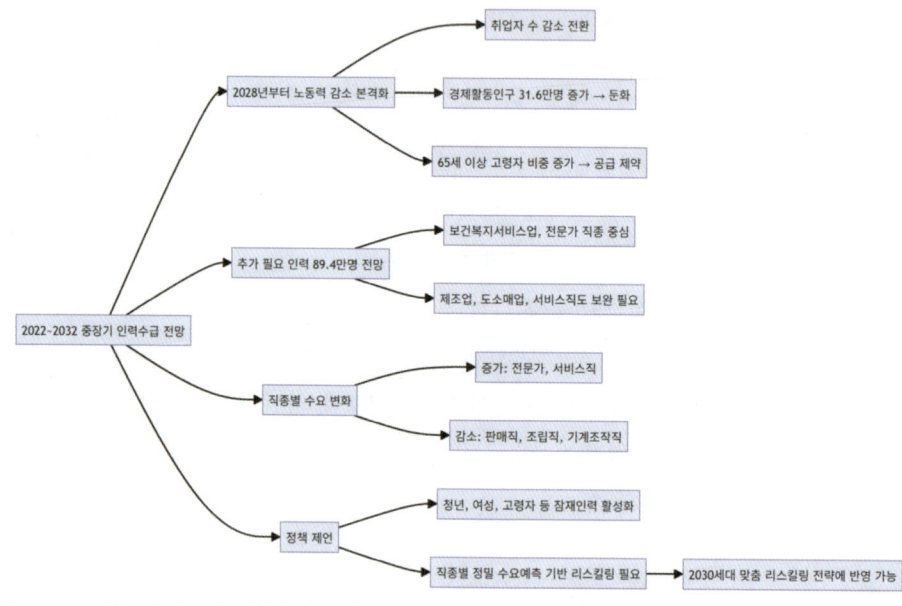

06 이번에는 차트 생성 기능을 활용해보겠습니다. 전체 내용을 차트로 변환하지 않고 챗GPT의 '회신하기' 기능을 이용해 PDF 요약 중에서 제안서에 인용할 수 있는 핵심 수치만 선택해 시각화하도록 요청합니다.

 (챗GPT 회신하기) 이 내용을 차트로 만들어줘.

> ### 📊 보고서 기반 인용 시 유용한 핵심 수치 | 항목 | 수치 및 내용 | | --- | --- | | 경제활동인구 증가('22~'32) | +31.6만 명 (과거 대비 대폭 둔화) | | 취업자 수 증가('22~'32) | +30.9만 명 (2028년 이후 감소 전환) | | 추가 필요 인력 규모 | **89.4만 명** | | 수요 급증 직종 | 전문가, 서...
>
> 이 내용을 차트로 만들어줘

차트: 중장기 인력수급 핵심 수치 요약

아래는 보고서 주요 수치를 시각화한 파이 차트입니다.

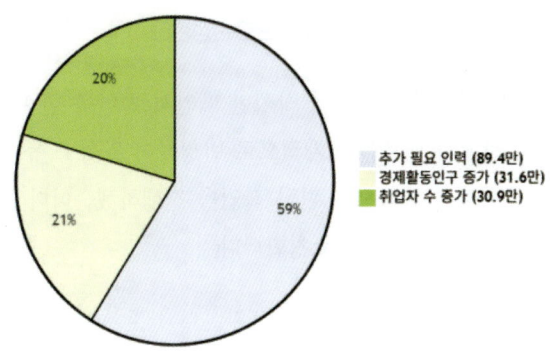

이처럼 신뢰할 수 있는 참고 자료를 수집하고, 요약·시각화하는 과정을 거치면 제안서의 논리 구조와 설득력을 한층 더 강화할 수 있습니다.

3.4 제안서 양식에 맞는 문서화

수집한 자료와 작성한 초안을 바탕으로 제안서를 문서 형태로 정리합니다. 이번에는 챗GPT의 캔버스 기능을 활용하여 초안 내용을 구조화하고 보고서 형식에 맞게 다듬어 완성해봅니다.

캔버스(Canvas)는 긴 문서 작성이나 구조 조정에 특화된 기능으로, 기존 챗GPT 대화창보다 훨씬 넓은 편집 환경을 제공합니다. 섹션별 내용을 직접 수정하거나 특정 부분만 보완을 요청하면서 자연스럽게 문서의 완성도를 높일 수 있습니다.

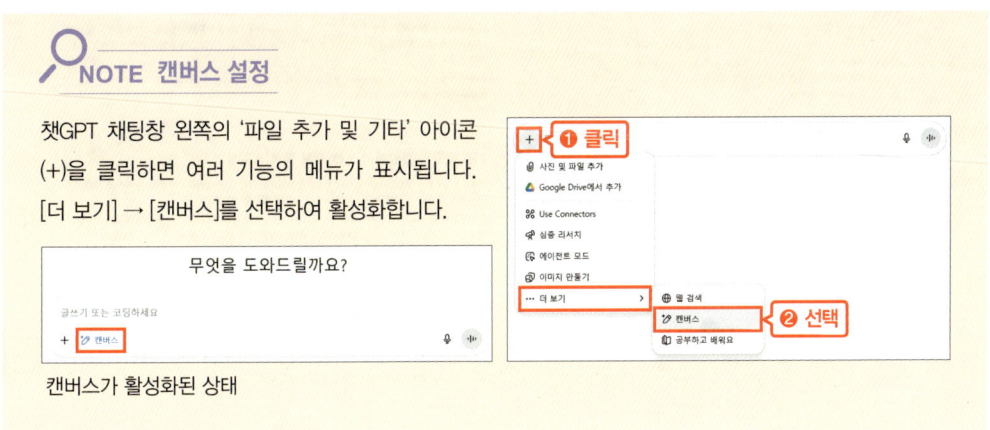

NOTE 캔버스 설정

챗GPT 채팅창 왼쪽의 '파일 추가 및 기타' 아이콘(+)을 클릭하면 여러 기능의 메뉴가 표시됩니다. [더 보기] → [캔버스]를 선택하여 활성화합니다.

캔버스가 활성화된 상태

✓ 제안서 형식 정립

- 담당자 챗GPT, 마이크로소프트 365 코파일럿
- 과제 초안을 정리하고 보고서 형식으로 완성한다

01 캔버스 기능을 활성화하여 앞서 작성한 제안서 초안을 한 단계 발전시키겠습니다. 수집한 참고 자료와 보고서 내용을 체계적으로 반영하여 완성도 높은 최종 초안으로 보완하고, 캔버스 기능을 통해 효율적으로 편집 작업을 진행하겠습니다. 먼저 캔버스 기능을 활성화한 상태로 제안서에 대한 수정을 요청합니다.

  (캔버스 기능 ON) 앞서 작성한 제안서 초안에 '2022~2032년 중장기 인력수급 전망 및 추가 필요인력 전망' 보고서의 요약 내용을 반영해 수정해줘.

02 챗GPT의 캔버스 기능을 사용하면 채팅창이 화면 왼쪽에 바 형태로 나타나고, 중앙에는 요청한 제안서 초안이 문서 형식으로 작성됩니다. 작성된 내용을 직접 확인하면서 필요한 부분은 자유롭게 편집할 수 있습니다. 오른쪽 하단에 있는 '편집 제안' 아이콘(✏️)을 클릭하면 특정 구간에 대한 수정이나 보완 요청도 간편하게 진행할 수 있습니다.

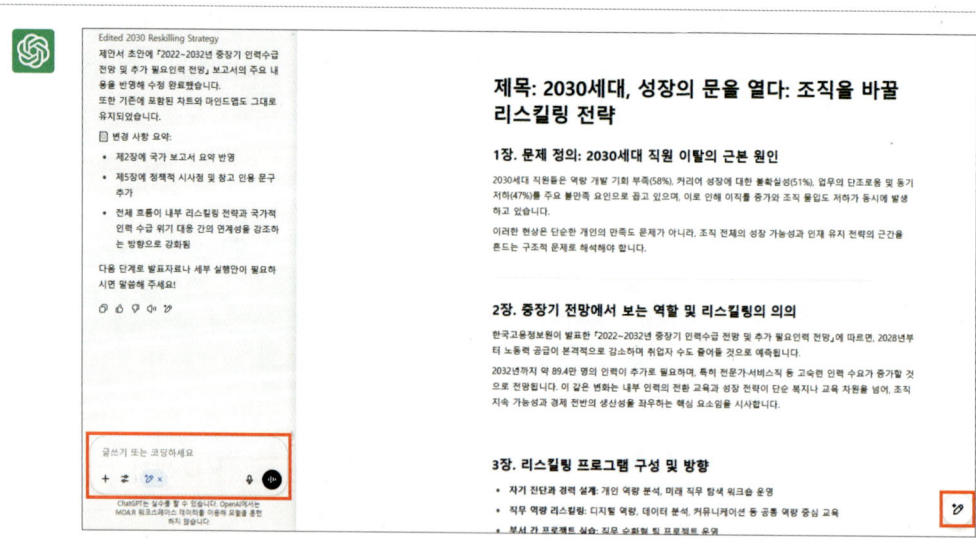

🔍 NOTE 마크다운으로 더 구조화된 제안서 작성

마크다운(Markdown)은 간단한 기호를 활용하여 글의 구조를 표현할 수 있는 텍스트 포맷입니다. 챗GPT에게 '제안서 형식으로 작성해줘'라고 요청하면 기본 구조로 작성해주지만, 마크다운 문법을 함께 사용하면 제목, 항목, 강조 등을 명확하게 구성해 더 완성도 높은 결과물을 얻을 수 있습니다. 예를 들어 아래와 같이 입력하면 구조화된 보고서 스타일로 정리됩니다.

기호	기능	예시	결과
#	제목(1단계)	# 2030 리스킬링 프로그램 개요	**2030 리스킬링 프로그램 개요**
##	소제목(2단계)	## 문제 정의	**문제 정의**
텍스트	굵게 강조	**핵심 전략**	**핵심 전략**
텍스트	기울임 강조	*정부 지원 정책과 연계 필요*	*정부 지원 정책과 연계 필요*

마크다운은 챗GPT의 문서 생성 결과를 더 명확하고 깔끔하게 다듬는 데 매우 유용합니다. 실무 보고서 스타일로 작성하고 싶다면 꼭 활용해보세요.

03 챗GPT에게 문맥을 분석 요청해 수정이 필요한 부분과 그에 대한 개선 방향을 제안받기 위해 '편집 제안' 아이콘()을 클릭합니다.

04 다음과 같이 제안된 내용을 검토합니다. 수정 방향이 적절하다고 판단되면 해당 코멘트를 반영하여 수정해달라고 요청합니다. 그러면 챗GPT가 코멘트의 내용을 기반으로 문장을 다시 작성해줍니다.

💬 **코멘트 1(1장 첫 문단)**
"동시에 발생하고 있습니다."라는 표현은 문맥상 의미가 분명하지만, 약간 평이하게 들릴 수 있습니다. "서로 맞물려 악순환을 초래하고 있습니다."와 같은 표현으로 긴장감을 부여하는 것도 고려해보세요.

💬 **코멘트 2(근거 자료 두 번째 문단)**
"이 같은 변화는…"으로 시작되는 문장은 주어가 다소 모호하게 느껴질 수 있습니다. "이러한 인력 수급 변화는…"처럼 앞 문장을 명확히 이어주는 방식으로 바꾸면 가독성이 향상됩니다.

💬 **코멘트 3(3장 프로그램 항목)**
'멘토링 및 피드백' 항목이 다른 세 항목보다 상대적으로 구체성이 낮습니다. "정기 피드백 세션, 성장 플랜 리뷰 등"의 세부 내용을 추가하면 전체 균형이 좋아집니다.

💬 **코멘트 4(4장 제목)**
'재활성 결과'라는 표현은 일반적으로 자주 쓰이지 않는 용어입니다. '성과 기대' 또는 '조직 내 파급 효과'와 같이 직관적인 용어로 바꾸는 것이 좋겠습니다.

💬 **코멘트 5(5장 인용 문구)**
인용문은 좋지만, 출처나 발화 주체(예: 보고서 요약에서 발췌 등)를 간략히 명시하면 독자의 신뢰도를 높일 수 있습니다.

05 개요 형태로 정리된 내용을 하나의 완성된 단락으로 풀어서 작성해보겠습니다. 편집하고자 하는 문장이나 문단을 선택하여 편집 화면이 활성화되면, [ChatGPT에게 묻기] 버튼을 클릭하여 문단 편집을 요청합니다.

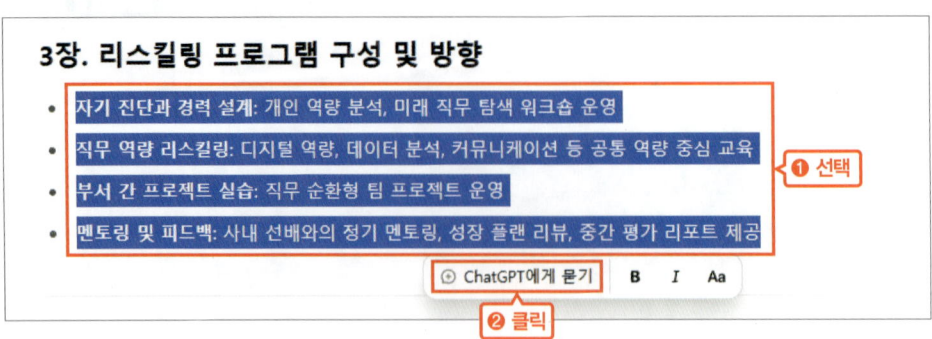

06 다음과 같이 입력창에 문단 편집을 요청하면 챗GPT가 단락으로 풀어 작성해줍니다. 추가 수정이나 세부적인 조정이 필요할 경우, 이어서 계속 요청을 입력해 단계적으로 다듬어갈 수 있습니다.

 개요 형태로 정리된 내용을 문장으로 풀어서 단락으로 작성해줘.

 3장. 리스킬링 프로그램 구성 및 방향

리스킬링 프로그램은 크게 네 가지 주요 구성으로 설계됩니다. 먼저, 참여자들은 '자기 진단과 경력 설계' 단계를 통해 본인의 현재 역량을 분석하고, 미래에 수행하고 싶은 직무나 역할을 탐색하는 워크숍에 참여하게 됩니다. 이를 통해 자기 인식과 경력 설계의 기초를 다질 수 있습니다.

이후 '직무 역량 리스킬링' 단계에서는 디지털 역량, 데이터 분석, 커뮤니케이션 등 다양한 조직 공통 역량을 중심으로 체계적인 교육이 진행됩니다. 이 교육은 변화하는 업무 환경에 대한 적응력을 높이고, 실무 적용력을 키우는 데 초점을 둡니다.

세 번째는 '부서 간 프로젝트 실습'으로, 참여자들은 실제 직무 순환형 프로젝트에 투입되어 타 부서와의 협업을 통해 다양한 실무를 경험하게 됩니다. 이 과정은 단순한 교육이 아닌, 실전 중심의 학습이 이루어지는 단계입니다.

마지막으로 '멘토링 및 피드백' 단계에서는 사내 선배와의 정기 멘토링을 통해 실질적인 조언과 커리어 조율 기회를 제공하며, 개별 성장 플랜을 점검하고 중간 평가 리포트를 통해 피드백을 받을 수 있도록 설계되어 있습니다. 이러한 통합적 구성은 2030세대 직원들이 조직 내에서 실질적인 성장 경로를 체감하도록 돕습니다.

07 같은 방법으로 이번에는 함축적으로 작성된 문장을 더 상세하고 명확한 설명으로 구체화해 보겠습니다. 이를 통해 메시지 전달력을 높여 독자의 이해도를 높일 수 있습니다.

2장. 중장기 전망에서 보는 역할 및 리스킬링의 의의

한국고용정보원이 발표한 『2022~2032년 중장기 인력수급 전망 및 추가 필요인력 전망』에 따르면, 2028년부터 노동력 공급이 본격적으로 감소하며 취업자 수도 줄어들 것으로 예측됩니다.

2032년까지 약 89.4만 명의 인력이 추가로 필요하며, 특히 전문가·서비스직 등 고숙련 인력 수요가 증가할 것으로 전망됩니다. 이러한 인력 수급 변화는 내부 인력의 전환 교육과 성장 전략이 단순 복지나 교육 차원을 넘어, 조직 지속 가능성과 경제 전반의 생산성을 좌우하는 핵심 요소임을 시사합니다.

❶ 선택
❷ 클릭

'조직 지속 가능성과 경제 전반의 생산성을 좌우하는 핵심 요소'라는 문장이 추상적이야. 더 구체적인 표현이나 예시를 추가해줘.

 근거 자료. 중장기 전망에서 보는 역할 및 리스킬링의 의의

한국고용정보원이 발표한 『2022~2032년 중장기 인력수급 전망 및 추가 필요인력 전망』에 따르면, 2028년부터 노동력 공급이 본격적으로 감소하며 취업자 수도 줄어들 것으로 예측됩니다.

2032년까지 약 89.4만 명의 인력이 추가로 필요하며, 특히 전문가·서비스직 등 고숙련 인력 수요가 증가할 것으로 전망됩니다. 이러한 인력 수급 변화는 내부 인력의 전환 교육과 성장 전략이 단순 복지나 교육 차원을 넘어서는 역할을 한다는 점에서 중요합니다. 조직이 급변하는 산업 구조 변화에 효과적으로 적응하고, 인력 부족 상황에서도 생산성과 성장을 유지하기 위해서는 리스킬링이 필수적인 전략입니다.

예를 들어, 숙련된 인력 확보가 어려운 상황에서 기존 직원들의 디지털 역량이나 융합 업무 수행 능력을 강화하여 새로운 직무에 재배치할 경우, 채용 비용을 줄이는 동시에 생산성 저하를 방지할 수 있습니다. 이처럼 리스킬링은 인재 유출을 막고 조직의 유연성과 지속 가능성을 높이는 실질적 수단으로 작용합니다.

08 논리 흐름을 개선하여 문장의 가독성을 높이겠습니다. 특히 통계 수치에 대한 설명이 다소 부족해 보이므로, 해당 데이터의 의미와 맥락을 명확히 드러내도록 내용을 보완하겠습니다.

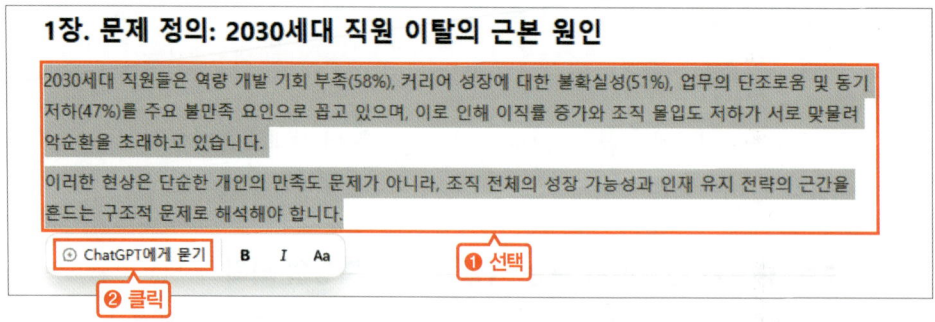

정리를 요청하여 나온 답변을 확인하고 필요한 내용을 추가로 수정한 후, 현재 초안에 대해 '길이 조절' 아이콘(⬚)을 클릭하여 '길게', '독해 수준' 아이콘(⬚)을 클릭하여 '대학원생'으로 설정해 편집을 마칩니다. '마지막으로 다듬기' 아이콘(⬚)을 클릭하여 전체 문서의 흐름과 표현을 정리하고, 초안을 최종 형태로 완성합니다.

수치와 관련된 불만족 원인이 명확하게 연결되도록, 문장의 흐름을 자연스럽게 정리해줘.

 1장. 문제 정의: 2030세대 직원 이탈의 근본 원인

2030세대 직원들은 역량 개발 기회가 부족하다는 점에서 58%가 불만을 나타냈으며, 커리어 성장에 대한 불확실성을 느끼는 직원도 51%에 달합니다. 또한, 47%는 업무가 단조롭고 동기 부여가 되지 않는다고 응답했습니다. 이처럼 수치로 드러난 불만족 요인들은 서로 밀접하게 연결되어 있으며, 직원들의 이직 의향을 높이고 조직에 대한 몰입도를 낮추는 요인으로 작용하고 있습니다.

이러한 현상은 단순히 개인 차원의 만족도 문제에 그치지 않습니다. 조직 전체의 지속적인 성장 가능성을 저해하며, 우수 인재를 유지하기 위한 전략적 대응의 필요성을 시사하는 구조적 문제로 보아야 합니다.

NOTE 캔버스의 다양한 편집 기능

❶ **길이 조절**: 현재 문장의 길이를 더 짧게 또는 더 길게 조정할 수 있습니다.
❷ **독해 수준**: 유치원생부터 대학원생 수준까지 선택하여 독자의 이해도에 맞는 표현으로 바꿀 수 있습니다.
❸ **마지막으로 다듬기**: 전체 문서의 문법과 구조를 정리하고, 대제목과 섹션별 흐름까지 일관성 있게 정돈됩니다. 이 과정에서 문장의 표현은 더욱 명확해지고, 논리적 전개 역시 자연스럽게 개선됩니다.
❹ **이모지 추가**: 단어, 섹션, 목록에 이모지를 추가할 수 있습니다.

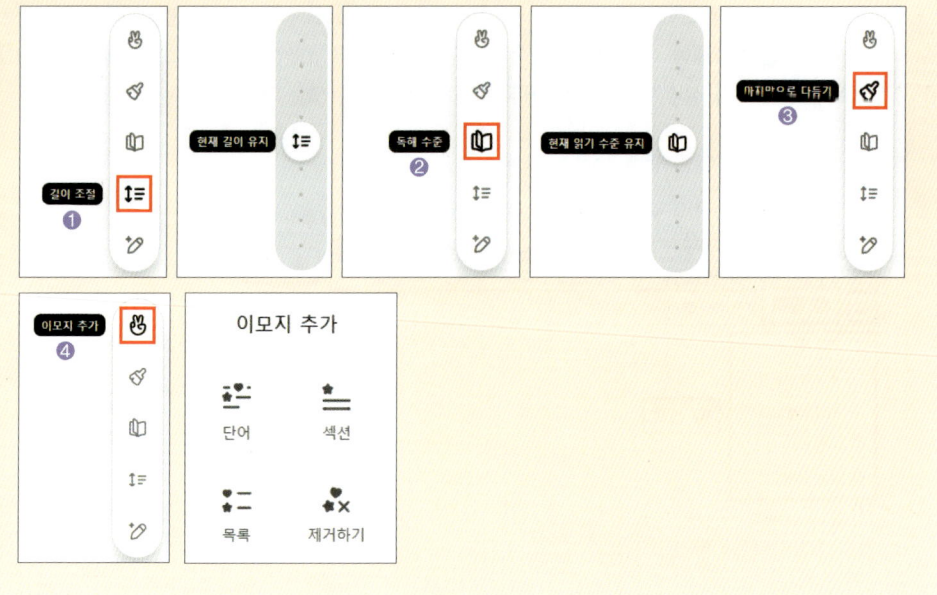

09 완성된 제안서를 변환하여 워드 문서 형식으로 정리하겠습니다. 이를 통해 보고서 형태로 저장하거나 관련 부서와 공유하기 편리한 표준 문서 형태로 완성할 수 있습니다.

 현재 캔버스에서 정리한 '2030 리스킬링 프로그램 제안서'를 워드 파일 형식(.docx)으로 변환해줘.

 제안서 내용을 워드 파일(.docx) 형식으로 변환한 파일을 아래에서 다운로드하실 수 있습니다.
📄 2030_Reskilling_Strategy.docx

지금까지 챗GPT 캔버스를 활용한 제안서 형식 정리 과정을 마쳤습니다. 챗GPT 캔버스를 활용하면 문단별 수정, 스타일 조정, 구조 편집까지 유연하게 수행할 수 있고 최종 초안을 문서 형식으로 정리해 저장할 수도 있습니다. 하지만 현재 캔버스에서는 차트, 표, 다이어그램 등 시각화된 자료를 직접 삽입하는 기능은 지원되지 않으므로 이런 자료가 필요한 경우에는 문서 편집 프로그램(예: 워드, 파워포인트 등)을 함께 활용하면 됩니다.

> 🔍 **NOTE 코파일럿, 이렇게 활용하세요**
>
> 워드 파일에서는 코파일럿을 활용해 문서 내용을 손쉽게 편집하거나 구조를 재정리할 수 있습니다.
>
> 수정하고자 하는 문장을 드래그하여 선택한 후 'Copliot' 아이콘(🔷)을 클릭하면 AI 편집 도구가 활성화됩니다. 이때 원하는 스타일(예: 더 간결하게, 격식 있게 등)을 선택하면 코파일럿이 해당 스타일에 맞춰 문장을 자동으로 재작성합니다. 실무 문서 편집 시 매우 유용하게 활용할 수 있는 기능입니다.
>
>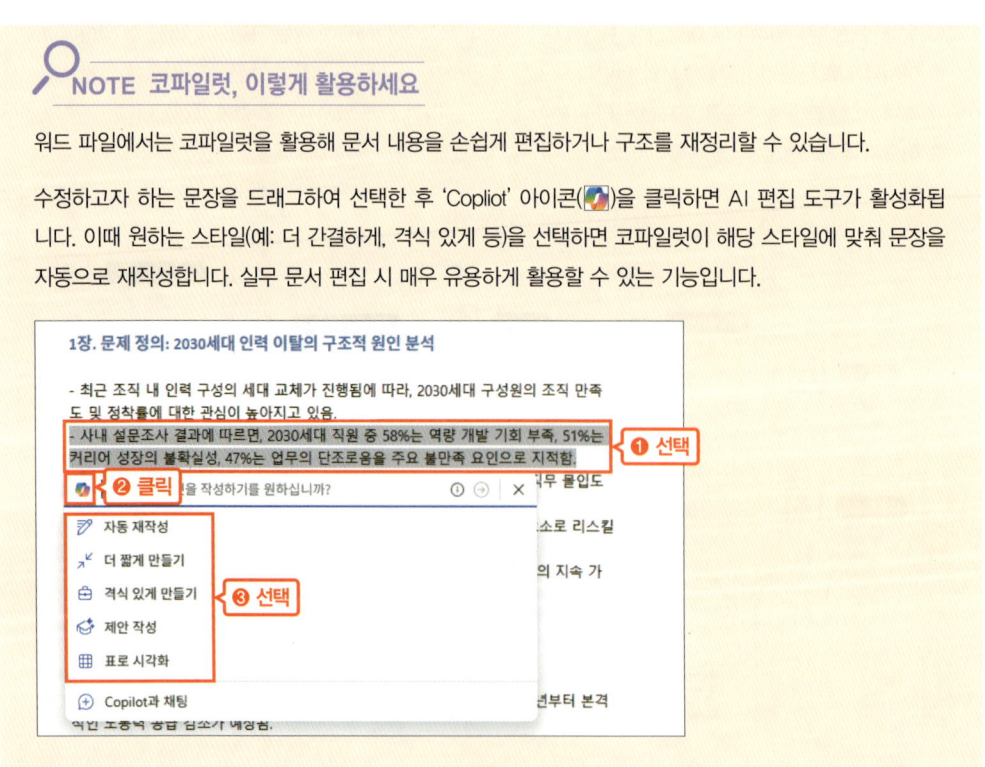

수치가 포함된 문장을 표 형태로 바꾸고 싶은 경우, [표로 시각화]를 선택하면 자동으로 표가 생성됩니다. 워드에서 사용하는 코파일럿은 문서 내 특정 문장이나 단락 단위로 편집할 수 있어 실무 문서 작성 시 효율적으로 활용할 수 있습니다.

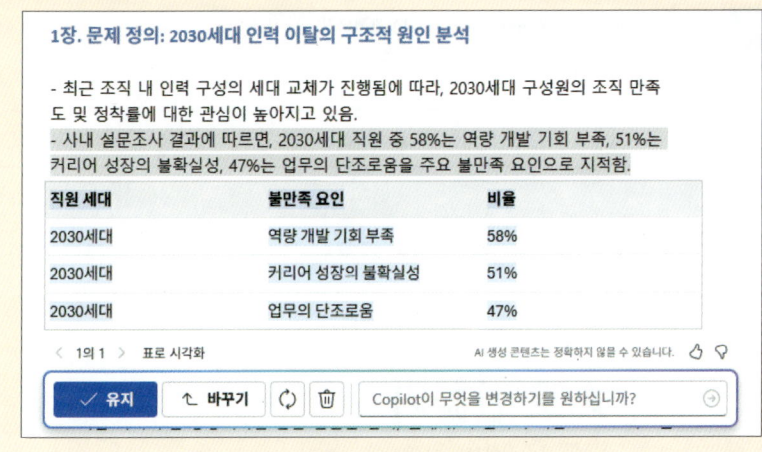

3.5 제안서 슬라이드 시각화

제안서를 완성했다면 이제는 그 내용을 시각적으로 재구성해 이해관계자에게 효과적으로 전달할 차례입니다. 문서가 논리의 완성이라면 프레젠테이션은 설득의 무대입니다.

이번에는 챗GPT 캔버스로 작성한 제안서를 바탕으로, 감마를 활용하여 슬라이드를 제작해보겠습니다. 감마는 전통적인 파워포인트와 달리 스토리 중심의 시각화에 최적화되어 있어 기획자가 전달하려는 핵심 메시지를 빠르게 구조화하고 설득력 있게 표현할 수 있도록 도와줍니다.

이제 감마를 활용하여 문서의 주요 내용을 프레젠테이션으로 재구성해볼까요?

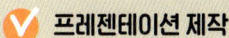 프레젠테이션 제작

- 담당자   감마, 마이크로소프트 365 코파일럿
- 과제   문서 내용을 바탕으로 발표 자료를 제작한다

01 프레젠테이션 제작을 준비하기 위해 감마 웹 사이트(gamma.app)에 접속하여 로그인합니다. 로그인하면 대시보드가 나타나는데, 여기서 [새로 만들기 AI] 버튼을 클릭합니다.

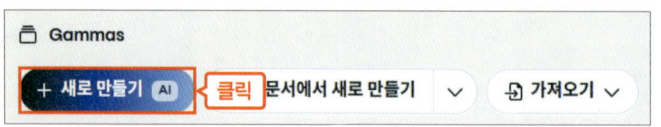

 감마 접속, 회원 가입 등 기본 사용을 위한 준비 과정은 〈1.3절 AI 디자인 도구〉의 감마 내용을 확인하세요.

02 이미 준비된 워드 파일이 있으므로 [파일 또는 URL 가져오기] → [파일 업로드]를 선택하여 파일을 불러옵니다.

03 파일이 업로드되면 [프레젠테이션]을 선택하고 [계속] 버튼을 클릭하여 프레젠테이션 제작을 위한 설정을 마무리합니다.

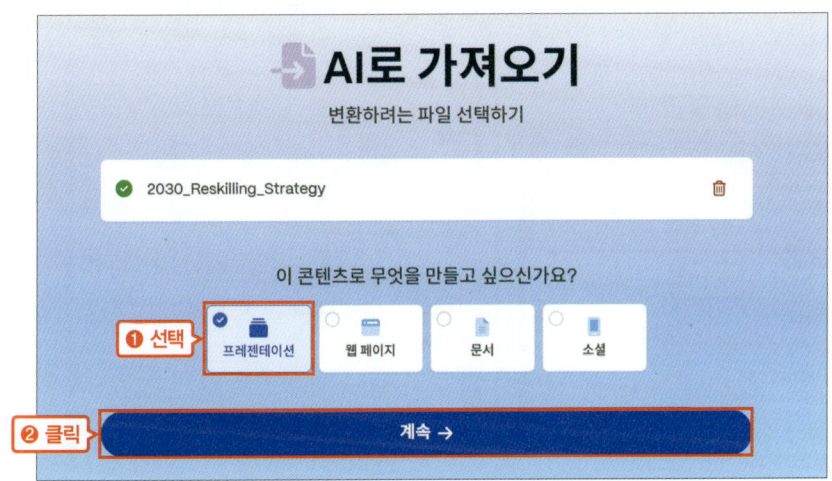

04 프롬프트를 편집할 수 있는 화면이 나타납니다. 화면 왼쪽의 '텍스트 콘텐츠' 항목에서는 슬라이드에 들어갈 기존 내용을 [생성], [압축], [보존] 옵션으로 조정할 수 있습니다. '카드당 최대 텍스트 수'도 [짧게], [보통], [상세]로 분량을 유연하게 조절할 수 있습니다.

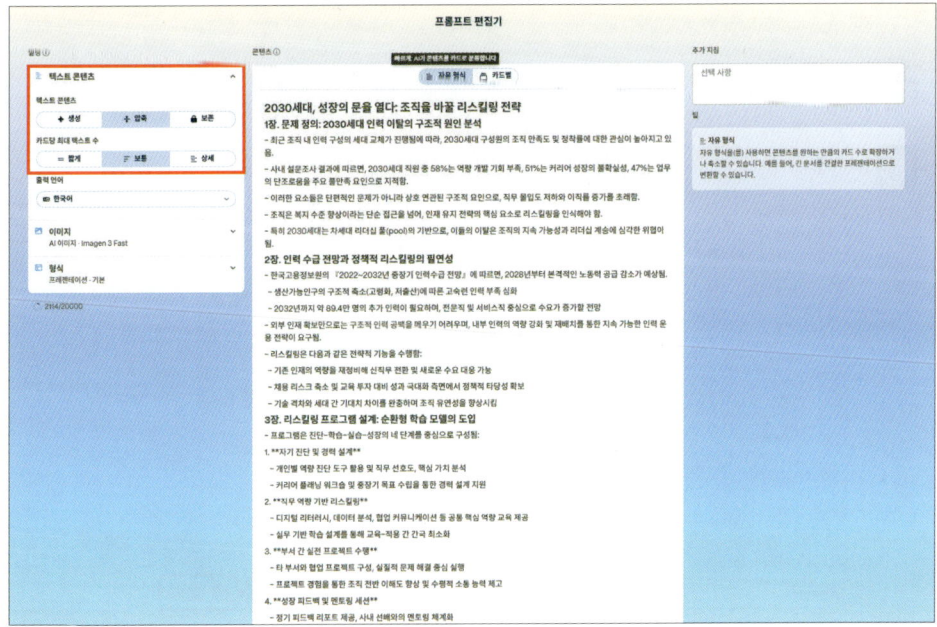

05 이미지 출처와 프레젠테이션의 페이지 스타일을 설정하겠습니다. 슬라이드마다 내용이 다르기 때문에 각 슬라이드에 가장 적합한 이미지 유형을 선택하는 옵션인 [자동]을 선택하고, 일반적으로 사용하는 슬라이드 크기(16:9 비율)에 맞추기 위해 [일반적]을 선택합니다.

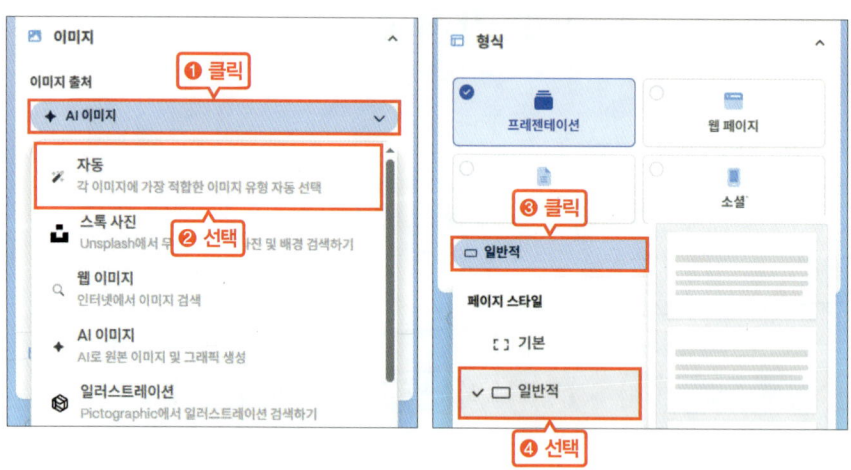

06 화면 중앙 상단에서 콘텐츠 생성 방식을 선택하겠습니다. 슬라이드 제작의 정확도를 높이기 위해 [카드별]을 선택합니다. 필요하다면 오른쪽 상단의 '추가 지침' 입력란에 원하는 스타일이나 방향을 구체적으로 요청합니다. 모든 설정을 마치면 [계속] 버튼을 클릭합니다.

 슬라이드별 핵심 메시지가 잘 드러나도록 시각 자료와 시각적 흐름을 강화해줘.

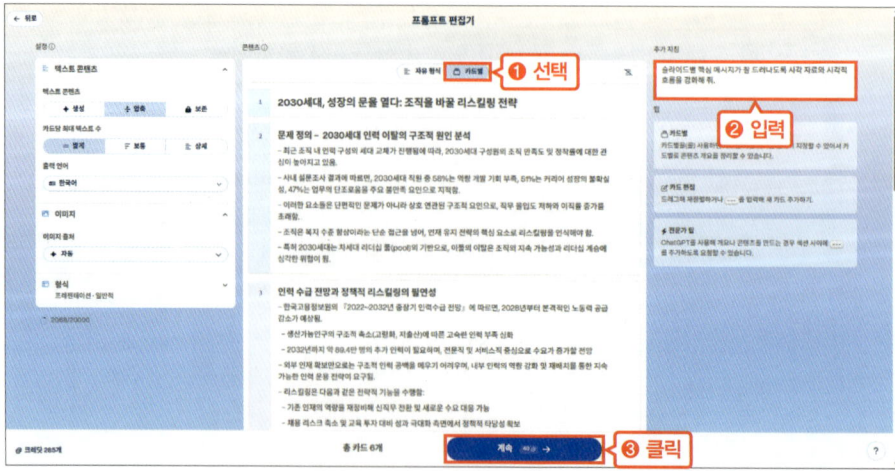

07 테마 선택 화면이 표시되면 원하는 테마를 선택한 후 [생성] 버튼을 클릭하여 슬라이드를 생성합니다.

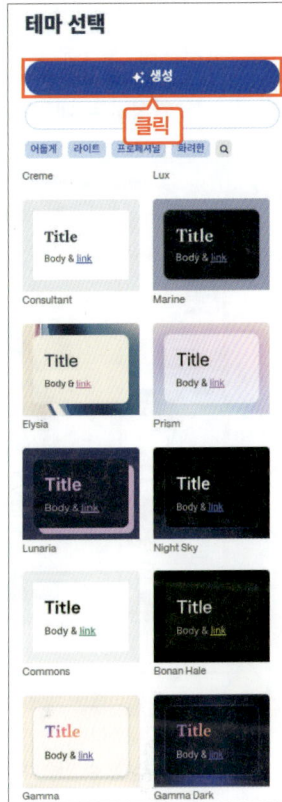

⚠️ 선택한 테마는 슬라이드 생성 이후에도 자유롭게 변경할 수 있으므로, 처음에는 콘텐츠 중심으로 구성한 뒤 시각 스타일을 나중에 조정해도 좋습니다.

08 요청한 프롬프트에 따라 슬라이드가 자동으로 완성되었습니다. 특히 시각 자료를 적극 활용해달라는 요청을 반영해, 각 슬라이드에 적절한 이미지와 시각화 요소가 효과적으로 배치된 것을 확인할 수 있습니다.

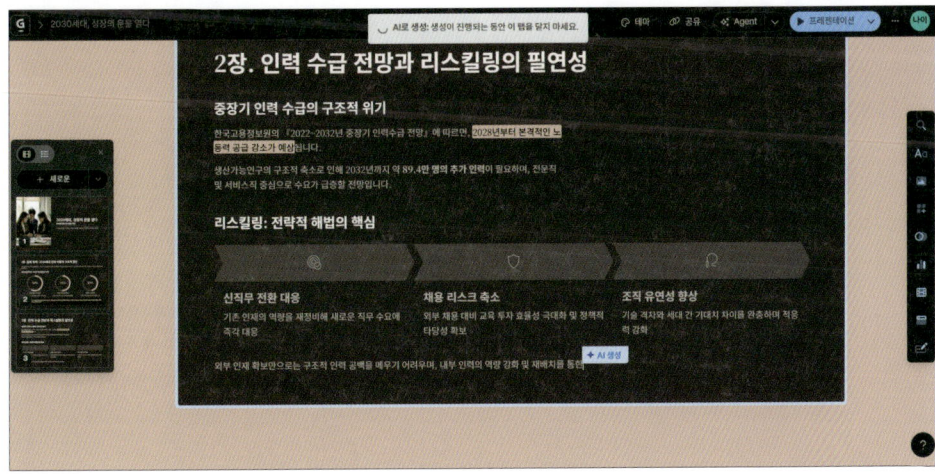

09 생성된 슬라이드를 편집해보겠습니다. 왼쪽 화면에는 전체 슬라이드 목록이 표시되어 각 슬라이드의 구성과 흐름을 한눈에 확인할 수 있고, 오른쪽 하단에는 감마를 활용하여 슬라이드를 완성하는 데 도움이 되는 간단한 편집 가이드가 제공됩니다.

 편집 가이드는 체크리스트 형태로 구성되어 있으며, 각 항목을 클릭하면 해당 기능의 사용 방법이 간단하게 안내됩니다. 이 순서를 따라가며 필요한 부분을 하나씩 보완하면 완성도 높은 발표용 슬라이드를 손쉽게 완성할 수 있습니다.

❶ 글 편집하기

AI 편집 기능을 활용하여 슬라이드에서 내용을 직접 수정하는 글 편집 방법을 알아보겠습니다. 먼저 수정하고 싶은 단락을 드래그하여 선택하면, 텍스트를 편집할 수 있는 도구 바가 나타납니다. 'AI로 편집' 기능을 활용한 텍스트 편집 '텍스트 시각화' 등 다양한 옵션을 활용할 수 있습니다. 글자 스타일이나 문장 표현뿐 아니라 내용 자체도 AI의 추천을 받아 쉽게 보완할 수 있어 슬라이드의 완성도를 빠르고 효율적으로 높일 수 있습니다.

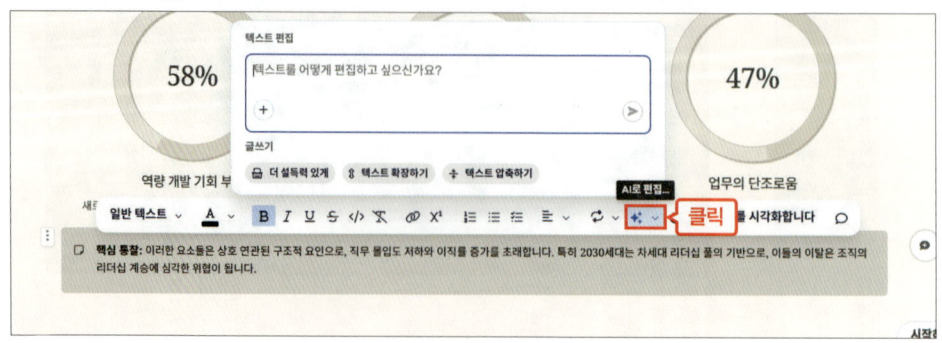

❷ 이미지 편집하기

프레젠테이션에서 시각적 요소는 메시지 전달력을 높이는 핵심 요소입니다. 감마에서는 별도로 웹사이트를 방문하지 않아도 감마 내부에서 간편하게 이미지를 교체할 수 있습니다.

변경하고자 하는 이미지를 클릭하면 이미지를 편집할 수 있는 도구 바가 나타납니다. 더블 클릭하면 화면 오른쪽에 [미디어] 메뉴가 나타나며, AI 이미지를 다시 생성하고 싶을 때는 프롬프트를 수정하여 다시 생성할 수 있습니다.

만약 AI 이미지가 아닌 라이선스를 무료로 사용할 수 있는 시각 자료를 원한다면 '이미지 라이선스'에서 '무료 사용'을 선택하여 원하는 이미지를 선택할 수 있습니다.

❸ 레이아웃 편집하기

자동으로 생성된 슬라이드 레이아웃이 기본으로 잘 구성되어 있지만, 조금 아쉬운 부분이 있습니다. 이럴 때 '스마트 레이아웃' 기능을 활용하면 간편하게 수정할 수 있습니다. 이 기능은 기존에 입력된 내용을 그대로 유지한 채, 클릭 한 번으로 새로운 레이아웃으로 전환하기 때문에 데이터를 다시 입력할 필요 없이 슬라이드의 시각적 구성을 빠르게 개선할 수 있습니다.

현재 [3장. 리스킬링 프로그램 설계] 슬라이드에 담긴 순환형 학습 모델의 4단계 프레임워크 항목이 블록으로 되어 있어서 메시지가 한눈에 들어오지 않습니다. 슬라이드의 구성 방식, 즉 레이아웃을 변경하여 핵심 메시지에 더 집중할 수 있도록 시각적 흐름을 조정해보겠습니다. 슬라이드를 선택하면 화면 상단에 나타나는 도구 메뉴바에서 [레이아웃 변경] 버튼을 클릭합니다.

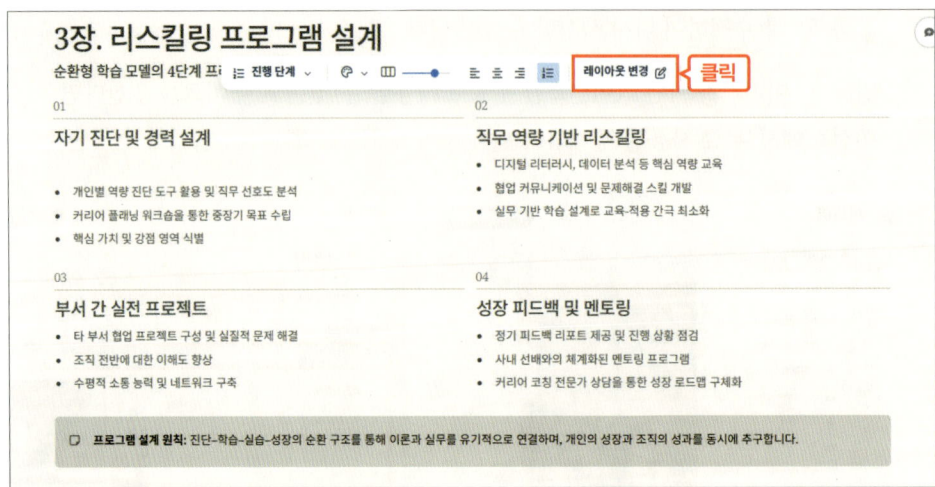

다양한 스타일의 레이아웃이 오른쪽에 표시됩니다. 여기에서는 [순환형 학습 모델의 4단계 프레임 워크] 슬라이드에 제시된 요인들이 순환형으로 연결되어 메시지 간의 흐름이 더 잘 드러나도록, [원] 스타일의 레이아웃을 선택하여 변경합니다. 제시된 요소들이 하나의 흐름 안에서 자연스럽게 연결되기 때문에 이전보다 훨씬 명확하고 설득력 있게 메시지를 전달하는 구조로 개선되었습니다.

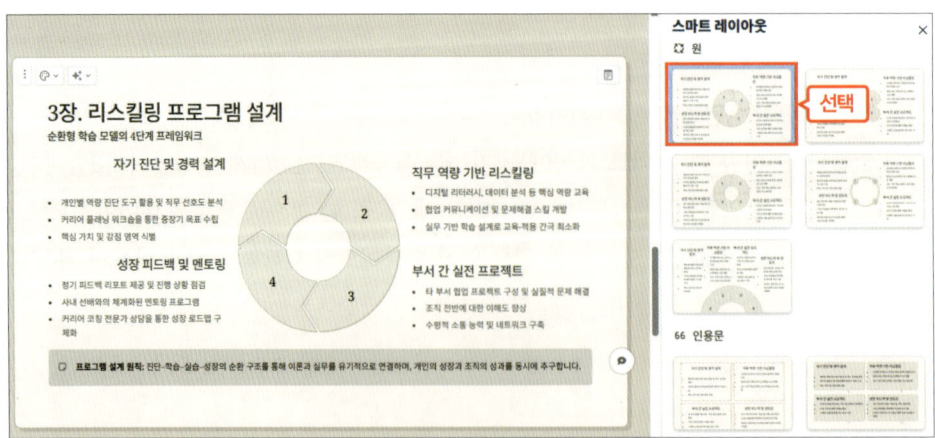

NOTE 감마 스마트 기능 3종

감마의 스마트 기능 3종을 살펴봅시다.
1. **스마트 레이아웃**: 핵심 아이디어를 자동으로 정리해주는 시각적 레이아웃입니다. 드래그 앤 드롭으로 블록 변경이 가능합니다.
2. **스마트 다이어그램**: 드래그 앤 드롭으로 텍스트를 다이어그램으로 쉽게 시각화할 수 있습니다.
3. **Agent 기능**: 전체 슬라이드 스타일을 변경할 수 있으며, 글쓰기를 한 번에 편집할 때 활용하면 좋습니다.

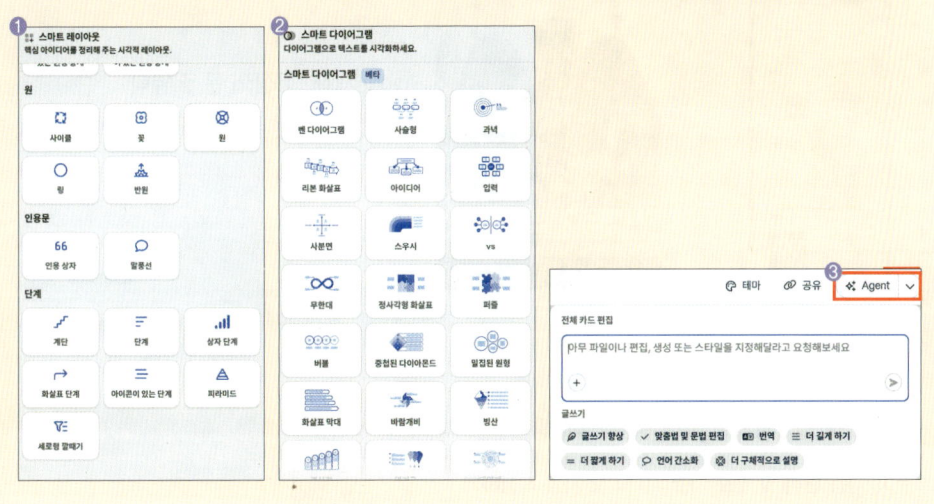

10 파일 내보내기를 통해 슬라이드 편집 최종 결과물을 저장하겠습니다. 화면 오른쪽 상단의 '메뉴' 아이콘(⋯)을 클릭하고 [내보내기]를 선택합니다. 프레젠테이션 PPT 파일로 저장하기 위해 [PowerPoint로 내보내기]를 선택하고 파일 저장 위치를 지정해 다운로드를 완료합니다.

이렇게 생성된 파일은 파워포인트(PowerPoint)에서 추가 편집하거나 공유용 자료로 바로 활용할 수 있습니다.

🔍 NOTE 코파일럿, 이렇게 활용하세요

문서 자동 변환 및 발표 자료 시나리오 자동 작성하기

오피스 365 웹 앱에서는 워드 문서를 파워포인트 파일로 자동 변환하는 기능을 제공합니다. 이 기능을 활용하면 기존 문서를 바탕으로 프레젠테이션 자료를 효율적으로 제작할 수 있으며, 발표 시나리오까지 자동으로 생성할 수 있습니다.

- **변환 준비 과정**: 변환 기능은 원드라이브에 저장된 파일을 기반으로 작동하므로, 먼저 변환하려는 워드 문서가 원드라이브에 업로드되어 있는지 확인해야 합니다.
- **파일 공유 링크 생성**: 화면 오른쪽 상단의 [공유] 버튼을 클릭한 후, 나타나는 메뉴에서 [링크 복사]를 선택합니다. [복사] 버튼을 클릭하여 생성된 공유 링크를 복사하면 변환 작업을 진행할 수 있습니다.

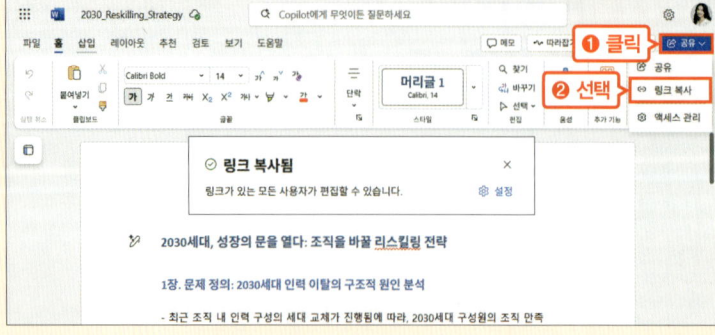

파워포인트를 열고 왼쪽 상단의 '별똥별' 아이콘(★)을 클릭한 후 [파일을 사용하여 새 프레젠테이션 만들기]를 선택합니다.

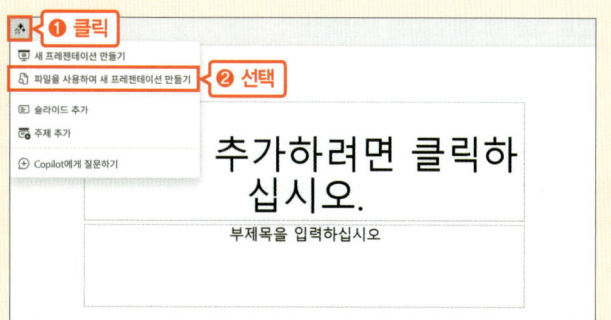

오른쪽에 채팅 패널이 활성화되면, 채팅창에 앞서 복사한 워드 파일의 링크를 붙여 넣고 프레젠테이션 만들기를 요청합니다. 그러면 코파일럿이 워드 문서의 내용을 분석하여 개요를 작성한 후 PPT를 완성합니다. 시각적 완성도는 다소 아쉬울 수 있지만, 내용 중심의 프레젠테이션을 빠르게 구성할 때 매우 유용하게 활용할 수 있습니다. 특히 초안 단계에서 구조화할 때 큰 도움이 되므로 빠르게 시안을 잡을 때 사용하는 것이 좋습니다.

03 [기획 총괄: 챗GPT] 설득력 갖춘 제안서 작성하기

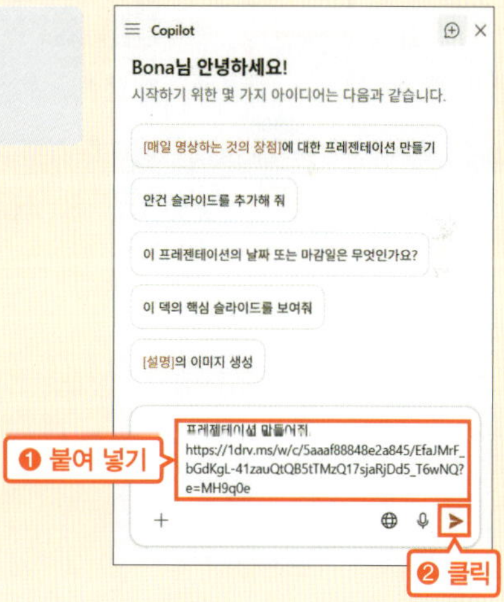

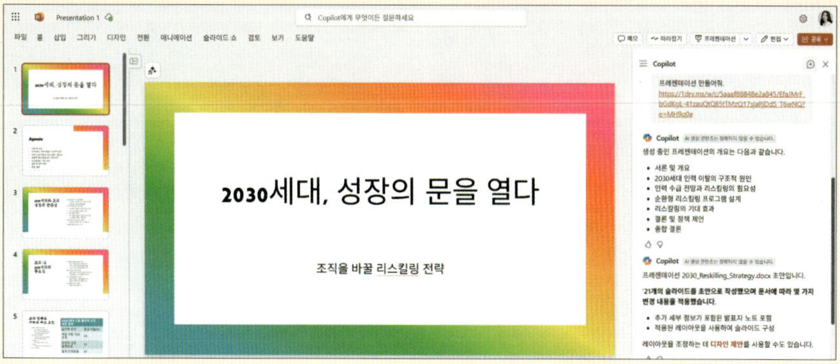

발표 자료 시나리오 자동 작성하기

아이디어를 구상하고 초안을 빠르게 구성하는 단계에서 AI 기능은 강력한 도구가 될 수 있습니다. 코파일럿에게 발표 자료 시나리오 작성을 요청하면 슬라이드의 내용을 바탕으로 각 슬라이드 하단에 발표 시나리오를 작성해줍니다. 제안된 내용을 바탕으로 일부 표현이나 순서를 직접 수정해 활용하면 짧은 시간 안에 완성도 높은 자료를 만들 수 있습니다.

 이 프레젠테이션의 발표 시나리오로 작성해줘.

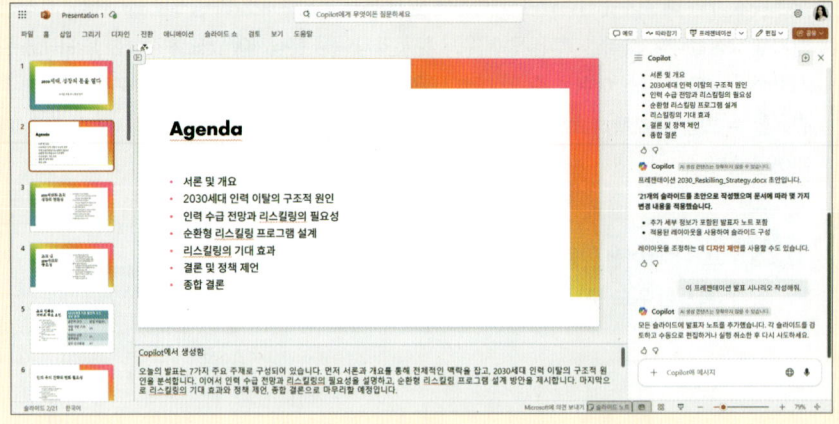

Chapter 04

[전략 총괄: 퍼플렉시티]
데이터 기반 보고서 만들기

분석은 어떤 데이터를 보고, 무엇을 근거로 삼아, 어떤 전략을 도출할 것인지를 정리하고 누구나 납득할 수 있게 구성해야 하는 복잡한 작업입니다. 특히 성과 보고서를 만들 때는 신뢰할 수 있는 출처, 비교할 수 있는 근거, 구조화된 해석이 필수입니다.

챕터 4에서는 전략 분석 과정을 전략을 총괄하는 실전 주제를 바탕으로 퍼플렉시티가 전략 분석가로서 어떤 역할을 할 수 있는지 단계별로 실습해보겠습니다.

이 팀장의 스토리: '재택근무 vs. 출근제 업무 성과 분석 보고'를 위한 전략을 세우다

이번 프로젝트 주제는 재택근무 vs. 출근제이다.
누가 옳고 그른지를 따지는 것이 아니라 성과에 어떤 영향을 미치는지를 보여줘야 한다

직관이나 경험이 아닌 데이터와 근거로 설득하는 보고서를 만들고 싶다.
그러나 정리는 안 되고 이슈는 복잡하게 얽혀 있으며,
하나하나 검색하고 구조화할 시간도 여유도 없다.

이번 프로젝트의 핵심은 '전략적 리서치'와 '분석 정리'다.
그래서 이번엔 퍼플렉시티에게 전략 총괄을 맡기기로 했다.

퍼플렉시티는 흩어진 데이터를 구조화하고,
자료 속에서 인사이트를 끌어올릴 수 있는 최적의 팀원이다.

전략을 세우려면 정확한 근거를 읽어내는 사람이 중심에 있어야 한다.
이번엔 그 역할을 퍼플렉시티가 맡는다.

4.1 주제와 쟁점 파악

정보는 많은데 정작 어디서부터 시작해야 할지 막막할 때가 많습니다. 특히 뉴스, 리포트, 사내 자료, 사외 사례가 뒤섞인 주제일수록 논의의 쟁점을 잡지 못하면 분석은 겉돌기 쉽습니다. 재택근무와 출근제는 이미 많은 논의가 이뤄진 주제이지만, 정작 '성과에 어떤 영향을 미치는가'라는 관점에서 핵심 논점을 빠르게 정리해주는 자료는 흔치 않습니다.

이번에는 퍼플렉시티를 활용하여 이 주제에 대한 최신 흐름과 논의의 중심을 파악해보겠습니다. 주요 키워드와 쟁점을 정리하는 이 작업은 그 자체로 분석의 시작점이자, 이후 전략적 질문을 던질 수 있는 토대가 됩니다. 방향 없이 데이터를 모으는 것이 아니라, 분석의 시야를 좁히고 초점을 선명하게 만드는 작업을 바로 지금 이 단계에서 시작합니다.

> ⚠️ 퍼플렉시티의 로그인 방법과 주요 기능에 대한 자세한 설명은 〈1.2절 우리 팀에 합류한 AI 팀원 소개〉의 퍼플렉시티에서 확인할 수 있습니다. 필요한 경우 해당 내용을 먼저 참고해주세요.

✓ 트렌드 및 키워드 분석

- **담당자** 퍼플렉시티, 챗GPT
- **과제** 트렌드와 키워드로 분석의 출발점을 설정한다

퍼플렉시티의 큰 강점 중 하나는 신뢰할 수 있는 출처를 함께 제공한다는 점입니다. 답변 창 상단의 [출처] 버튼이나 요약 문장 끝의 숫자를 클릭하면 해당 내용의 근거 자료로 바로 이동할 수 있어 인용이나 사실 확인에 매우 유용합니다.

01 재택근무와 출근제를 둘러싼 트렌드를 읽으며 최신 논의의 흐름을 파악해보겠습니다. 관련된 최근 정보와 주요 관점을 확인하며, 현재 이 이슈가 어떤 방향으로 흘러가고 있는지 살펴봅니다. 퍼플렉시티 입력창에 최근 논의된 이슈에 대한 질문을 입력하여 트렌드를 반영한 핵심 키워드를 파악합니다.

 재택근무 vs. 출근제 논의에서 최근 1~2년간 가장 많이 언급된 이슈는 뭐야?

주요 이슈

최근 1~2년간 재택근무 vs. 출근제 논의에서 가장 많이 언급된 이슈는 다음과 같습니다.

첫째, 재택근무에 대한 노동자와 기업 간 갈등 확대입니다. 팬데믹 이후 도입된 재택근무를 일부 대기업이 업무 효율성 등을 이유로 폐지하려 하면서, 재택근무를 선호하는 MZ세대 등 근로자들이 출근 강제에 반발하고 이직까지 고려하는 현상이 두드러졌습니다. 이에 따라 재택근무 존폐를 둘러싼 노사 갈등이 커지고 있습니다.

둘째, 생산성과 업무 집중도에 관한 논란입니다. 재택근무가 출퇴근 시간을 절약하고 개인 집중도를 높여 생산성 향상에 긍정적이라는 평가가 있는 반면, 대면 소통이 줄고 근태 관리, 협업 문제 등이 지적되면서 재택근무에 대한 부정적 시각도 존재합니다.

셋째, 유연 근무제의 확산과 정부 지원 정책 강화입니다. 재택, 원격, 시차 출퇴근 등 다양한 유연 근무 형태가 활성화되고, 2024년부터 고용노동부가 유연 근무 도입 기업에 인프라 비용 지원 및 장려금을 확대하는 등 제도적 뒷받침을 강화 중입니다.

넷째, 하이브리드 근무 모델이 대세로 부상하며, 출근과 재택을 조합해 업무 효율과 근로자 만족도를 함께 추구하는 방향으로 논의가 진행되고 있습니다.

주요 장단점은 다음과 같습니다.

- **재택근무 장점**: 출퇴근 시간 및 비용 절감, 유연한 시간 관리, 업무 집중도 향상, 일과 삶의 균형 개선, 건강관리 용이, 지역 제한 극복 등
- **재택근무 단점**: 근무와 휴식 경계 모호, 대면 소통 감소, 근태 관리 문제, 협업 어려움, 조직 결속력 저하 우려 등
- **출근제 장점**: 원활한 소통, 조직 결속력 강화, 업무와 휴시 구분 명확, 직장 문화 유지 등
- **출근제 단점**: 출퇴근 시간 및 비용 부담, 교통 스트레스, 유연성 부족 등

이러한 쟁점들이 최근 노동시장 동향과 기업 정책 변화, 근로자 선호의 교차점에서 가장 많이 언급되고 있는 주요 이슈입니다.

요약하면, 최근 1~2년간의 재택근무 vs. 출근제 논의는 재택근무 폐지 갈등과 생산성 평가, 유연근무 정책 확산, 하이브리드 근무 모델 부상이 핵심 이슈로 자리잡고 있습니다.

 핵심 키워드를 파악하는 것은 제안서나 보고서의 방향성을 잡는 데 매우 효과적인 방법입니다.

> **NOTE** 검색 명령어 활용 ❶ 날짜 기준으로 검색하기 – /after: & /before:

퍼플렉시티에서는 /after:와 /before: 명령어를 활용해 특정 기간의 정보만 선별적으로 검색할 수 있습니다.

 재택근무 성과 /after:2023 /before:2026

→ 2024년과 2025년에 발행된 관련 정보를 중심으로 검색됩니다. 정확한 기간을 지정하면 트렌드 흐름 분석이나 시점별 비교에 효과적입니다.

 재택근무 vs. 출근제 논에서 가장 많이 언급된 이슈 /after:2023 /before:2026

재택근무 vs. 출근제 논의(2023~2024)에서 가장 많이 언급된 이슈

2024~2025년 재택근무 vs. 출근제 논의에서 가장 많이 언급된 이슈는 하이브리드 근무제의 일상화, 사무실 복귀 압력과 세대 갈등, 정부 및 기업의 유연근무 지원 강화, 디지털 협업·AI 활용, 심리적 복지, 그리고 보안 및 프라이버시 문제입니다.

1. 하이브리드 근무제와 근무 방식의 다변화

주 2~3회 출근, 나머지는 재택하는 하이브리드 모델이 표준으로 자리잡았으며, 이는 기업 복지와 인재경쟁력의 척도가 되고 있습니다.

완전 재택이나 완전 출근에 대한 양극 단순 논쟁은 줄고, 효율과 만족도를 위한 혼합형 근무가 대세입니다.

2. 사무실 복귀 강화 및 세대/직군별 갈등

미국·유럽 대기업 중심의 사무실 복귀 압박이 확산되었고, 이에 대한 젊은 직장인(특히 MZ세대)의 반발과 이직 증가가 주요 이슈였습니다.

IT, 스타트업 등 일부 업종은 유연성 중시, 제조·공공 등은 출근 회귀 경향이 더 뚜렷합니다.

3. 정부·기업 유연근무 지원 강화

2025년부터 월 1회 재택만 해도 정부 인센티브, 인프라 지원, 근태관리 솔루션 제공 확대 등 기업 지원이 커졌습니다.

4. 디지털 협업, AI 활용, 자동화

AI·자동화 도구를 통한 효율적 원격 협업, 일정 관리, 실시간 번역, 데이터 분석 활용이 빠르게 확산되고 있습니다.

5. 복지, 심리, 건강에 대한 관심 상승

재택 타임 동안 고립감, 번아웃 방지, 심리상담 등 직원 복지·정신건강 지원이 중요한 이슈로 부각되었습니다.

6. 보안·프라이버시 문제

원격 확대로 인한 정보 유출, 데이터 보안 위협, 프라이버시 보호에 관한 기업/정부의 관심이 높아졌습니다.

이처럼 하이브리드 근무가 새 기준이 된 2024~2025년에는, 복귀와 자율성, 세대 및 직군 갈등, 유연 정책 경쟁, 복합적 이슈가 동시에 두드러진 것이 가장 큰 특징입니다.

02 이번에는 실무 현장에서 날짜 기반 검색이 중요하게 다뤄지는 이유와 배경을 제대로 파악하기 위해, 먼저 그 맥락을 이해할 수 있는 질문들을 살펴보겠습니다.

> 기업들이 재택근무를 도입하거나 폐지할 때 주로 언급하는 장단점은?

재택근무 도입 시 장점

업무 효율성과 생산성 향상: 재택근무를 도입한 직원들 중 약 74%가 업무 효율이 높아졌다고 답하며, 출퇴근 시간 절약과 업무 집중도 향상을 이유로 들고 있습니다.

- **비용 절감**: 사무실 임대료, 관리비, 전기 등 고정비용 절감과 함께 통근비, 식대 등 부대 비용도 줄어 재정 부담 완화에 도움이 됩니다.
- **유연성 제공 및 인재 확보**: 유연한 근무 환경이 직원 만족도를 높이고 이직률을 낮추며, 지역에 구애받지 않고 우수 인재를 채용할 수 있습니다.

(중략)

재택근무 폐지 또는 미도입 시 주로 언급하는 단점

근태 관리 및 생산성 우려: 재택근무 시 직원의 근무 태도 및 성과 관리가 어렵고, 대면 소통 부족으로 인한 업무 비효율 우려가 있습니다.

- **조직 내 소통 문제와 협업 어려움**: 즉흥적 대면 회의나 자유로운 토론이 줄어들며, 혁신성과 창의성 발현에 제약이 우려됩니다.
- **일과 삶 경계 모호 및 번아웃 위험**: 가정과 업무 공간이 혼재되면서 일상과 근무 시간이 뒤섞이는 문제와 심리적 피로감, 번아웃 발생 가능성이 있습니다.

(중략)

요약하면, 기업들은 비용 절감과 생산성, 인재 확보 등 재택근무의 긍정적 효과를 인정하지만, 근태 관리, 협업, 조직문화 유지 측면에서 도전을 겪으며 재택근무 폐지나 축소도 고민하는 상황입니다.

03 효과적인 전략 수립을 위해서는 명확한 비교 기준이 필수적입니다. 재택근무와 출근제를 성과 및 생산성 관점에서 체계적으로 비교 분석하고, 이를 통해 전략 수립에 필요한 핵심 비교 요소들을 도출해보겠습니다.

 성과나 생산성 관점에서 최근 재택근무 vs. 출근제 쟁점은 뭐야? 주요 쟁점을 표로 요약해줘.

 성과 및 생산성 관점에서 최근 재택근무와 출근제의 주요 쟁점을 아래 표로 요약했습니다.

쟁점	재택근무 관점	출근제 관점
생산성 수준	출퇴근 시간 절약으로 업무 집중도 증가, 일부 연구에서 생산성 최대 13% 향상 보고	대면 소통과 즉각 피드백으로 신속한 업무 처리 가능, 일부 업무에선 생산성 우위 관찰
업무 집중 및 산만함	자율적 환경에서 집중력 증가하지만 환경에 따라 산만함과 고립감 우려	사무실 내 동료와 협업으로 집중 유지 가능, 다만 통근 스트레스와 주변 산만함 존재
협업 및 소통	비대면으로 즉각적 소통 어려움, 협업 지연 가능성	즉각적 대면 소통과 자유로운 협업 환경 제공
일과 삶의 경계	업무와 사생활의 경계가 모호해 과로 및 번아웃 우려	출퇴근으로 명확한 경계, 업무 종료 후 명확한 휴식 가능
직원 만족도 및 건강	워라밸 개선과 스트레스 감소에 긍정적 영향	사회적 연결감 강화, 그러나 출퇴근 스트레스로 인한 피로 존재
성과 평가 및 관리	결과 중심 평가 선호, 자율성 강조하지만 관리 어려움	관리자 직접 관찰 및 관리 용이, 성과 중심 문화 강화 필요
기술 및 인프라 지원	원격 협업 툴과 보안 인프라 필요, 초기 투자 부담	사무실 내 안정적 인프라 환경 유지

최근 연구들은 재택근무와 출근제 각각 장단점이 명확하며, 하이브리드 근무 모델이 생산성과 직원 만족을 동시에 높이는 균형점으로 주목받고 있음을 보여줍니다.

🔍 NOTE 퍼플렉시티의 질문 생성 기능

퍼플렉시티의 유용한 기능 중 하나는 관련 질문 생성 기능입니다. 어떤 질문을 해야 할지 막막할 때는 관련 질문만 선택해도 핵심 주제에 대한 흐름과 정보가 자연스럽게 정리되기 시작합니다.

≡ 관련된	
재택근무가 팀 생산성에 미치는 실증 연구 결과 요약	+
하이브리드 근무에서 성과 측정 지표 추천	+
출근제 복귀가 조직문화에 미치는 영향 사례	+
직무별로 적합한 원격 비율 어떻게 결정할까	+
재택근무 도입 시 생산성 하락을 방지하는 방법	+

04 구체적인 사례는 단순한 이론적 설명과는 차원이 다른 몰입도와 설득력을 제공합니다. 실제 사건이나 뉴스를 바탕으로 한 사례들은 독자의 공감을 이끌어내며, 분석의 깊이를 더하고 메시지 전달력을 크게 높입니다. 더 생생하고 설득력 있는 논의를 전개해보겠습니다.

 국내외에서 재택근무 관련 논쟁이 컸던 사건이나 뉴스 사례는?

 재택근무 관련 논쟁이 컸던 국내외 사건과 뉴스 사례는 다음과 같습니다.

미국 빅테크 기업들의 사무실 복귀 의무화: 팬데믹 시기 실시된 재택근무를 종료하고 사무실 복귀를 의무화하자, 고위직 직원들이 대거 회사를 떠나는 현상이 발생했습니다. 빅테크 CEO들은 대면 근무의 중요성을 강조했으나, 직원들은 출퇴근 비효율성을 이유로 반발했습니다.

아마존의 출근제 복귀 선언: 2025년부터 주 5일 출근을 전면 시행하며 재택근무 효율성 논쟁을 재점화했습니다. 구글도 출근일수를 늘리는 움직임이 있는데, 이는 글로벌 빅테크 기업들의 출근제 강화 추세를 반영합니다.

국내 IT 업계의 재택근무 반발과 갈등: 카카오 노조가 재택근무 종료와 출근제 확대에 반발하는 기자간담회를 열어 직원 의견 수렴 절차 미흡 문제를 제기했습니다. 직원들의 재택근무 선호와 출근 강요 사이 갈등이 심화되었습니다.

Z세대의 사무실 복귀 추세: 한국에서는 젊은 층 중심으로 재택근무에 대한 외로움과 소통 부재 문제로 사무실 출근을 선호하는 경향이 나타나고 있습니다. 이는 재택근무가 생산성뿐 아니라 조직 내 소속감에 미치는 영향과 연결됩니다.

국가별 재택근무 문화 차이: 프랑스, 일본 등에서는 재택근무 반대 움직임이 두드러지며, 전통적 출근 문화가 강하게 유지되고 있습니다. 한국은 집단주의 문화 영향으로 재택근무 비율이 세계적으로 낮은 편이고, 재택근무에 대한 수용도가 낮은 것으로 나타났습니다.

이들 사례는 재택근무와 출근제에 대한 생산성, 조직문화, 개인 선호 등 다양한 갈등과 조율의 이슈를 보여주고 있습니다. 특히 빅테크 기업에서의 출근 복귀와 이에 따른 인력 이탈, 국내 IT기업 노사 갈등, 그리고 세대와 국가별 문화 차이가 주요 쟁점으로 부각되고 있습니다.

전략을 세우기 위해서는 먼저 주제를 둘러싼 쟁점을 정확히 파악하는 것이 중요합니다. 분석의 시작점은 언제나 무엇이 핵심 논의 거리인지 아는 것에서 출발합니다. 탐색적 질문을 통해 분석의 방향성과 출발점을 구체화한 뒤, 이를 바탕으로 근거 자료를 조사하고 내용을 구조화해나가는 방식이 효과적입니다. 이러한 질문 과정은 주제의 맥락과 흐름을 이해하고, 전략적 접근의 실마리를 잡는 데 큰 도움이 됩니다.

> **NOTE 검색 명령어 활용 ❷ 특정 사이트만 검색하기 - /site:**
>
> 퍼플렉시티에서는 /site: 명령어를 사용해 특정 웹사이트에 한정된 검색을 할 수 있습니다.
>
> 예 재택근무 제도 /site:molab.go.kr
> → 고용노동부 사이트 내 재택근무 관련 정보만 검색됩니다. 이 기능은 공공기관, 언론사, 기업 공식 사이트의 신뢰도 높은 자료를 빠르게 찾고 싶을 때 유용합니다.
>
> 재택근무 제도 /site:molab.go.kr
>
> 고용노동부(molab.go.kr)에서 발표한 "재택근무 종합 매뉴얼"이 대표적인 공식 자료입니다. 해당 매뉴얼은 재택근무 도입 절차, 인사 조직 관리 방안, 정보기술(IT) 활용, 법적 쟁점과 질의응답, 정부 지원제도, 기업 활용 사례 등 다양한 내용을 포괄하고 있습니다.
>
> 주요 내용은 다음과 같습니다.
> - **재택근무 도입 절차**: 노사 간 합의 형성, 준비 사항 점검, 도입 범위 및 대상 선정, 운영 방법 결정, 업무 환경 및 보안대책 마련, 직장 교육 실시, 재택근무 효과 측정 등의 단계로 구성되어 있습니다.
> - **인사 조직 관리 방안**: 복무 관리, 협업을 위한 운영 규정 마련에 관한 설명이 포함되어 있습니다.
> - **법적 쟁점**: 연구용역과 전문가 포럼을 통해 다양한 의견을 반영해 안내하고 있습니다.
> - **정부 지원제도**: 재택근무 활성화를 위한 정부 지원제도와 중소·중견기업의 우수 사례도 담겨있습니다.

05 주제와 쟁점이 명확해졌다면 다음 단계는 실제 기사에서 빈번하게 등장하는 핵심 키워드들을 체계적으로 수집하는 것입니다. 이렇게 확보한 키워드를 바탕으로 논의의 전체 흐름을 파악하고, 이후 근거 자료 조사를 위한 구체적인 방향을 설정하겠습니다.

2025년 기준 재택근무 관련 기사에서 많이 등장한 키워드 Top 5는?

 2025년 재택근무 관련 기사에서 많이 등장한 키워드 Top 5는 다음과 같습니다.

하이브리드 근무(Hybrid Work): 주 2~3회 출근과 재택근무를 병행하는 유연한 근무 형태로, 2025년 재택근무 트렌드의 핵심 키워드입니다.

AI와 자동화(AI & Automation): 일정 관리, 업무 자동화 도구 활용 등 AI 기술이 재택근무 생산성을 높이는 주요 요소로 주목받고 있습니다.

디지털 웰빙(Digital Well-being): 재택근무로 인한 번아웃 방지와 정신 건강 관리를 위한 디지털 웰빙 프로그램과 워라밸(일과 삶의 균형) 강화가 강조됩니다.

스마트워크(Smart Work): 스마트워크 플랫폼 도입과 IT 인프라 강화가 원격 근무 환경의 효율성을 제고하는 데 필수적인 요소로 부상했습니다.

업무 성과 중심 문화(Performance-driven Culture): 재택 환경에서 성과와 결과 중심의 업무 문화를 조성하려는 시도가 많아졌습니다.

이 키워드들은 팬데믹 이후 확장된 재택근무가 2025년 들어 단순한 장소 변화가 아니라 조직과 업무 혁신의 중요한 축이 되었음을 반영합니다.

NOTE 챗GPT, 이렇게 활용하세요

퍼플렉시티는 좋은 질문을 던졌을 때 진가를 발휘하는 강력한 도구입니다. 하지만 막상 검색창에서 어떤 질문을 해야 할지 막막합니다. 이때 챗GPT에게 먼저 물어보세요. 예를 들어 이렇게 질문합니다.

일반적인 질문	전략적인 질문으로 다듬기
재택근무에 대한 최근 기사를 알려줘.	2024년 이후 재택근무 도입으로 성과가 변화한 국내외 사례 기사를 알려줘.
출근제 회사들은 요즘 어떤가요?	최근 출근제를 강화한 기업들의 배경과 성과에 대한 분석 기사를 알려줘.
재택근무랑 출근제를 비교해줘.	재택근무와 출근제를 도입한 기업들의 생산성/이직률 차이를 비교한 보고서 있어?

전략적 질문의 핵심은 구조화입니다.
- **명확한 관점**: 생산성? 이직률? 직원 만족도?
- **분명한 활용 목적**: 비교를 위한 기준인가? 트렌드 분석을 위한 것인가?
- **정확한 정보의 형태**: 키워드, 사례, 수치, 비교 등

그래도 질문이 떠오르지 않는다면 이렇게 챗GPT에게 요청하세요.

 퍼플렉시티에서 재택근무와 출근제 성과 비교에 대해 전략적으로 질문을 5개 뽑아줘.

챗GPT는 관점과 맥락, 비교 기준을 반영한 전략적 질문 템플릿을 빠르게 만들어줍니다. 이를 퍼플렉시티에 입력하면 훨씬 깊이 있는 정보를 얻을 수 있습니다. 막연하게 묻기보다는 챗GPT를 질문 생성기처럼 활용해보세요. 퍼플렉시티는 좋은 질문을 던지는 사람에게 더욱 강력한 도구가 됩니다.

4.2 근거 자료 수집

쟁점과 흐름을 파악했다면 이제는 이를 뒷받침할 근거 자료를 조사하고 비교 분석할 단계입니다. 이번에는 퍼플렉시티를 활용하여 국내외 기업과 기관의 보고서, 기사, 사례 등을 조사하고, 근무 방식에 따른 성과 지표와 핵심 데이터를 비교해보겠습니다. 수집한 정보를 기반으로 전략적 판단에 필요한 정보 구조를 체계적으로 정리해나가는 것이 이 단계의 핵심입니다.

✅ 정보 수집 및 비교

- **담당자**: 퍼플렉시티
- **과제**: 국내외 사례와 지표 비교로 근거를 정리한다

01 재택근무와 출근제 비교에서 가장 강력한 설득력을 발휘하는 것은 수치로 입증된 성과 데이터입니다. '재택근무 도입 후 생산성 13% 증가'와 같은 구체적이고 측정할 수 있는 정량적 근거를 확보할 때, 주장은 비로소 설득력 있는 논증의 힘을 갖게 됩니다. 이러한 데이터 기반 근거 확보 과정을 살펴보겠습니다.

재택근무 이후 생산성, 이직률, 협업 성과 변화가 수치로 나온 국내 사례가 있어?

 국내 재택근무 이후 생산성, 이직률, 협업 성과 변화 수치

생산성 변화

- 2022년 국내 인사 담당자 대상 조사에 따르면 재택근무 시 업무 생산성이 정상 출근(=100 기준) 대비 평균 80~89% 수준으로 나타남. 구체적으로, 29%는 90% 이상, 30.6%는 80~89%, 21%는 70~79%, 19.4%는 70% 미만이라고 답함. 전년 대비 '정상 근무 이상'이라는 평가는 11.9% 감소, '정상 근무 미만' 평가는 증가해, 전반적으로 재택근무 생산성에 대한 평가는 다소 하락하는 추세를 보임.
- 또 다른 설문조사(2023년)에서는 기업 800곳 중 69.3%가 재택근무 시 업무 효율에 70점 이상 만족도를 부여함. 하지만, 재택근무 경험 직장인 중 55.1%는 업무 효율이 낮았다고 평가('대체로 낮음' 48.8%, '매우 낮음' 6.3%), 44.9%는 높았다고 평가('매우 높음' 9.6%, '대체로 높음' 35.3%)해, 체감 효율성에는 개인차가 큼.

이직률 변화

(중략)

요약표

항목	수치/비율(국내)
생산성	정상 출근 대비 평균 80~89% 수준(2022년)
생산성	업무 효율 70점 이상 만족 기업 69.3%(2023년)
	직장인 44.9% '업무 효율 높음', 55.1% '낮음'
이직률	재택근무 폐지 시 70.3% 이직 고려
	하이브리드 근무 시 이직률 3분의 2 감소(해외)
협업 성과	협업 3배 증가(IT 대기업 사례)

결론: 국내에서 재택근무 도입 이후 생산성은 대체로 소폭 감소하거나 비슷한 수준으로 나타났으나, 기업과 개인에 따라 체감 차이가 큽니다. 이직률은 재택근무 제도 유지 여부와 밀접하게 연관되어 제도 축소 시 이직 의향이 크게 증가합니다. 협업 성과는 일부 IT 대기업 사례에서 3배로 증가하는 등 긍정적 변화도 확인됩니다. 다만, 모든 수치가 전 산업·직군에 동일하게 적용되는 것은 아니며, 업종·기업 문화에 따라 차이가 있음을 고려해야 합니다.

🔍 NOTE 퍼플렉시티 관련 질문 200% 활용하기

퍼플렉시티에서 제공하는 관련 질문은 주제의 맥락을 확장하고 전략적 방향을 구체화하는 데 큰 도움이 됩니다.

처음에는 넓은 질문으로 시작하고, 관련 질문을 따라가며 탐색을 반복하다 보면 핵심 쟁점으로 점점 범위가 좁혀지고, 결과적으로 전략을 설계할 수 있는 실마리를 잡을 수 있습니다. 궁금한 질문이 보이면 한번 선택해보세요. 작은 질문 하나가 전체 흐름을 여는 열쇠가 될 수 있습니다.

 (나의 질문 – 정량 근거 확보) 재택근무 이후 생산성, 이직률, 협업 성과 변화가 수치로 나온 국내 사례 있어?

여기에서는 국내 기업 평가 사례를 관련 질문으로 선택해보겠습니다.

 (관련 질문 – 국내 기업 평가 사례)

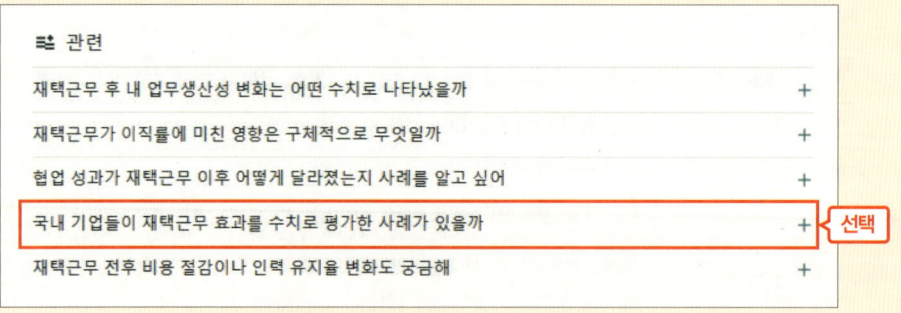

전략을 수립할 때 타 기관의 실제 사례는 매우 높은 신뢰도를 제공합니다. 정책적 배경이나 실행 결과가 명확하게 드러나는 사례일수록 설득력 있는 전략 수립에 큰 도움이 되며, 특히 제안서나 보고서에 인용할 경우 현실성 있는 방향성을 제시하는 근거로 활용할 수 있습니다.

국내 기업들이 재택근무 효과를 수치로 평가한 사례가 있을까

답변 · 출처 · 8 · 작업

- worklaw.co — 노사 모두 만족하는 재택근무엔 '이것' 있다 - 월간노동법률
- 이코리아 — [재택근무 톺아보기] "생산성 향상" VS "부작용" - 이코리아
- Copyright(c)Ministry of... — 재택근무로 업무효율도, 직원 만족도 동시에 잡았다 - 고용...
- korea — 재택근무 우수기업은 어떻게 근무할까? - 대한민국 정책브...

국내 기업들이 재택근무 효과를 수치로 평가한 다양한 사례가 있습니다.

주요 수치 기반 평가 사례

- **생산성 평가**
  - 한국경영자총협회가 매출 100대 기업을 대상으로 조사한 결과, 재택근무 시행 기업의 46.8%가 "정상근무 대비 90% 수준"의 생산성을 기록했다고 답했습니다. 25.5%는 "80~89%", 17.0%는 "70~79%", 10.6%만이 "70% 미만"이라고 답해, 절반 이상이 정상근무와 큰 차이가 없다고 평가했습니다 2.
  - 한국경제연구원 조사에서는 유연근무제(재택 포함) 도입 후 업무효율·생산성이 "긍정적"이라는 답변이 56.7%, "정상근무와 비슷하다"가 38.9%, "하락했다"는 4.4%에 불과했습니다 2.
  - 2020년 고용노동부 조사(5인 이상 기업 400곳, 근로자 878명)에서는 재택근무로 "업무 효율이 높아졌다"는 응답이 73.9%에 달했습니다 5.

- **업무효율 및 직원 만족도**
  - 고용노동부가 2022년 재택근무 우수사례집을 통해 발표한 15개 기업 사례에서, 재택근무 도입 후 업무 효율과 직원 만족도가 모두 상승한 것으로 나타났습니다. 일부 기업은 KPI(핵심성과지표) 고도화 등으로 성과관리 체계를 개선해 효과를 수치로 관리했습니다 3.
  - 한 컨설팅 사례에서는 재택근무 참여자의 70%가 "향후에도 재택근무를 희망"한다고 답했습니다 7.

- **재택근무 도입률**
  - 2020년 기준 국내 기업의 48.8%가 재택근무를 도입했으며, 기업 규모별로는 100~299인(54.0%), 300인 이상(51.5%), 10~29인(43.9%), 30~99인(12.7%)이었습니다 5.
  - 2021년 조사에서는 355개사 중 30.7%가 재택근무를 실시한 경험이 있다고 답했습니다 1.

요약

국내 주요 대기업과 중견·중소기업 모두 재택근무 효과를 수치로 평가하고 있으며, 대다수는 생산성 저하가 크지 않거나 오히려 효율이 상승했다고 답변합니다. 특히 업무 효율성, 직원 만족도, 재택근무 선호도 등에서 긍정적 수치가 반복적으로 확인되고 있습니다.

이번에는 관련 질문에서 구체적 사례를 선택해보겠습니다.

 (관련 질문 - 구체적 사례)

관련

재택근무로 인한 생산성 향상 수치는 어떻게 측정됐을까 +

기업들이 재택근무 효과를 수치로 평가한 구체적 사례는 무엇일까 + ← 선택

재택근무 도입 후 비용 절감이나 인력 유지율 변화는 어떤 결과를 보여줄까 +

실증 연구에서 드러난 재택근무의 생산성 개선 요인은 무엇일까 +

정부와 연구기관이 발표한 국내 재택근무 성공 사례는 어떤 것들이 있을까 +

기업들이 재택근무 효과를 수치로 평가한 구체적 사례는 무엇일까

답변 · 출처·7 · 단계

- **ac** 대규모 현장 데이터 분석을 통한 재택근무가 업무생산성에…
- **work24.go.kr** 재택근무로 업무효율도, 직원 만족도 동시에 잡았다!
- **moel.go** 재택근무 업무효율과 직무만족 모두 높게 나타나
- **hrpro** 매출 대 기업 재택근무 현황 및 100 신규채용 계획 조사 결과

기업들이 재택근무 효과를 수치로 평가한 구체적 사례는 다음과 같습니다.

1. **국내 A기업의 대규모 데이터 분석 사례**
   - 2021년 3월부터 2022년 5월까지 직원별 업무 생산성과 재택근무 일수를 분석한 결과, 단순업무군에서 재택근무 시 생산성이 약 20% 증가함.
   - 지식기반 업무군에선 큰 변화 없음. 이는 재택근무가 업무 유형에 따라 생산성에 미치는 영향이 다르다는 점을 보여줌. `dspace.hansung`

2. **고용노동부 15개 우수 기업 사례집**
   - 재택근무 도입 기업 인사담당자 66.7%가 업무 효율이 개선됐다고 응답.
   - 근로자 91.3%가 재택근무 만족도를 높게 평가.
   - 출퇴근 스트레스 감소(86.0%), 업무 집중도 상승(27.8%)이 주요 긍정 효과로 나타남. `moel +1`

3. **매출 100대 기업 재택근무 실태 조사**
   - 조사대상 기업 중 73%가 재택근무 시행 중.
   - 재택근무 시 업무 생산성은 정상 근무 대비 평균 83.4%로 측정됐고, 29%는 90% 이상 생산성 유지 또는 증가 보고.
   - 9.1%만 생산성 70% 미만이라고 평가했음. `hrpro +1`

4. **IT 대기업 협업 및 업무 효율 개선 사례**
   - 재택근무 후 회의 시간과 관리자 질책 시간이 감소했으며, 문서화와 업무 매뉴얼화가 강화됨에 따라 협업과 업무 효율이 향상됨. `hani`

5. **하이브리드 근무와 이직률**
   - 하이브리드 근무 집단의 이직률이 4.8%로, 전일 출근 집단의 7.2%보다 낮음.
   - 이는 재택근무가 인력 유지에도 긍정적임↓ |사함. `worklaw`

정부, 기업, 중견기업 등이 발표한 재택근무 효과에 대한 수치 기반 평가 보고서들이 다수 공개되어 있습니다. 이런 자료는 신뢰도 높은 전략 수립의 기반이 되며, 제안서나 보고서에 인용하면 설득력을 한층 높일 수 있습니다.

02 앞서 수집한 핵심 키워드 중 하나인 '하이브리드 근무(《4.1절 주제와 쟁점 파악》의 **05번**)'를 성공적으로 도입하여 실질적인 성과를 거둔 국내외 기업들의 벤치마킹 사례를 살펴보겠습니다. 이러한 구체적인 성공 사례 분석을 통해 전략적 설계의 명확한 방향성을 설정하고, 향후 비교 분석을 위한 기준점을 마련할 수 있습니다.

 하이브리드 근무 도입 이후 성과가 개선된 국내 및 해외 기업 사례를 알려줘.

 국내외에서 하이브리드 근무 도입 이후 성과가 개선된 기업 사례는 다음과 같습니다.

국내 기업 사례
- **네이버**: 코로나19 이후 '커넥티드 워크'라는 이름으로 주 3회 출근, 일부 전면 원격 등 하이브리드 근무를 도입했습니다. 직원들이 몰입할 수 있는 시간과 공간을 선택하도록 제도화했으며, 업무 효율이나 성과가 기존 출근제와 비교해 뒤처지지 않는다고 평가받고 있습니다.
- **쿠팡**: '선택근무제'를 운영하며 근무 시작과 종료 시간, 장소 선택을 팀 단위로 자율화했습니다. 팀별로 전일 재택과 출근 교대가 혼재하며, 이를 통해 생산성은 유지 또는 향상되고 있습니다.
- **우아한형제들**: 비대면 업무가 길어지면서 협업, 소통 문제 발생으로 올해부터 하이브리드 근무 도입, 신규 입사자 중심으로 업무 효과와 조직 문화 개선 효과를 보고합니다.
- **크래프톤**: 전면 출근에서 하이브리드로 전환해 장시간 출퇴근 피로 감소, 업무 성과와 조직 문화 발전에 긍정적 반응을 얻고 있습니다.

해외 기업 사례
- **마이크로소프트**: 직원 개개인에게 근무 장소 선택권을 주고, Microsoft Teams, Viva 등 디지털 협업 도구를 활용해 고효율 업무 환경을 조성했습니다. 전 세계 팀들의 생산성이 유지되고, 인재 확보 및 이직률 감소에 효과가 나타났습니다.
- **스포티파이**: 전략적으로 "Work From Anywhere" 정책을 도입하고 직원 만족도와 글로벌 인재 확보를 높였고 이직률을 낮추는 데 성공했습니다.
- **Native Union**: FLYDESK와 협업해 하이브리드 워크 소프트웨어 도입 후 제품 개발 일정이 가속화되고 팀 생산성이 상승했으며, 사무실 공간 활용도 최적화에 성공했습니다.
- **미국 특허청(PTO)**: 주 4일 재택 근무를 도입해 특허 심사 생산성이 5% 증가했고, 근무 장소 유연성 확대 시 8% 추가 생산성 향상을 기록했습니다.

이들 사례는 하이브리드 근무가 조직의 업무 효율, 생산성, 직원 만족도, 인재 확보 등 다양한 차원에서 긍정적 효과를 내고 있음을 보여줍니다. 특히 유연근무 선택권과 디지털 협업 도구의 결합이 성공 요소로 작용하고 있습니다.

NOTE 검색 명령어 활용 ❸ PDF만 찾고 싶다면 - /filetype:

퍼플렉시티에서는 /filetype: 명령어를 사용해 특정 파일 형식(PDF, DOC, PPT 등)에 한정된 검색할 수 있습니다.

예 재택근무 보고서 /filetype:pdf
→ PDF 형식으로 된 재택근무 관련 보고서만 검색됩니다. 정책 보고서나 공식 문서처럼 형식이 정해진 자료를 찾을 때 매우 유용합니다.

 재택근무 보고서 /filetype:pdf

 국내에서 확인할 수 있는 주요 재택근무 보고서 및 관련 자료는 다음과 같습니다.

- **고용노동부 「재택근무 종합 매뉴얼」**: 재택근무 도입 절차, 운영 관리, 업무 환경, 보안 대책, 재택근무 효과 측정 방법 등을 상세히 다루고 있어, 재택근무 제도를 체계적으로 준비하는 데 도움을 줍니다.

- **연세대 연구원 보고서 "공공기관의 재택근무 정책이 공무원의 조직 성과에 미치는 영향"**: 공무원 대상 설문과 비교 분석을 통해 재택근무 경험이 조직 성과 및 개인 심리, 행동에 미친 영향을 분석한 학술 연구 보고서입니다. 코로나19 이후 재택근무가 공공기관에 본격 확산된 상황을 배경으로 합니다.

- **서울시 중소기업 노동자 재택근무 실태 보고서(2014)**: 노동환경 변화 측면에서 중소기업 재택근무 현실과 과제에 대해 다룬 보고서로, 특히 일과 가정 양립 측면의 중요성이 강조됩니다.

- **「코로나19 이후 재택근무로 인한 작업공간과 직장 인간관계 변화」(KASP)**: 심층 면접 및 현장 조사를 통해 팬데믹 이후 재택근무가 노동환경과 직장 내 인간관계 구조에 미친 영향을 분석한 연구 논문입니다.

- **지방공무원 재택근무 매뉴얼(2018)**: 관리자의 재택근무 계획서, 실적보고서 작성 안내 등 원격 근무 관리 체계와 성과 평가 방법을 구체적으로 제시한 문서입니다.

이 보고서들은 재택근무 제도 도입과 관리, 효과 분석을 위한 다양한 시각과 수치 데이터를 제공하며, 국내 재택근무 연구와 정책 개발에 중요한 참고 자료로 활용됩니다. 필요 시 각 링크에서 PDF 원문을 내려받아 활용하는 것이 좋습니다.

03 성과 비교에서 핵심은 비교 항목을 명확히 설정하는 것입니다. 퍼플렉시티를 활용하여 실제 기업들이 근무 방식을 평가할 때 사용하는 구체적인 성과 지표와 평가 항목들을 파악해보겠습니다. 이렇게 도출된 비교 기준들은 향후 전략 수립 시 논리적 프레임워크로 작용하며, 분석의 방향성을 결정하는 핵심 요소가 됩니다.

 재택근무와 출근제 비교 시 기업들이 자주 사용하는 성과 지표는?

 기업들이 재택근무와 출근제를 비교할 때 자주 사용하는 성과 지표는 다음과 같습니다.

매출 성장률
재택근무를 자율적으로 선택할 수 있는 기업들이 그렇지 않은 기업보다 평균 16~21% 포인트 높은 매출 성장률을 보이는 경우가 있습니다. 매출 성장률은 기업 성과를 가늠하는 핵심 지표로 활용됩니다.

업무 생산성(효율성)
시간당 생산성, 작업 완료 속도, 오류율 등을 통해 재택근무와 출근제 간 생산성을 비교합니다. 예를 들어 일부 연구에서는 재택근무자의 생산성이 사무실 근무자보다 13~40% 더 높거나 낮다는 상반된 결과가 있습니다. 화상회의 과다로 생산성 저하가 보고되기도 합니다.

직원 이직률 및 채용 경쟁력
재택근무를 도입하면 이직률이 줄고 우수 인재 확보에 유리하다는 사례도 있습니다. 하이브리드 근무 집단은 전일 출근 집단 대비 이직률이 낮은 경우가 많습니다.

업무 집중도와 직원 만족도
설문조사나 피드백을 통해 직원들의 업무 집중도, 만족도, 스트레스 수준 등을 평가합니다. 출퇴근 스트레스 감소, 근무 환경 만족도 등도 중요한 정성적 평가 지표입니다.

출근률 및 근무시간 활용도
출근 빈도, 원격근무 일수, 근무시간의 질적 활용 정도를 분석해 조직 문화와 업무 방식의 적합성을 진단하는 지표로 사용합니다.

이러한 지표들은 재택근무와 출근 근무 간의 직접적인 성과 비교뿐 아니라, 근무 만족도, 업무 환경 개선, 인재 유지 등 기업 전략에 필수적인 요소들을 포함해서 평가됩니다.

정보가 많다고 해서 곧바로 전략이 도출되는 것은 아닙니다. 핵심은 수집한 정보를 어떻게 보기 좋게 정리하고, 비교할 수 있는 구조로 구성하느냐입니다. 이어지는 실습에서는 지금까지 확보한 자료를 항목별로 정리하고, 각 요소를 비교할 수 있는 표로 구조화하여 전략적 판단에 필요한 인사이트를 정리하겠습니다.

4.3 실행 전략 문서화

데이터 기반의 비교 분석을 마쳤다면 그 결과를 바탕으로 실행할 수 있는 전략을 도출할 차례입니다. 전략 수립은 수치나 사례에 대한 해석을 넘어서, 조직의 목표에 맞는 방향성과 실천 방안을 제시하는 과정입니다. 이번에는 앞서 정리한 근거 자료를 활용해 핵심 전략을 문서화하고, 이를 바탕으로 보고서 형식의 결과물을 완성해보겠습니다.

✅ 전략 수립 및 보고서 작성

- **담당자** ❋ 퍼플렉시티, ⓢ 챗GPT, ◆ 마이크로소프트 365 코파일럿, 🚌 쇼미GPT
- **과제** 데이터를 바탕으로 실행 전략을 도출하고 보고서를 작성한다

01 지금까지 퍼플렉시티를 통해 재택근무와 출근제의 업무 성과 관련 쟁점을 파악하고 이를 뒷받침하는 근거 자료들을 조사했습니다. 수집한 자료는 간편한 복사나 링크 공유는 물론, 필요에 따라 파일 형태로 내보내기하여 체계적으로 활용할 수 있습니다. 이제 이러한 문서 다운로드 과정을 통해 확보한 자료들을 정리해보겠습니다.

화면 상단의 '…' 아이콘을 클릭하면 원하는 형식의 파일로 다운로드할 수 있는 옵션이 나타납니다. 여기서는 조사한 내용을 워드 파일 형식으로 다운로드하기 위해 [DOCX로 내보내기]를 선택합니다.

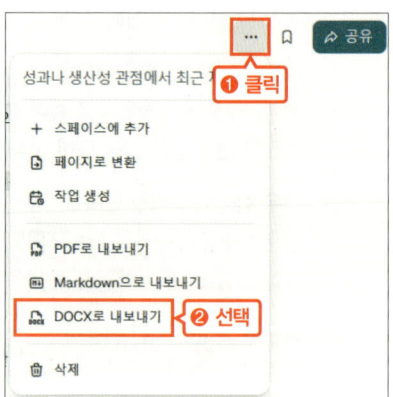

> 🔍 **NOTE 릴리스AI, 이렇게 활용하세요**
>
> 릴리스AI(LilysAI)는 링크 주소만 입력하면 웹 페이지의 핵심 내용을 자동으로 요약하고, 번역하며, 다이어그램 등으로 정리해주는 AI 도구입니다. 복잡한 자료도 한눈에 파악할 수 있도록 구조화하기 때문에 리서치나 보고서 작성 시 유용하게 활용할 수 있습니다.
>
> - 릴리스AI - https://lilys.ai

예 재택근무 vs. 출근제 업무 성과 분석 – 비주얼 요약

목차
- 재택근무, 정말 효과 있을까요? 데이터로 보는 국내외 사례와 미래 전망
1. 재택근무, 생산성은 어떨까요? 국내 데이터 살펴보기
2. 재택근무가 이직률에 미치는 영향은?
3. 함께 일하는 방식, 재택근무 후 어떻게 달라졌을까요?
4. 국내 기업들은 재택근무 효과를 어떻게 측정할까요?
5. 하이브리드 근무, 국내외 성공 사례 살펴보기
6. 2024년, 재택근무 관련 핵심 키워드는 무엇일까요?
7. 재택근무, 앞으로의 전망은?

재택근무, 정말 효과 있을까요? 데이터로 보는 국내외 사례와 미래 전망

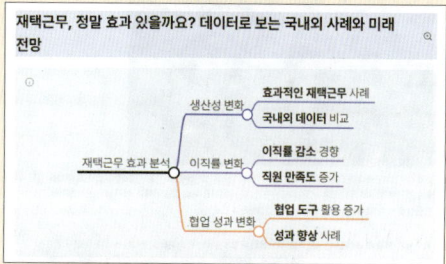

1. 재택근무, 생산성은 어떨까요? 국내 데이터 살펴보기

항목	수치/비율(국내)
생산성	정상출근 대비 평균 80~89% 수준(2022년) [2]
	업무 효율 70점 이상 만족 기업 69.3%(2023년) [2]
	직장인 44.9% "업무 효율 높음", 55.1% "낮음" [2]

국내에서 재택근무의 **생산성**에 대해 궁금해하는 분들이 많아요. 2022년 조사에 따르면, 인사담당자들은 재택근무 시 생산성이 사무실 근무의 평균 80~89% 수준이라고 느꼈어요 [2]. 하지만 2023년 기업 설문에서는 **69.3%**가 업무 효율이 70점 이상 만족한다고 답했어요 [2]. 흥미롭게도, 직장인들 사이에서는 의견이 나뉘었는데, **44.9%**가 높다고 느낀 반면 **55.1%**는 낮다고 평가했답니다 [2]. 이렇게 체감하는 효율성은 **개인마다 차이**가 크다는 것을 알 수 있어요.

2. 재택근무가 이직률에 미치는 영향은?

재택근무 제도가 직원들의 **이직 의사**에 큰 영향을 미친다는 사실, 알고 계셨나요? 2023년 설문조사에서 재택근무 중인 직장인 **10명 중 7명 이상(70.3%)**이 만약 재택근무가 줄거나 없어진다면 이직을 **고려하겠다**고 답했어요 [2]. 또한, 앞으로 직장을 구할 때 재택근무 가능 여부가 입사 결정에 중요한 영향을 준다고 말한 사람은 **58%**나 되었답니다 [2]. 해외에서는 하이브리드 근무를 도입하여 이직률이 3분의 2나 줄었다는 연구 결과도 있어요 [2]. 국내에서도 재택근무가 실력 있는 직원들이 회사를 떠나지 않도록 붙잡는 데 도움이 된다는 평가가 있답니다 [2].

3. 함께 일하는 방식, 재택근무 후 어떻게 달라졌을까요?

재택근무가 늘어나면서 함께 일하는 방식에도 변화가 생겼어요. 국내 IT 대기업의 경우, 재택근무 도입 후 **협업하는 횟수가 3배나 증가했다**는 재미있는 결과도 있답니다 [2]. 마치 예전보다 더 자주 연락하는 거죠. 하이브리드 근무를 나누게 된 거죠. 영상회의 도구를 도입한 영국 중소기업에서는 영상회의 도구 사용률이 팬데믹 이전 20%에서 **82%**로 크게 높아졌어요 [2]. 이렇게 비대면 도구를 활용한 **활발한 소통과 협업**이 재택근무 환경에서도 얼마든지 가능하다는 것을 보여줘요.

4. 국내 기업들은 재택근무 효과를 어떻게 측정할까요?

측정 지표	설명	주요 평가 기준
업무 산출물/목표 달성	재택근무를 통해 실제 만들어낸 결과물이나 설정된 목표 달성 수준 평가	• 프로젝트 완료 건수·결과물 품질·KPI 달성률
생산성	주어진 시간 동안 처리한 업무량	• 단위 시간당 업무 처리·효율성 지표
재무 성과	재택근무가 회사 수익 및 비용에 미치는 영향	• 매출 증감·비용 절감 효과
직원 만족도/몰입도	재택근무 환경에서의 직원 만족 수준 및 회사에 대한 몰입도	• 만족도 설문 결과·이직 의사·업무 몰입도
성과주의 문화	업무 결과 공유 및 관리 방식의 변화	• 성과 투명성·디지털 도구를 활용한 성과 관리

- 기업들은 재택근무 효과를 평가할 때 단순히 오래 일했는지보다는 **실제 결과**를 중요하게 생각해요 [2].
- **업무 산출물이나 목표를 얼마나 잘 달성했는지를** 주요 지표로 삼는답니다 [2]. 마치 게임에서 레벨을 올리듯, **KPI(핵심성과지표)**를 정하고 목표 달성을 확인하는 거죠 [2].
  - 구체적으로는 프로젝트 완료 건수나 만들어낸 결과물의 **품질** 등을 봐요.
- **생산성**도 중요한데, 같은 시간 동안 얼마나 많은 일을 처리했는지 등을 수치로 확인해요 [2].
- 회사 매출이나 비용 절감처럼 **눈에 보이는 숫자**로 성과를 비교하기도 해요 [2].
- 직원들이 얼마나 만족하고 회사에 몰입하는지, 계속 일하고 싶은 마음이 드는지 같은 **직원 만족도**도 꼼꼼히 살핀답니다 [2].
- 최근에는 **성과주의** 문화가 강조되면서, 업무 결과를 투명하게 공유하고 디지털 도구로 관리하는 방식이 늘고 있어요 [2].

5. 하이브리드 근무, 국내외 성공 사례 살펴보기

재택근무와 사무실 근무를 섞는 **하이브리드 근무**로 좋은 성과를 낸 회사들이 많아요. 국내에서는 **네이버**가 직원이 원하는 근무 형태를 선택하게 해서 유연성과 효율성을 동시에 잡았고 [2], **우아한형제들**은 미래 비대면 근무를 적절히 활용해 협업 효율을 높였어요 [2]. **LG에너지솔루션**은 여러 곳에 사무실을 만들어 직원들이 편하게 일하게 했고 [2], **직방**은 사무실 운영비를 절감하는 등 비용 효율까지 높였답니다 [2].

해외에서도 **SAP**는 유연한 근무 시간으로 직원들의 만족도와 생산성을 높였고 [2], **IBM**은 디지털 도구와 자율적인 문화로 좋은 성과를 유지했어요 [2]. 구글, 마이크로소프트 같은 회사들도 하이브리드 근무를 통해 **직원 만족도와 유연성을 높이며 성과를 개선합니다** [2]. 이처럼 많은 기업들이 하이브리드 근무로 두 마리 **토끼**를 잡았어요!

02 앞서 저장한 워드 문서를 챗GPT에 업로드하고, 전략 컨설턴트 역할을 부여합니다. 수집된 자료와 분석 결과를 토대로 '하이브리드 근무 전략 보고서'의 구체적인 전략안을 도출하도록 요청하여, 체계적이고 실행할 수 있는 전략을 완성해보겠습니다.

(워드 문서 첨부) 너는 전략 컨설턴트야. 업로드한 문서는 퍼플렉시티에서 '재택근무 vs. 출근제'에 대한 업무 성과, 직원 만족도, 조직문화, 산업별 특성 등을 비교한 자료야. 이 문서를 바탕으로 실행할 수 있는 전략을 도출해줘. 다음 조건을 따라줘.
1. 전략은 최소 3가지 이상 제시
2. 각 전략에는 [전략 이름, 실행 방안, 적용 대상(산업군, 직무군), 기대 효과]를 포함
3. 산업별로 차등 적용하거나 조건을 구분해서 설명해줘.
4. 표 형식으로 정리해줘.
최종 목표는 '근거 기반의 하이브리드 근무 전략 보고서'를 작성하는 것이야.

전략 이름	실행 방안	적용 대상 (산업군/직무군)	기대 효과
1. '50:50 하이브리드 모델' 정착 전략	• 주 2~3일 출근, 나머지 재택 • 출근일은 회의·협업 중심, 재택일은 집중·개별 업무 중심 배치 • 팀 단위로 출근일 조율 가능	• IT, 콘텐츠, 마케팅 등 디지털 기반 창의직 • 사무직(일부 기획·관리 부서 포함)	• 생산성 극대화(재택·출근 병행 시 성과 최적화된다는 실증 연구 기반) • 출퇴근 스트레스 감소, 워라밸 향상 • 이직률 감소, 팀 협업 유지

2. 신입/초급직 대상 '출근 중심 온보딩 전략'	• 신입/경력 초기 3~6개월은 출근 중심 근무 • 멘토링/온보딩 프로그램은 대면 중심으로 설계 • 이후 성과 기반 유연근무 전환	• 제조, 유통, 회계 등 프로세스 중심 직무군 • 신입사원·경력 전환자 등 조직 적응 초기 인력	• 학습 속도 및 조직 적응력 향상 • 장기적 생산성 확보 • 초기 이탈률 방지
3. 지식 노동 '성과 관리 KPI 체계' 병행 전략	• 성과 중심 KPI 고도화 • 산출물 기반 평가 체계 구축 • 팀별·개인별 OKR 설정 및 주간 리뷰 시행	• 광고, 디자인, 연구개발, IT 등 창의·지식노동 중심 직군 • 자율성 중심 조직문화 지향 기업	• 책임 기반 성과 관리로 집중도 향상 • 관리자 불신 완화, 자율성 확보 • 업무 몰입도 및 직원 만족도 증가

(중략)

챗GPT가 요청에 따라 표 형식을 활용하여 전략을 항목별로 상세하고 체계적으로 정리해줬습니다. 이처럼 구조화된 전략 정리는 이후 문서 작성이나 발표 자료 구성에도 바로 활용할 수 있습니다.

> **NOTE 업로드한 파일을 기반으로 콘텐츠를 생성해요**
>
> 챗GPT에 이미지, PDF, 문서 등 다양한 파일을 업로드하면 내용을 분석해 새로운 콘텐츠를 생성하거나 필요한 정보를 추출·재구성할 수 있습니다. 예를 들어 기획서 초안을 업로드하고 "발표용 요약문으로 만들어 줘", "이 표를 인포그래픽 형태로 바꿔줘"라고 요청하면, 챗GPT가 자동으로 결과물을 만들어냅니다. 보고서나 디자인 시안 등 실무 자료를 빠르게 가공해 업무 효율을 높일 수 있습니다.

월	A(가성비) 판매량	B(개인화) 판매량	C(프리미엄) 판매량
1	5,200	3,200	1,100
2	4,900	3,000	1,000
3	5,000	3,800	1,200
4	4,800	4,200	1,300
5	4,700	4,000	1,400
6	4,500	3,800	1,700
7	4,600	3,700	1,800
8	4,400	3,600	1,600
9	4,800	4,100	1,500
10	4,900	4,000	1,400
11	5,100	3,700	1,300
12	5,300	3,500	1,900

03 표로 정리된 전략안이 체계적이긴 하지만, 핵심 내용을 한눈에 파악하기에는 복잡합니다. 이번에는 표에 담긴 세부 내용들을 바탕으로 가장 중요한 핵심 전략 3가지를 명확하게 요약하여 정리해보겠습니다. 이를 통해 전체 전략의 흐름을 빠르게 이해하고, 향후 실행 방향을 효과적으로 설정할 수 있습니다.

 의사결정자가 빠르게 이해할 수 있도록 핵심 전략 3가지를 요약해서 한 문단으로 정리해줘.

 하이브리드 근무 전략은 다음 세 가지 핵심 방향으로 설계해야 합니다.

첫째, 생산성과 만족도를 동시에 높일 수 있는 '주 2~3일 출근 기반의 하이브리드 모델'을 표준화하여 디지털 기반 직무에 적용하고, 자율성과 집중 환경을 보장합니다.

둘째, 신입 및 초급 인력은 출근 중심의 온보딩 체계로 초기 조직 적응과 학습 속도를 높이고, 이후 성과 기반으로 유연 근무 전환이 가능하도록 설계합니다.

셋째, 산업·직무별 특성과 보안 수준을 고려해 '맞춤형 하이브리드 모델'을 차등 적용함으로써 현장성과 유연성의 균형을 확보합니다. 이 전략은 이직률 감소, 협업 효율 향상, 비용 절감 등 실질적 성과 개선으로 이어질 수 있습니다.

04 더 직관적인 정보 전달을 위해, 하이브리드 근무에 대한 핵심 전략 요약을 시각 자료로 요청해보겠습니다. 요약된 전략을 시각적으로 정리하면 메시지를 빠르게 전달하고 이해도를 높이는 데 효과적입니다. 이를 위해 Presentation & Diagram Generator by 〈ShowMe〉를 대화창에 호출하여 다이어그램과 마인드맵 형태로 시각화를 요청합니다.

> ⚠️ 챗GPT의 GPTs 활용 방법은 〈3.3절 참고 자료로 논리 구조 보강〉을 참고하세요. GPTs를 활용한 시각화 실습 예시가 있습니다.

 (챗GPT 채팅창에 '@' 입력 → 최근 GPT 및 고정된 GPT 리스트에서 'Presentation & Diagram Generator by 〈ShowMe〉' 선택) 이 내용을 마인드맵으로 그려줘.

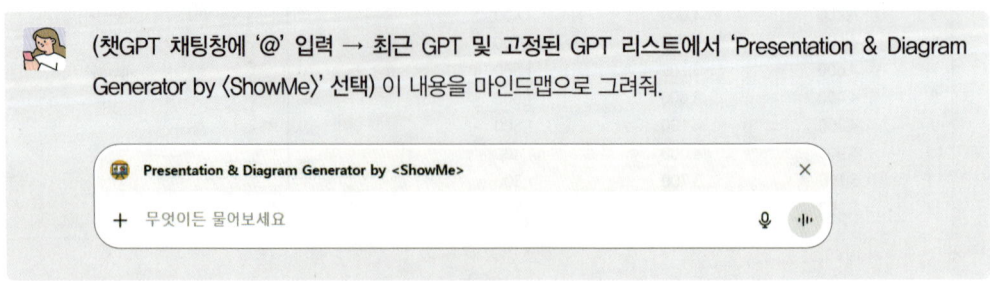

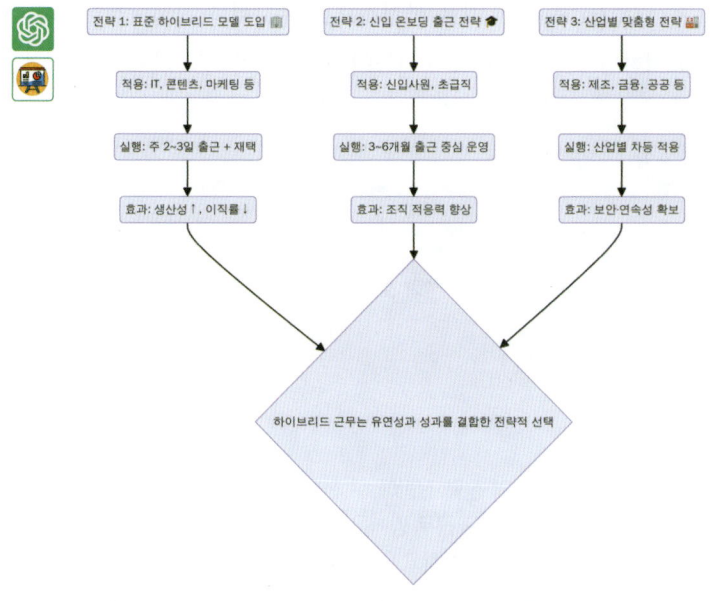

05 생성된 이미지 파일에 직접 텍스트를 수정할 수 있어 필요시 내용을 조정한 후 바로 최종본으로 활용할 수 있습니다.

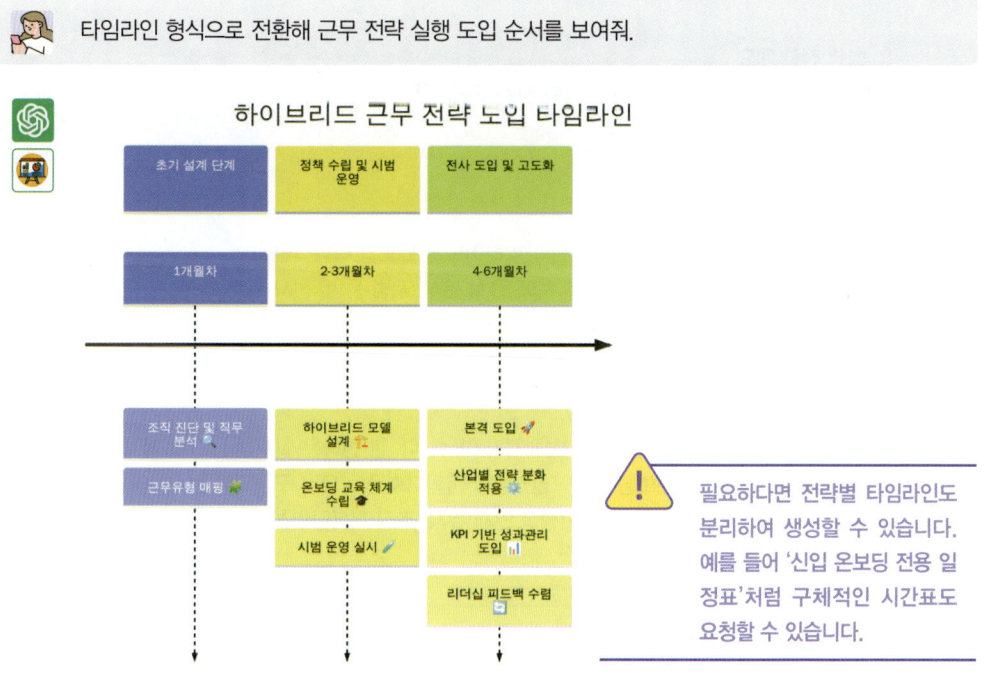

06 체계적으로 수집하고 분석한 자료들을 토대로 본격적으로 보고서를 작성하겠습니다. 챗GPT에 보고서 작성을 요청하면 캔버스(Canvas) 기능이 자동으로 활성화되어 전용 문서 편집 환경이 제공되므로, 초안 작성부터 문장 편집, 구조 정리까지 모든 문서화 작업을 하나의 화면에서 효율적으로 완성할 수 있습니다.

 위에서 설계한 내용을 바탕으로 '하이브리드 근무 전략 보고서'를 작성해줘. 표, 다이어그램과 타임라인이 들어갈 위치도 표시해줘.

 하이브리드 근무 전략 보고서

 1. 서론
최근 근무 방식의 급격한 변화는 기업의 운영 전략 전반에 큰 전환점을 가져오고 있습니다. 특히 재택근무와 사무실 출근의 장점을 결합한 하이브리드 근무 방식은 단순한 복지 정책을 넘어 생산성과 인재유지, 조직 효율성 제고를 위한 핵심 전략으로 부상하고 있습니다. 본 보고서는 국내외 실증 자료와 기업 사례를 바탕으로 실행할 수 있는 하이브리드 근무 전략을 제안하며, 산업별 특성과 조직 여건에 따른 맞춤형 접근을 안내합니다.

2. 전략 도출 배경 및 핵심 이슈

2.1 생산성과 직원 만족도

(중략)

3. 실행 전략 개요
[여기에 표 삽입: "하이브리드 근무 실행 전략 요약표"]

(중략)

4. 실행 로드맵
[여기에 타임라인 다이어그램 삽입: "전략별 하이브리드 도입 타임라인"]
- 전략 1(표준 하이브리드): 1~5개월 차에 걸쳐 분석, 시범 운영, 전사 확대 추진

(중략)

6. 결론 및 제언
하이브리드 근무는 더 이상 일시적인 선택지가 아닙니다. 본 전략은 실증적 근거에 기반하여 산업과 조직 특성에 맞게 표준화·온보딩 강화·산업별 맞춤의 3축 전략으로 구성되어 있습니다. 이를 통합적으로 설계하고 실행할 경우, 기업은 생산성과 인재 유지, 조직 회복탄력성을 동시에 확보할 수 있습니다.

 챗GPT 캔버스 사용 방법에 대한 자세한 내용은 〈3.4절 제안서 양식에 맞는 문서화〉를 참고하세요.

챗GPT는 지금까지 설계한 구조를 바탕으로 보고서를 자동 생성합니다. 보고서는 서론-본론-결론의 흐름에 따라 구성했으며, 앞에서 수집한 사례와 비교 지표 등을 근거로 적절하게 반영했습니다. 특히 표와 다이어그램 같은 시각화 자료는 각 내용에 맞는 위치에 삽입되도록 구성되어 있어 문서의 전달력을 높이는 데 효과적입니다. 작성된 보고서는 필요시 워드 파일로 다운로드할 수 있습니다.

> **NOTE 코파일럿, 이렇게 활용하세요**
>
> 코파일럿은 퍼플렉시티에서 수집한 검색 결과의 링크를 불러온 뒤, 그 안에서 원하는 정보만 추출해 문서로 정리할 수 있습니다. 필요한 내용만 선별하여 효율적으로 정리할 수 있어 방대한 자료 속에서도 핵심만 추려낸 간결한 보고서를 작성할 수 있다는 점이 큰 장점입니다.
>
> **• 필요한 정보만 골라 문서에 반영하기**
>
> 워드 문서를 실행한 후, 오른쪽 하단의 코파일럿 채팅창에 퍼플렉시티 답변 페이지의 링크를 입력합니다. 이어서 '조직의 근무 방식에 따른 성과 변화와 주요 지표를 중심으로 비교해서 표로 만들어줘'라고 요청하면 코파일럿이 해당 링크의 정보를 기반으로 표를 생성합니다. 원하는 표가 완성되면 하단의 '삽입' 아이콘(+)을 클릭하여 본문에 추가할 수 있습니다. 필요한 정보만 골라 문서에 반영하며 불필요한 편집 과정을 줄이고 작업 효율을 크게 높일 수 있습니다.
>
>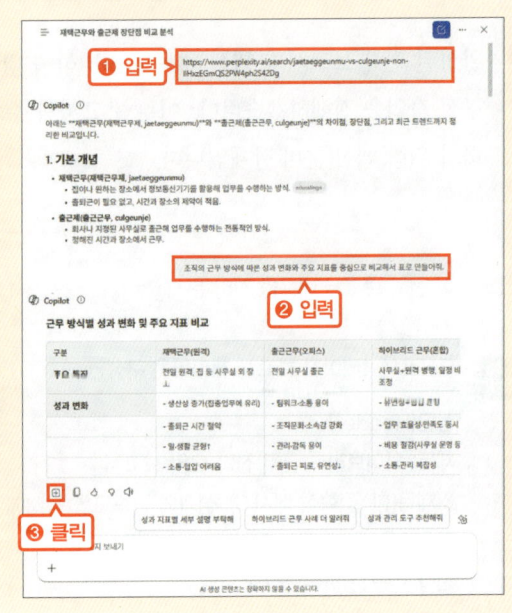

퍼플렉시티에서 수집한 데이터를 바탕으로 실행 전략을 도출하고 문서로 만들었습니다. 수치 기반 비교와 사례 분석을 토대로 만들어진 전략은 단순한 의견이 아닌, 근거 중심의 실행안으로 설득력을 갖춥니다.

4.4 전략 보고서 시각화

지금까지 수집한 데이터와 도출한 전략을 바탕으로 실행할 수 있는 전략 보고서를 정리했습니다. 하지만 아무리 훌륭한 전략이라 하더라도 전달 방식이 효과적이지 않으면 조직 내 실천으로 이어지기 어렵습니다. 이번에는 정리된 전략을 콘텐츠로 시각화하는 과정을 진행하여 전략의 핵심 메시지를 더 많은 사람과 쉽고 빠르게 공유하고, 조직 내 설득력 있는 커뮤니케이션 자산으로 완성합니다. 전략 문서를 넘어서 사내 구성원이 직관적으로 이해하고 행동할 수 있는 전략 콘텐츠를 제작해볼까요?

✅ 콘텐츠 제작 및 시각화

- **담당자** 챗GPT, 캔바/캔바GPT
- **과제**   전략 핵심을 시각화하여 공유 콘텐츠로 제작한다

01 완성된 전략 보고서의 핵심 내용을 선별하여 명확하고 간결한 문구로 재정리하는 레이아웃 구성 작업을 진행하겠습니다. 이는 보고서의 주요 메시지를 시각 콘텐츠에 효과적으로 반영하기 위한 핵심 준비 단계입니다.

> 이 전략 보고서 내용을 캔바 문서(Canva Docs)용 1페이지 콘텐츠로 요약해줘.

 CANVA 1페이지 보고서 레이아웃 구성안

상단(Header)
제목: 하이브리드 근무 전략 요약 보고서
소제목(한 줄 핵심 메시지): 성과와 만족도를 동시에 높이는 유연한 근무의 정답
좌측 열 - 3대 핵심 전략(카드형 블록 구성)
전략 1: 표준 하이브리드 모델
- 주 2~3일 출근+집중 업무일 재택
- 적용 대상: IT, 콘텐츠, 전략 기획 등
- **기대 효과:** 생산성과 워라밸 동시 확보, 이직률 감소

하단 - 결론 및 제언
- **섹션명:** 결론 & 전략 제언
  하이브리드는 근무 방식이 아닌 경영 전략, 3대 전략을 유기적으로 조합해 적용, 실증 근거 기반 → 생산성과 인재 유지 모두 달성 가능

챗GPT는 요약 보고서 제작을 위한 레이아웃을 구체적이고 체계적으로 제안해줍니다. 각 섹션의 배치, 강조해야 할 전략 포인트, 시각적 구성 방식까지 일목요연하게 정리되어 있어 콘텐츠를 효과적으로 구조화하는 데 도움이 됩니다. 이를 바탕으로 디자인 초안을 잡으면 작업의 방향성을 명확하게 잡을 수 있습니다.

02 보고서 내용이 준비된 상황에서 이제 캔바에 접속하여 요약 보고서에 최적화된 템플릿을 선정하겠습니다. 캔바 로그인 후 다양한 템플릿 중에서 보고서의 성격과 내용에 가장 적합한 디자인을 선택하여 효과적인 시각화 작업을 시작하겠습니다. 먼저 홈 화면에서 [더 보기]를 선택합니다.

 캔바 접속 및 기본 사용 방법은 〈1.3절 AI 디자인 도구〉의 캔바에서 확인하세요.

03 보고서 디자인 진행을 위해 문서 편집 템플릿인 [Doc]을 선택하고 [Docs 템플릿] → [모두 보기]를 클릭합니다.

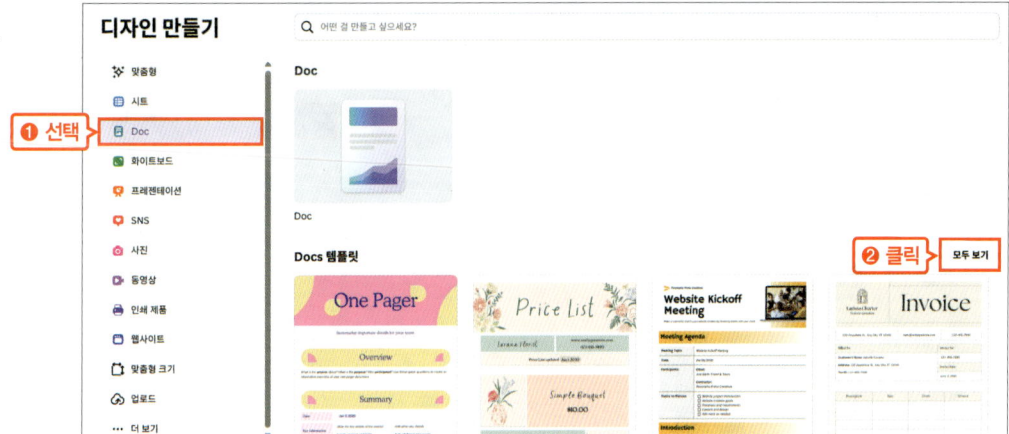

04 [Docs] → [모든 필터] → [스타일]을 선택합니다. 보고서의 특성상 개요형 정보, 수치 데이터, 블록 구성이 주를 이루기 때문에 도형 기반의 블록형 템플릿이 최적의 선택이므로 [도형]을 선택한 후 [적용] 버튼을 클릭합니다. 이 스타일을 선택하면 시각적으로 구획이 잘 나뉜 템플릿을 활용할 수 있습니다. 다양하게 표시되는 템플릿 중에서 원하는 스타일의 템플릿을 선택합니다.

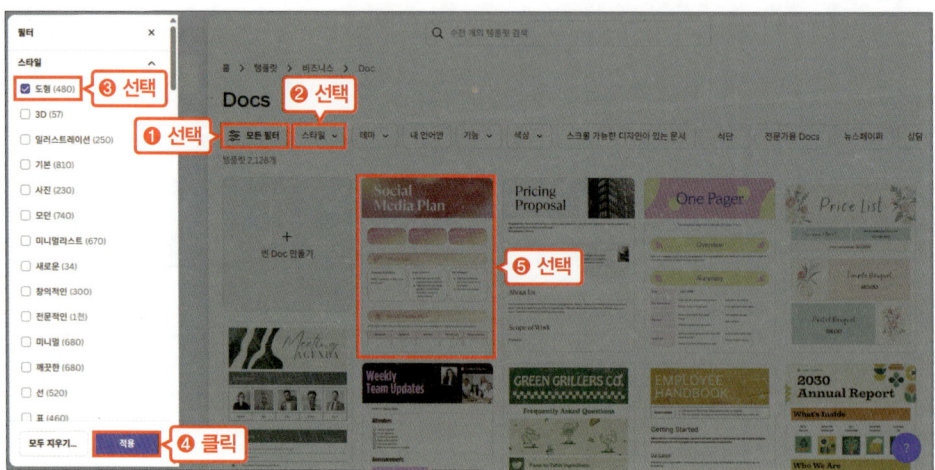

05 요약 보고서에 적합한 템플릿을 선택했다면 [이 템플릿 맞춤 편집하기] 버튼을 클릭하여 편집 화면으로 이동합니다.

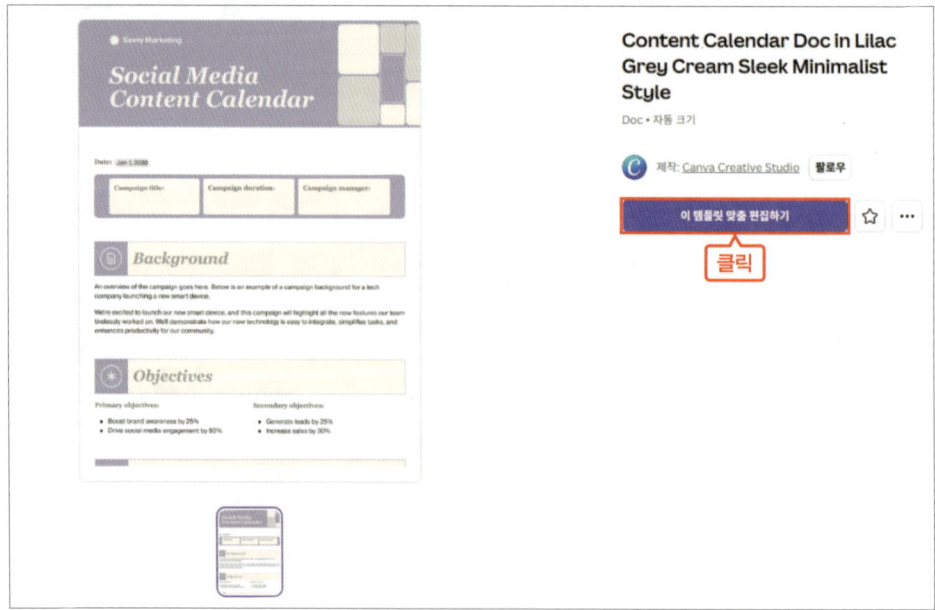

🔍 NOTE 챗GPT, 이렇게 활용하세요

챗GPT에서 생성한 이미지는 한국어 텍스트 표현이나 세부적인 편집 면에서 한계가 있어 최종 결과물로 바로 사용하기는 어렵습니다. 다만 본격적인 디자인 작업에 앞서 전체적인 콘텐츠 구성과 흐름을 확인하는 초안 단계에서는 매우 유용합니다.

 이 내용(《4.4절 전략보고서 시각화》의 **01**번 챗GPT 답변)을 기반으로 요약 보고서 초안을 만들어줘.

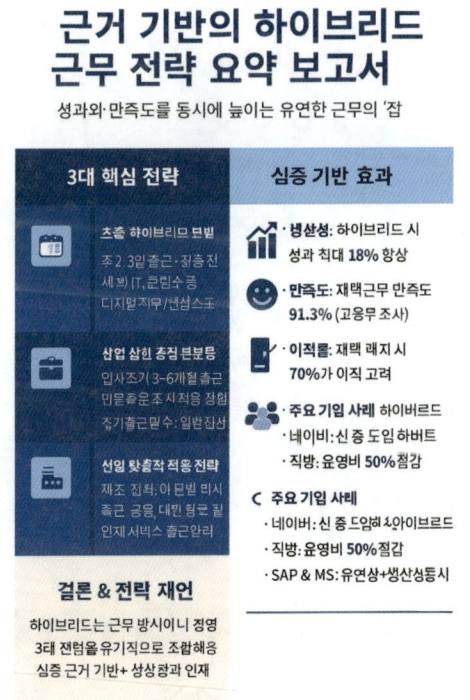

이 초안을 통해 요약 보고서에 어떤 내용이 어떻게 배치될 수 있는지를 한눈에 파악할 수 있습니다. 핵심 전략, 수치 기반 효과, 결론 및 제안까지의 정보가 시각적으로 명확하게 구분되어 있어 보고서 템플릿 선택 시 레이아웃 구성의 기준점으로 활용하기에 적합합니다. 특히 텍스트 중심보다는 블록형 구성을 고려할 때 유용한 참고 자료가 됩니다.

06 앞서 정리한 전략과 구성안, 그리고 선택한 도형 기반 템플릿을 바탕으로 본격적인 보고서 편집 작업을 합니다. 핵심 콘텐츠를 효과적으로 배치하고 시각적 완성도를 높여 전달력 있는 최종 보고서로 완성해보겠습니다.

편집하려는 텍스트를 선택하면 상단에 텍스트 편집 메뉴바가 나타납니다. 여기에서 제공되는 다양한 스타일로 글꼴을 변경하여 손쉽게 원하는 스타일을 적용할 수 있습니다. 내용에 맞추어 한글 글꼴로 스타일을 지정해 내용을 변경합니다.

문서 상단의 헤더 영역은 보고서의 핵심 인상을 좌우하고 전체 디자인의 톤과 메시지를 가장 먼저 전달하는 핵심 요소입니다. 이 영역을 더블클릭하면 편집 창이 열리고 제목, 배경, 폰트 스타일 등 헤더 디자인을 자유롭게 수정할 수 있습니다.

07 같은 방법으로 편집할 텍스트를 선택하고 편집 메뉴바에서 원하는 글꼴 스타일을 지정하여 레이아웃을 편집합니다.

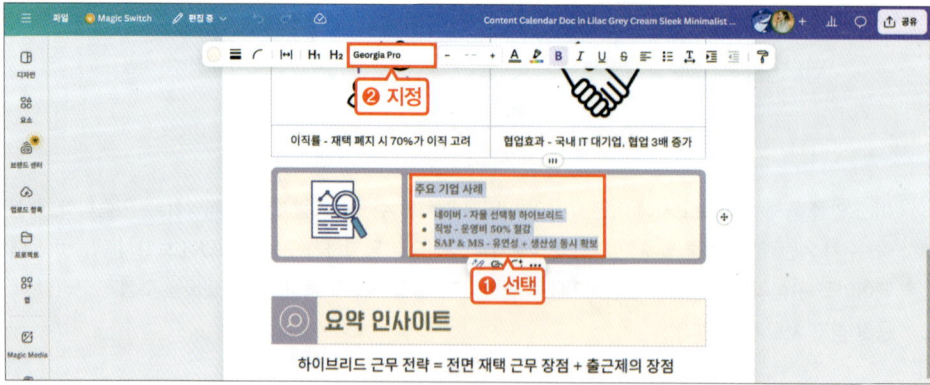

08 텍스트를 수정하거나 다듬고 싶을 때는 [Magic Write] 기능을 활용하면 효율적입니다. 수정할 단락을 드래그해 선택하고 'Magic Write' 아이콘(🖊)을 클릭한 다음 [텍스트 확장]을 선택하면, AI가 기존 내용을 바탕으로 문장을 자연스럽게 확장합니다.

09 보고서처럼 개조식 형태로 정리하고 싶다면, 하단의 [이대로 좋지만...] 버튼을 클릭하여 활성화된 채팅창에 "개조식으로 작성해줘"라고 입력 후 [생성하기] 버튼을 클릭합니다. 결과물이 만족스럽지 않다면 동일한 방식으로 반복 수정할 수 있으며, 최종적으로 마음에 드는 문장이 완성되면 [삽입] 버튼을 클릭하여 텍스트를 적용하면 됩니다. 이 과정을 통해 [주요 기업 사례] 단락의 내용을 더 간결하고 체계적으로 완성할 수 있습니다.

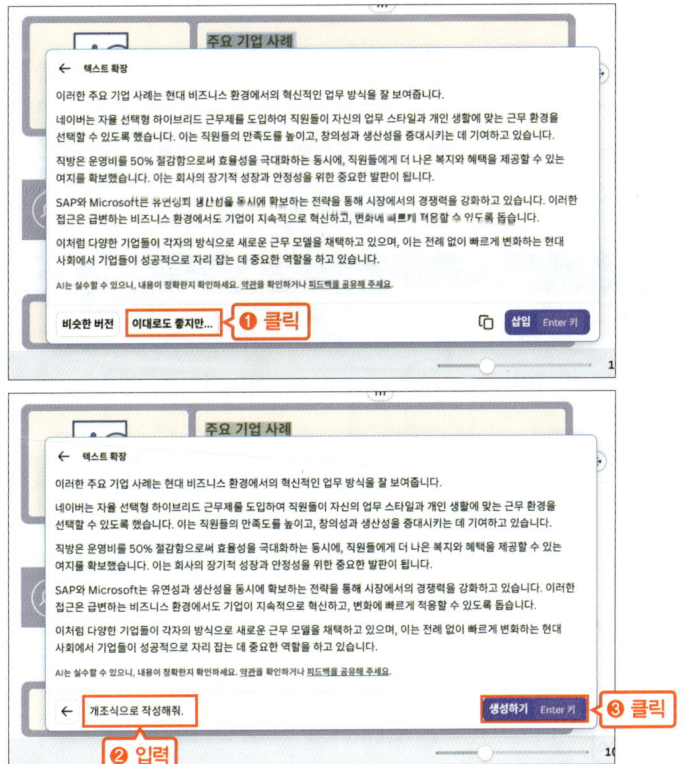

10 캔바는 실시간 공동 작업 기능을 지원하므로 협업 프로젝트 진행에 편리합니다. 오른쪽 상단의 '+' 아이콘을 클릭하고 이메일을 입력하여 팀원을 초대하거나, [공유] 버튼을 클릭하고 '액세스 수준'의 [링크가 있는 모든 사용자]를 선택하면 초대된 사용자가 동일한 문서에서 동시에 편집 작업에 참여할 수 있습니다.

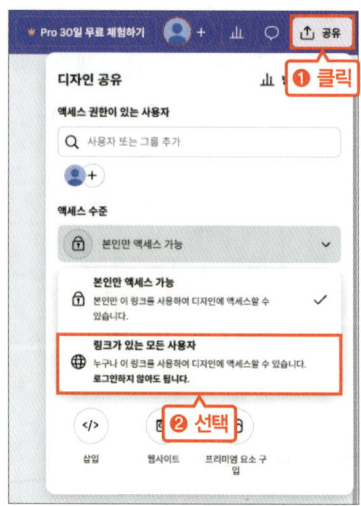

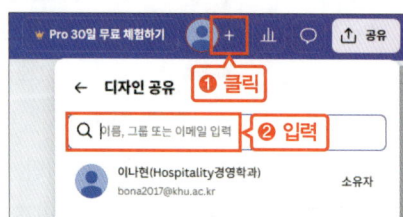

11 캔바는 디자인 요소를 추가하거나 편집하는 과정도 매우 직관적입니다. 원하는 요소를 클릭하거나 드래그 앤 드롭 방식으로 배치할 수 있어 문서 편집에 익숙하지 않은 사용자도 손쉽게 작업할 수 있습니다.

비주얼 요소를 추가할 때는 [요소] 메뉴를 활용하세요. 왼쪽 사이드바에서 [요소]를 선택한 후 상단 검색창에 원하는 키워드를 입력하면 관련된 아이콘, 일러스트, 도형 등이 나타납니다. 여기에서 마음에 드는 시각 자료를 선택하면 편집 화면에 바로 적용되며, 크기나 위치도 자유롭게 조정할 수 있습니다.

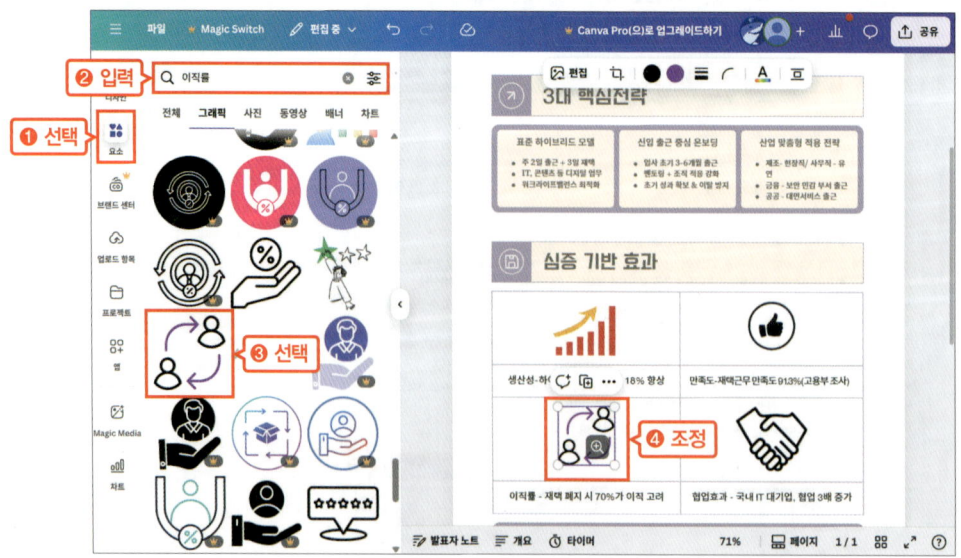

12 같은 방법으로 내용에 맞추어 디자인 요소와 내용을 모두 편집하여 레이아웃을 완성합니다.

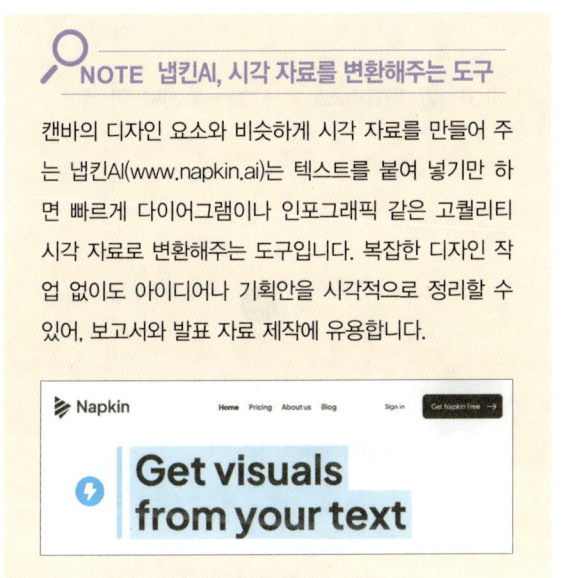

> **NOTE 냅킨AI, 시각 자료를 변환해주는 도구**
>
> 캔바의 디자인 요소와 비슷하게 시각 자료를 만들어 주는 냅킨AI(www.napkin.ai)는 텍스트를 붙여 넣기만 하면 빠르게 다이어그램이나 인포그래픽 같은 고퀄리티 시각 자료로 변환해주는 도구입니다. 복잡한 디자인 작업 없이도 아이디어나 기획안을 시각적으로 정리할 수 있어, 보고서와 발표 자료 제작에 유용합니다.

13 편집된 보고서를 저장하기 위해 오른쪽 상단의 [공유] 버튼을 클릭합니다. 나타나는 팝업창에서 [다운로드]를 선택하면 PDF와 워드 문서 형식으로 저장할 수 있습니다. 최종 용도에 따라 파일 형식을 선택해 저장합니다.

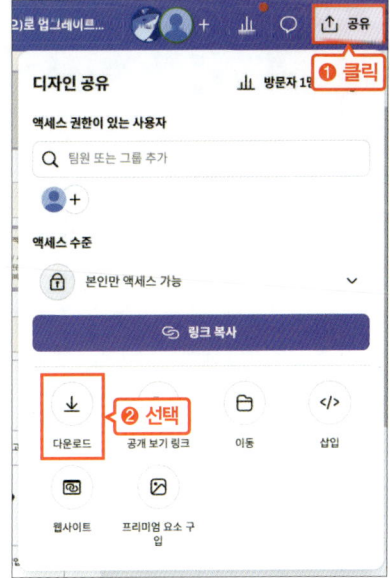

📝 NOTE 캔바GPT, 이렇게 활용하세요

챗GPT가 정리해준 레이아웃을 바탕으로 캔바GPT를 호출해 실제 보고서 디자인 템플릿을 요청할 수 있습니다. 앞서 챗GPT와 함께 구성한 흐름을 자연스럽게 이어가기 위해 멘션 기능(@)을 활용해 캔바GPT에 연결하여 작업을 이어가세요.

 (챗GPT 채팅창에 '@' 입력 → 최근 GPT 및 고정된 GPT 리스트에서 'Canva' 선택) 이 레이아웃 구성에 맞는 보고서 스타일 문서 템플릿을 찾아줘.

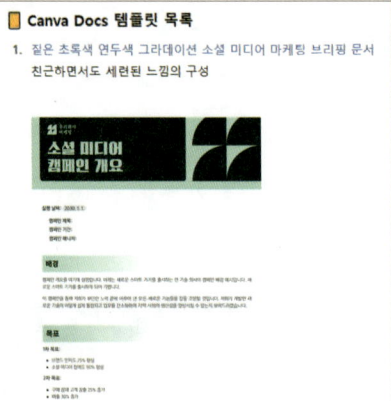

챗GPT가 추천해준 템플릿 중에서 원하는 템플릿을 선택하면 자동으로 캔바 편집 화면으로 이동하여 바로 내용을 수정하고 디자인 작업을 시작할 수 있습니다.

캔바GPT에서는 초대장, 이미지 카드처럼 단일 요소 중심의 콘텐츠에서 원하는 스타일과 컬러에 맞는 템플릿을 쉽게 추천받을 수 있습니다. 하지만 보고서처럼 여러 섹션이 복합적으로 구성된 멀티 레이아웃의 경우에는 직접 캔바 내에서 템플릿을 찾아보는 것을 추천합니다.

Chapter 05

[디자이너: 감마·캔바·미리캔버스·브루]
브랜드 콘텐츠 만들기

브랜드 디자인은 조직의 메시지를 시각적으로 구현하고, 문화를 감성적으로 전달하는 일입니다. 특히 첫인상을 좌우하는 콘텐츠라면 브랜드의 핵심 가치가 녹아 있어야 합니다.

챕터 5에서는 하나의 결과물을 완성하기 위해 디자인 AI 도구들이 각자의 전문성을 바탕으로 협업합니다. 각 AI들은 결과물에 맞게 적재적소로 활용되며, 이를 통해 AI 팀원의 기능적 강점과 협업 시너지를 자연스럽게 경험할 수 있습니다.

이 팀장의 스토리: 디자인 담당 AI와 '신입사원을 위한 온보딩 키트'를 제작하다

갑자기 인사팀에서 연락이 왔다.
"신입사원 온보딩 키트, 이번엔 전략기획팀에서 맡아줄 수 있을까요?"

순간 멈칫했다.
우리 팀이? 왜? 디자인팀도 있고, 홍보팀도 있는데?

인사팀의 설명은 이러했다.
"온보딩 키트에 브랜드 메시지를 제대로 담고 싶어요.
단순히 환영 인사가 아니라 브랜드 메시지를 담은 '첫인상 콘텐츠'를 만들고 싶어요."

말은 그럴싸하다.
전략에 감성을 입히는 일, 우리 팀이 꽤 잘하는 일이기도 하다.

그래서 떠올린 콘셉트 하나.
Welcome(환영), Onboarding support(적응), Wow(감탄)
WOW!

디자인 AI 총출동! 지금부터 실전이다.

5.1 브랜드 키워드 추출

온보딩 키트는 단순한 안내 자료를 넘어 브랜드의 정체성과 가치를 신입 구성원에게 자연스럽게 전달하는 브랜디드 콘텐츠입니다. 이 과정에서는 브랜드가 지향하는 철학과 메시지를 명확히 정리하고, 이를 바탕으로 콘텐츠 전반에 일관성 있게 반영할 핵심 키워드를 도출합니다. 챗GPT를 활용해 브랜드 언어를 체계화하면 키트 구성의 방향성을 더욱 명확하게 설정할 수 있습니다.

✅ 기획 설계

- 담당자 챗GPT
- 과제 브랜드의 핵심 가치를 콘텐츠로 연결한다

브랜드의 핵심 키워드인 '탐험, 연결, 성장'을 중심으로 신입사원들이 감탄할 수 있는 온보딩 경험을 설계해보겠습니다. WOW 콘셉트에 부합하도록 브랜드 정체성과 조직문화를 인상 깊고 몰입감 있게 전달할 수 있는 창의적인 콘텐츠 아이디어를 발굴하고 기획합니다.

> 너는 콘텐츠 디자이너야. 우리 회사의 브랜드 키워드는 탐험, 연결, 성장이야. 이 키워드를 반영하여 신입사원에게 전달할 온보딩 키트의 구성 아이디어를 콘텐츠 형태로 5가지 제안해줘. 각 콘텐츠가 Welcome(환영), Onboarding support(적응), Wow(감탄) 중 어디에 해당되는지도 함께 구분해줘.

콘텐츠 명	설명	적용 키워드	콘텐츠 유형	효과 분류
1. 탐험 지도	사내 시스템, 협업 툴, 사무실 공간, 관행 등을 마치 지도로 구성해 시각적으로 안내하는 인포그래픽	탐험	인포그래픽 문서	Onboarding support
2. 연결의 시작 카드	주요 팀원 소개, 슬랙 채널 안내, 점심 추천 팀 등을 소개하는 웰컴 카드북. QR로 자기소개 슬라이드 연결	연결	카드형 콘텐츠+링크 공유	Welcome
3. 성장의 루틴 플래너	30일 적응 체크리스트, 일일 업무 습관 트래커, 퍼스트 프로젝트 계획서	성장	체크리스트+미션 카드	Onboarding support
4. 브랜드 굿즈 세트	'탐험을 시작한 날'이 적힌 사원증, 연결 모티프 디자인 텀블러, 성장 다이어리 노트	탐험+연결+성장	실물 키트/시안	Wow
5. CEO의 환영 메시지 영상	"당신의 여정이 시작됩니다."라는 메시지로 구성된 CEO의 숏폼 영상. 회사의 철학과 환영 인사 전달	연결+성장	영상 콘텐츠	Welcome

브랜드 키워드와 콘텐츠 콘셉트를 효과적으로 반영한 아이디어가 잘 도출되었습니다. 이제 이 아이디어를 바탕으로, 실제 온보딩 키트 콘텐츠를 AI 디자인 도구와 함께 하나씩 제작해보겠습니다. 각 도구의 강점을 어떻게 활용할 수 있는지 실습을 통해 직접 경험해볼까요?

5.2 카드형 콘텐츠 디자인

브랜드 메시지를 효과적으로 전달하려면 텍스트와 이미지가 균형 있게 구성되어야 합니다. 이 단계에서는 콘텐츠에 담을 핵심 메시지를 구조화한 후, 이를 카드 형식으로 정리해 브랜드 정체성과 분위기가 자연스럽게 전해지도록 구성합니다. 간결하면서도 인상 깊은 표현을 통해 신입 구성원이 브랜드의 감성과 방향성을 직관적으로 느낄 수 있도록 설계하는 것이 핵심입니다.

✔ 메시지 시각화

- **담당자**: 챗GPT, 감마
- **과제**: 브랜드 메시지를 요약하여 시각 콘텐츠로 체계화한다

01 앞서 발굴한 콘텐츠 아이디어를 토대로 각 카드에 포함될 메시지와 구성을 설계해보겠습니다. '탐험, 연결, 성장'이라는 브랜드 키워드와 온보딩 목적에 맞춰 카드의 흐름을 체계화하고, 핵심 메시지가 단계적으로 효과적으로 전달될 수 있도록 전체 구성의 방향성을 설정해보겠습니다.

 앞서 정의한 "WOW(Welcome/Onboarding support/Wow)" 키워드를 바탕으로 카드북 콘텐츠를 구성하려고 해. 감마에서 활용할 수 있도록 프롬프트를 작성해줘.

 신입사원을 위한 온보딩 키트에 들어갈 카드북 콘텐츠를 제작하려고 합니다.
콘셉트는 "WOW KIT"이고, WELCOME/ONBOARDING SUPPORT/WOW 총 3개의 키워드로 구성됩니다.
각 키워드에 어울리는 디자인 카드 슬라이드를 다음 기준에 맞춰 제안해주세요.

(중략)

디자인 톤은 밝고 긍정적인 분위기이며, MZ 세대가 공감할 수 있는 감각적인 스타일을 제안해주세요.
폰트는 Pretendard 또는 깔끔한 고딕 계열 추천, 일러스트는 플랫한(평면적인) 스타일을 선호합니다.

02 웹 사이트에서 감마에 접속하고 로그인합니다. 기본 화면에서 [+ 새로 만들기 AI] 버튼을 클릭하고 [생성]을 선택합니다.

03 프롬프트를 입력할 수 있는 생성 화면으로 이동됩니다. 카드북 형태의 콘텐츠를 만들 예정이므로 [소셜]을 선택하고 카드 개수, 형태, 언어를 설정합니다. 이후 챗GPT가 작성해준 프롬프트를 입력란에 붙여 넣고 [개요 생성] 버튼을 클릭하여 콘텐츠 구성을 시작합니다.

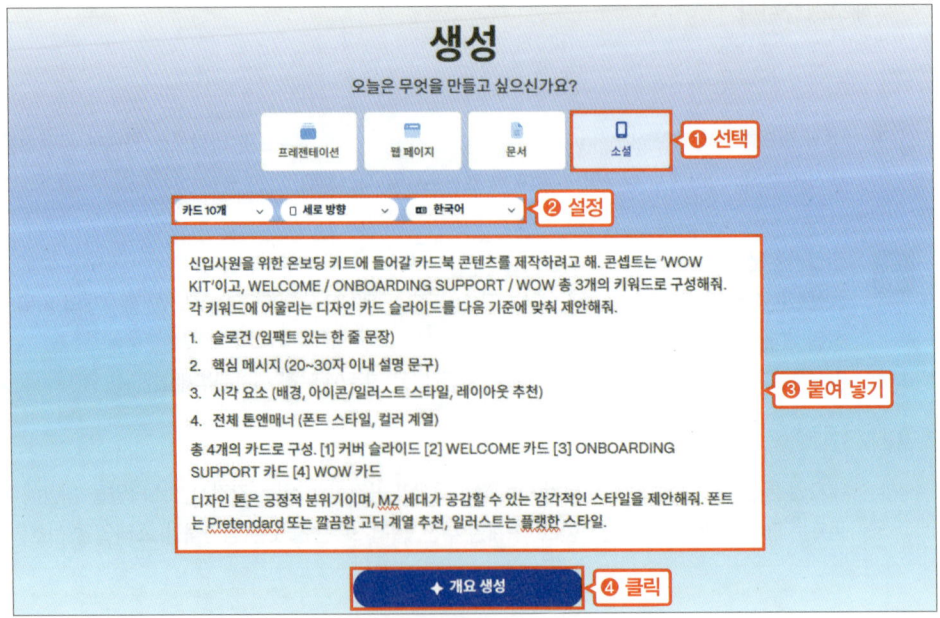

04 요청한 카드 개수에 맞춰 각 슬라이드에 들어갈 내용이 자동으로 생성되었습니다. 슬로건, 핵심 메시지와 디자인 디테일까지 카드별로 체계적으로 구성되었습니다.

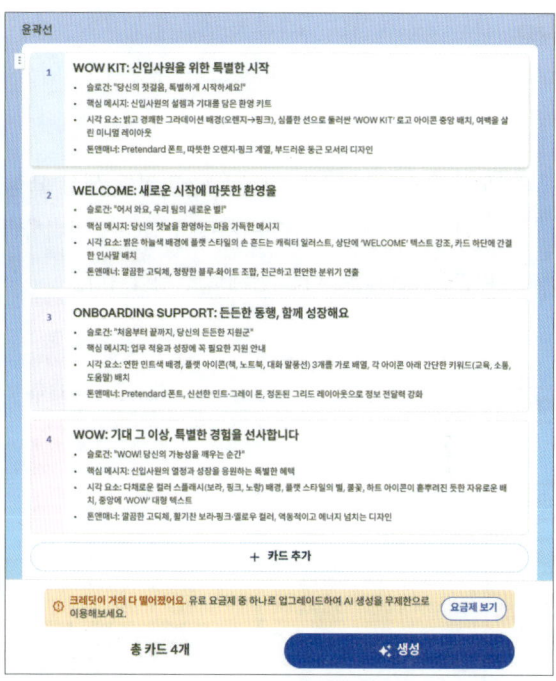

05 [텍스트 내용], [시각적 요소]를 선택하고 이미지는 [자동]으로 선택하여 테마에 맞는 이미지 유형을 자동으로 선택하도록 설정합니다. 좀 더 세부적인 편집을 하기 위해 하단의 [고급 모드]를 클릭해 프롬프트 편집 화면으로 이동합니다.

06 카드북에 들어갈 텍스트 콘텐츠가 필요하므로 '텍스트 콘텐츠'를 [생성], '카드당 텍스트 양'은 [상세]로 선택합니다. '쓰기 대상'에 '신입사원'을 입력하고, '톤'을 '동기부여'로 지정합니다.

오른쪽 상단의 '추가 지침'은 슬라이드 생성 요청을 위해 입력했던 프롬프트가 들어가 있습니다. 추가적으로 입력할 사항이 있다면 입력합니다. 모든 프롬프트 편집이 완료되면 [생성] 버튼을 클릭하여 다음 단계로 진행합니다.

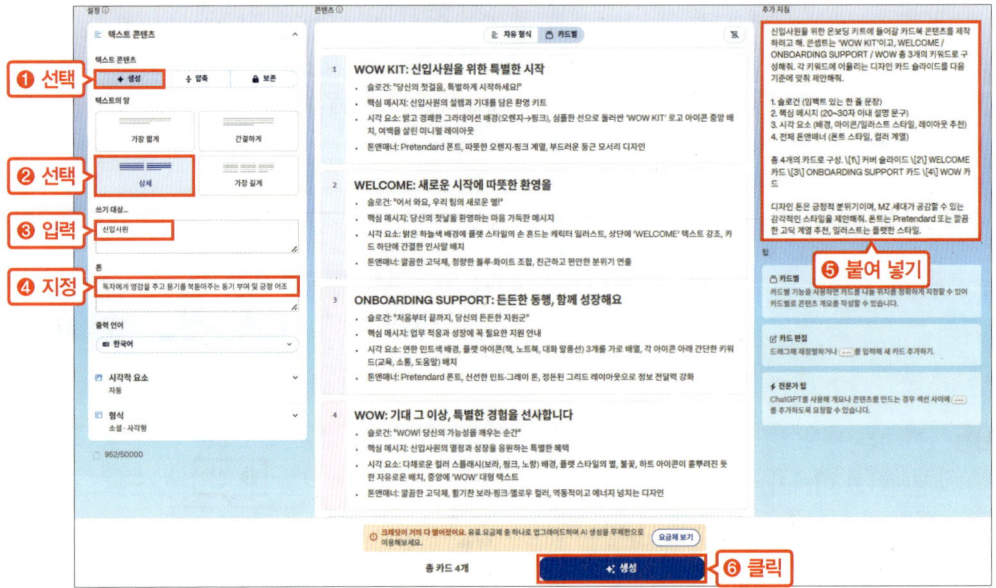

07 구체적이고 명확한 프롬프트 입력을 진행하여 요청 내용을 정확히 반영한 고품질의 결과물로 이어져 총 4장의 카드가 깔끔하게 완성되었습니다.

08 여기서 편집을 진행할 수 있습니다. 텍스트를 수정하려면 각 카드의 본문 영역에서 직접 내용을 편집하고, 도형이나 이미지 등 시각 요소를 삽입하거나 조정하려면 화면 오른쪽에 위치한 메뉴바를 활용해 수정합니다.

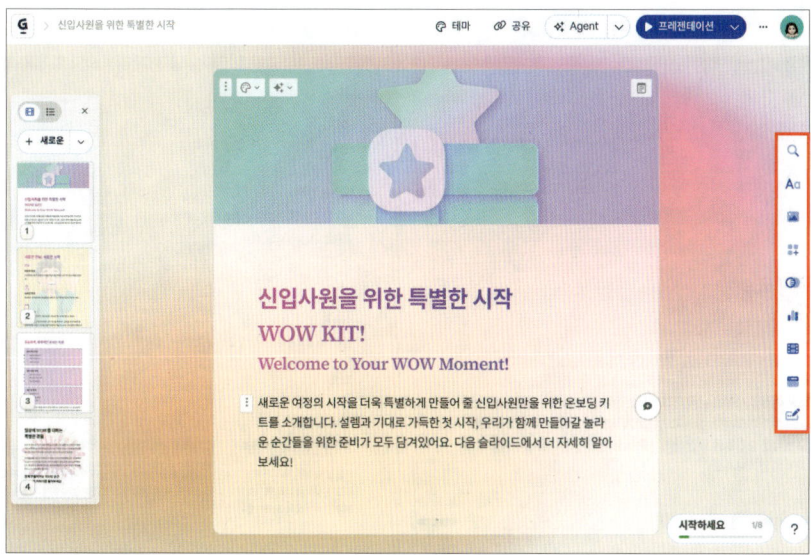

09 완성된 카드북을 내보내겠습니다. 화면 오른쪽 상단의 '…' 아이콘을 클릭하고 [내보내기]를 선택합니다. 형식은 [PNG로 내보내기]를 선택해 저장합니다.

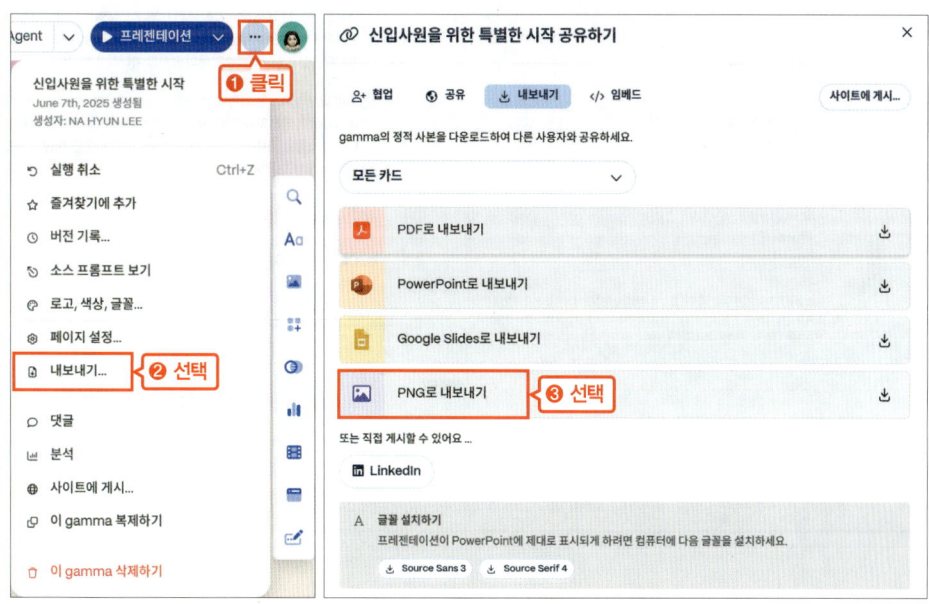

10 완성된 카드북이 요청한 WOW 콘셉트에 맞춰 따뜻한 환영 분위기를 자연스럽게 담아내며 잘 구성되었습니다. 이렇게 감마에서는 복잡한 요소 추가나 도형 편집 작업 없이 간단한 프롬프트만으로 몇 초 만에 브랜드 감성에 부합하는 완성도 높은 카드북을 손쉽게 제작할 수 있습니다.

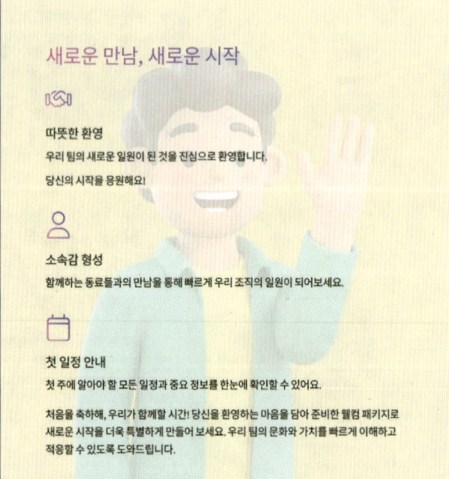
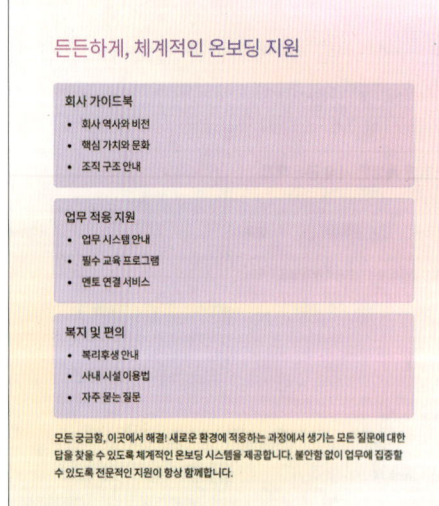

 같은 내용이라도 테마나 레이아웃을 바꾸면 완전히 다른 분위기의 슬라이드를 만들 수 있습니다. 원하는 목적이나 대상에 맞게 여러 테마를 시도해보면서 최적의 스타일을 선택합니다.

5.3 온보딩 굿즈 제작

온보딩 키트에 포함되는 실물 굿즈는 단순한 선물이 아니라, 브랜드의 감성과 메시지를 직접 전달하는 중요한 수단입니다. 신입사원이 브랜드를 경험하는 가장 직관적인 접점이자, 환영의 의미를 물리적으로 구현하는 매개이기도 하죠. 이번에는 굿즈에 담을 문구와 콘셉트를 기획하고, 브랜드 이미지에 어울리는 시각적 구성으로 시안을 제작한 후, 실제 제작이 필요한 형태로 완성하는 과정을 단계별로 진행합니다.

✅ 키트 제작

- 담당자: 챗GPT, 캔바, 미리캔버스
- 과제: 브랜드 감성을 담은 실물 굿즈를 제작한다

01 온보딩 키트에 포함될 굿즈 구성을 아이템별로 체계적으로 기획하고, 각각의 아이템이 전달해야 할 브랜드 메시지를 명확하게 정의해보겠습니다.

앞서 정의한 "WOW(Welcome-환영/Onboarding support-적응/Wow-감탄)" 키워드를 바탕으로 신입사원을 위한 온보딩 키트에 포함할 굿즈 아이템 4가지를 기획해줘. 각 아이템은 실용적이면서도 감성적인 요소를 갖추고 있어야 하며, 다음 항목을 표로 작성해줘.
- 아이템 이름
- 아이템의 목적 또는 활용 의도
- 해당 아이템에 프린트할 짧은 메시지(브랜드 톤과 연결)

아이템 이름	목적/활용 의도	프린트 메시지	관련 키워드
탐험가의 노트	업무 메모와 성장 기록을 위한 개인 노트. 첫 장에 환영 메시지 삽입	"당신의 여정이 여기서 시작됩니다"	Welcome/탐험
연결되는 텀블러	커피 타임 및 동료 간 소통을 유도하는 텀블러. 팀 컬러 구분 가능	"누군가와 연결될 당신의 다음 한 모금"	Wow/연결
시작의 배지	신입사원을 식별하는 브랜드 네임택. 기념품으로 활용 가능	"나 오늘, 새롭게 시작했어요"	Welcome/성장
워크플로 마우스패드	사내 협업 시스템 및 채널 요약 정보가 인쇄된 마우스패드. 자연스러운 업무 적응 유도	"이 흐름에 몸을 실으면 금방 익숙해질 거예요"	Onboarding Support/적응

02 챗GPT가 제시해준 메시지가 콘셉트와 잘 어울리지만 아이템에 인쇄하기에는 다소 길어 보입니다. 더 간결한 문구가 필요하니 짧은 영어 문장으로 다시 작성해달라고 요청해보겠습니다.

프린트 메시지는 굿즈용으로, 짧고 인상적인 영문 문구로 작성해줘.

아이템 이름	목적/활용 의도	프린트 메시지	관련 키워드
Explorer's Notebook	업무 메모와 성장 기록을 위한 개인 노트. 첫 장에는 환영 메시지 삽입 가능	"Your journey begins here"	Welcome/탐험
Connected Cup	커피 타임 및 동료 간 소통을 유도하는 텀블러. 팀 컬러 구분 가능	"Sip and connect"	Wow/연결
First Day Badge	온보딩 첫 달 신입사원을 식별하는 브랜드 네임택. 기념품으로 활용 가능	"I'm new. Say hi!"	Welcome/성장
Workflow Mousepad	사내 협업 시스템 및 채널 요약 정보가 인쇄된 마우스패드. 자연스러운 업무 적응 유도	"Go with the flow"	Onboarding Support/적응

03 챗GPT가 제안한 온보딩 굿즈 디자인 기획 표를 토대로 실제 굿즈 시안 제작을 진행하겠습니다. 회사 온보딩 키트의 특성상 브랜드 정체성 구현을 위해 회사 로고 삽입이 필수적입니다. 효과적인 디자인 작업을 위해 회사 로고 이미지를 챗GPT 채팅창에 업로드하고 프롬프트를 작성합니다.

이제 제안된 5가지 아이템을 실제 굿즈로 제작할 수 있도록, 각 아이템에 어울리는 디자인 방향을 제안해줘. 첨부된 회사 로고를 활용하여 다음 항목을 포함해줘.
- 아이템별 감성(톤앤매너)
- 디자인 콘셉트를 설명하는 키워드
- 어울리는 심볼 또는 그래픽 요소

아이템 이름	감성 (Tone&Manner)	디자인 콘셉트 키워드	어울리는 심볼 /그래픽 요소	로고 활용 제안
Explorer's Notebook	탐험, 성장, 기록하는 여정	여정, 지도, 나침반, 출발점	나침반 아이콘, 손글씨 'Day 1', 점선 지도 경로	표지 하단 중앙에 로고(BornTiger) 삽입, 골드 컬러가 여정의 출발선처럼 연출되도록 활용
Connected Cup	연결감, 일상, 편안한 대화	연결, 커피 타임, 동료	증기 모양의 점선, 말풍선, 스마일 아이콘	텀블러 하단에 로고 삽입, 골드 선을 컵 곡면에 띠처럼 연장해 사용
First Day Badge	존재감, 환영, 눈에 띔	환영, 첫날, 인사, 배지	하트 말풍선, "HELLO" 타이포, 점선 동그라미 테두리	배지 상단 혹은 뒷면에 로고 전체 삽입, 골드 하이라이트를 신입 배경색으로 활용
Workflow Mousepad	효율성, 질서, 협업 흐름	워크플로, 구조, 채널, 프로세스	폴더/채널 아이콘, 화살표 흐름도, 작은 조직도	마우스패드 오른쪽 하단 로고 삽입, 골드 선을 흐름도 라인 요소로 확장 활용

04 영문 아이템 이름을 참고하여 아이템별로 캔바에서 사용할 프롬프트를 작성합니다. 이 과정에서는 메시지의 핵심을 반영하고, 시각적 표현과 구성 요소를 구체적으로 지정해 캔바에서 바로 활용할 수 있는 형태로 구성하는 것을 목표로 합니다.

앞서 작성한 프린트 메시지(영어)를 포함해서 아이템별 캔바 프롬프트를 작성해줘.

1. Explorer's Notebook
- **템플릿 유형**: 표지 디자인/내지 포함 A5 노트 시안
- **프롬프트**: A5 사이즈 신입사원 노트 표지를 디자인합니다. 브랜드 키워드는 '탐험, 연결, 성장'이며, 로고(BornTiger)를 하단 중앙에 배치해주세요. 표지 상단에는 "Your journey begins here"라는 문구를 넣고, 골드 브러시 느낌을 여정의 시작선처럼 표현해주세요. 배경은 샌드베이지 톤에, 나침반 아이콘 또는 점선 경로 그래픽이 포함되도록 구성해주세요.

2. Connected Cup(텀블러)
- **템플릿 유형**: 텀블러 외부 라벨 디자인(원통형 컵 시안)

- **프롬프트**: 사무용 텀블러 외부 라벨을 디자인합니다. 컬러는 연한 핑크, 화이트, 골드 계열로 구성하고, 중앙에 "Sip and connect"라는 메시지를 넣어주세요. 스팀 모양 아이콘, 점선 연결 그래픽, 본타이거(BornTiger) 로고를 컵 하단 좌측에 작게 배치해주세요. 골드 컬러 하이라이트는 컵 상단 띠 또는 스팀 흐름에 활용해주세요.

3. First Day Badge
- **템플릿 유형**: 원형 네임 배지/사내 식별 태그
- **프롬프트**: 지름 60mm 원형 배지를 디자인합니다. 상단에는 "I'm new. Say hi!"라는 문구를 크고 밝게 배치해주세요. 컬러는 연한 핑크, 화이트, 골드 계열을 활용하고, 하트 말풍선 아이콘이나 HELLO 타이포를 함께 사용해주세요. 뒷면 또는 오른쪽 하단에 본타이거(BornTiger) 로고를 작게 삽입합니다. 전체 톤은 유쾌하고 환영받는 느낌이 들도록 구성해주세요.

4. Workflow Mousepad
- **템플릿 유형**: 가로형 데스크 마우스패드 디자인(약 250x200mm)
- **프롬프트**: 사무용 마우스패드 디자인을 제작합니다. 배경은 연한 핑크 컬러를 기본으로 하고, 오른쪽 하단에 "Go with the flow"라는 문구를 배치해주세요. 중앙 또는 왼쪽 영역에는 간단한 조직도, 슬랙/이메일/캘린더 아이콘, 흐름도 화살표 등을 시각적으로 배치해주세요. 본타이거(BornTiger) 로고는 오른쪽 하단에 넣고, 금색 하이라이트는 흐름선을 따라 강조용으로 활용해주세요. 전체 톤은 시각적 안정감과 집중을 유도하는 구조로 설계해주세요.

05 작성한 프롬프트를 바탕으로 캔바에서 굿즈 시안을 제작합니다. 캔바에서 [Canva AI] → [이미지 생성]을 선택합니다. 채팅 입력창 왼쪽 하단의 '+' 아이콘을 클릭하여 회사 로고 이미지 파일을 업로드하고 챗GPT가 작성한 프롬프트를 아이템별로 복사하여 붙여 넣습니다.

06 캔바의 [스타일 매치] 기능을 활용하니 회사 로고의 디자인 콘셉트와 온보딩 키트의 WOW 콘셉트가 자연스럽게 어우러진 굿즈 시안이 완성되었습니다. 브랜드의 감성과 메시지가 조화롭게 잘 표현되어 있네요. 이런 굿즈를 선물로 받는다면 정말 설렐 것 같습니다.

굿즈 1. Explorer's Notebook(개인 노트)

굿즈 2. Connected Cup(텀블러)

굿즈 3. First Day Badge(신입사원 배지)

굿즈 4. Workflow Mousepad(마우스 패드)

07 시안을 바탕으로 실제 굿즈를 제작해보겠습니다. 실제 굿즈를 제작할 때 미리캔버스를 활용하면 다양한 굿즈를 손쉽게 주문 제작할 수 있습니다.

미리캔버스 홈 화면에서 오른쪽 상단의 [디자인 만들기] 버튼을 클릭하여 굿즈 제작을 위한 디자인 작업을 시작합니다.

08 편집 화면에서 오른쪽 상단의 [인쇄물/상품 제작] 버튼을 클릭하면 굿즈로 활용할 수 있는 다양한 아이템이 나타납니다. 패브릭 상품, 책자, 머그컵 등 실용성과 디자인을 모두 고려한 인쇄 아이템을 선택할 수 있습니다.

09 제작한 시안을 활용해 텀블러를 직접 만들어보겠습니다. 검색창에 '텀블러'를 입력하면 다양한 스타일의 텀블러 시안이 나타납니다. 여기에서 시안과 회사의 브랜드 톤, 온보딩 키트의 WOW 콘셉트를 가장 잘 표현할 수 있는 디자인을 선택합니다.

여기에서는 회사 로고의 톤과 잘 어울리는 색상을 고려하여 [더블 파스텔]을 선택하였습니다. 이어서 하단에 표시되는 [더블 파스텔 텀블러 가이드 적용] 버튼을 클릭하여 디자인 작업을 시작합니다.

 디자인을 선택할 때는 시각적 일관성과 실용성이 조화를 이루는 제품을 고르는 것이 중요합니다.

10 디자인 편집 화면에서 디자인 요소가 안전하게 배치될 수 있도록 가이드라인과 안전 영역 표시선이 나타납니다. 준비한 이미지 파일을 이 가이드에 맞춰 적절하게 배치합니다.

11 로고 이미지를 붙여 넣으면 오른쪽의 [상품 정보] 영역에 인쇄되었을 때의 이미지를 미리 확인할 수 있습니다. 디자인 편집을 완료하고 [이 옵션으로 제작 할래요] 버튼을 클릭하면 주문 단계로 이동되며, 결제를 완료하면 굿즈 제작이 완료됩니다.

NOTE 미리캔버스의 배경 제거

준비한 이미지 파일에서 배경을 제거하고 싶다면 화면 왼쪽 메뉴바에서 [사진]을 선택하고 'AI 쉬운 편집'의 [배경 제거]를 선택합니다. 배경이 제거된 이미지를 활용하면 굿즈 디자인을 더욱 깔끔하고 세련되게 완성할 수 있습니다.

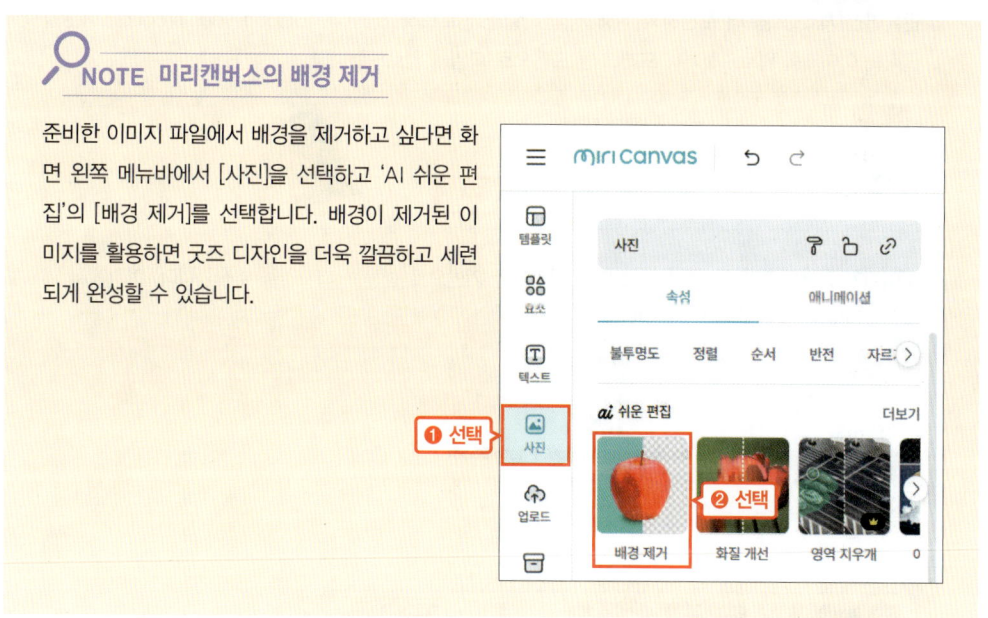

NOTE 목커AI, 이렇게 활용하세요

우리 회사 굿즈를 SNS에 업로드해 바이럴 마케팅에 도전해볼까요? 목커(Mokker)는 제품 이미지에 브랜드 감성을 더할 고품질 시각 자료를 제작하기에 적합한 도구입니다. 간단하게 목커에 대해 살펴보겠습니다.

❶ 웹 브라우저에서 'Mokker' 또는 'mokker.ai'를 검색하여 접속합니다. [Create with Mokker] 버튼을 클릭하고 로그인합니다.

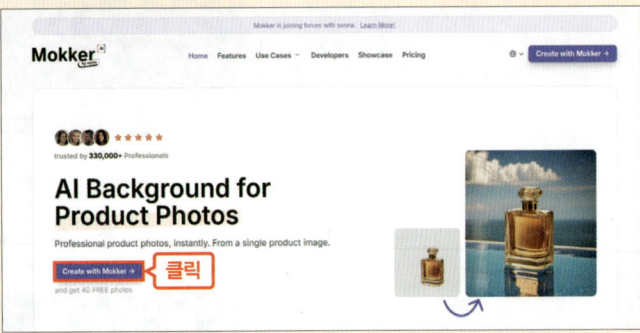

❷ 만들어진 자료를 좀 더 보완하기 위해 제품 파일을 업로드하겠습니다. [Upload your product] 버튼을 클릭해 이미지를 업로드하거나 드래그 앤 드롭으로 파일을 업로드합니다.

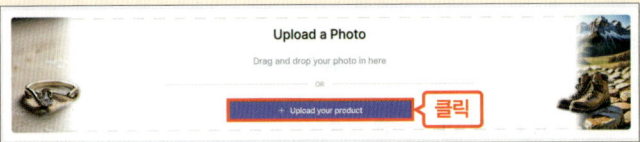

❸ 이미지가 업로드되면 목커에서 업로드된 이미지를 기반으로 템플릿 디자인을 추천합니다. 여기에서 제품과 어울리는 템플릿을 선택합니다.

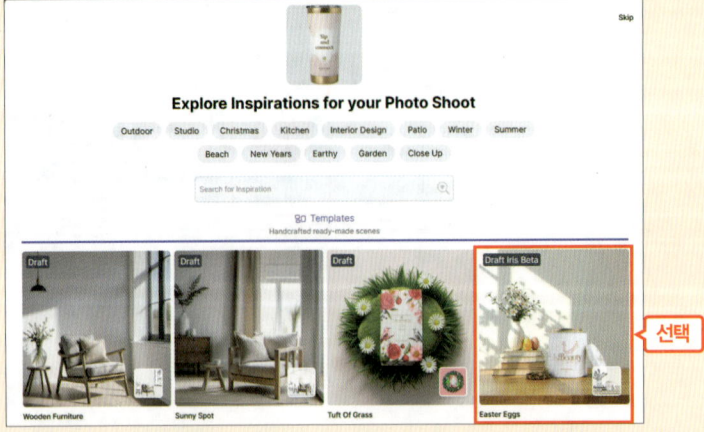

④ 디자인 편집 화면이 나타나면 제품의 위치와 크기를 조정하고 [Generate Photos] 버튼을 클릭하여 템플릿에 맞는 이미지를 생성합니다.

⑤ 이미지 생성이 완료되면 [Download Image | PNG] 버튼을 클릭하여 다운로드합니다.

⑥ 이렇게 이미지를 업로드하고 원하는 템플릿을 선택하는 것만으로도 결과물을 빠르게 만들 수 있습니다. 굿즈를 홍보하거나 SNS용 이미지가 필요하다면 목커를 사용해 제작하고 업로드해 빠르고 쉽게 홍보를 진행해보세요.

5.4 온보딩 영상 제작

온보딩 키트의 마지막은 움직이는 콘텐츠입니다. 이미 우리는 카드와 굿즈로 브랜드 메시지를 전달했고, 이제는 그 감성을 짧고 강렬한 영상 콘텐츠로 전달할 차례입니다. 이번에는 조직문화를 전달할 수 있는 숏폼 영상 콘텐츠를 제작합니다.

이번에는 모바일과 SNS 환경에 최적화된 숏폼 영상 콘텐츠 제작을 통해 브랜드 메시지의 확산력을 극대화하고자 합니다. 텍스트만으로도 간편하게 영상 제작이 가능한 브루 플랫폼을 활용하여, 짧고 임팩트 있는 온보딩 메시지를 중심으로 한 감각적인 영상 콘텐츠를 완성하겠습니다.

✅ 숏폼 제작

- **담당자**   챗GPT, 브루
- **과제**   조직문화 메시지를 영상 콘텐츠로 시각화한다

01 브루를 실행하고 [홈] → [새로 만들기]를 선택하고 창이 나타나면 [텍스트로 비디오 만들기]를 선택합니다.

 영상의 목적에 맞게 화면 비율과 자막을 설정하는 것이 좋습니다. 브루에 대한 접속 및 스튜디오 설정 방법을 자세히 살펴보려면 〈1.3절 AI 디자인 도구〉의 브루 내용을 참고하세요.

02 영상 제작 화면으로 이동하면 비디오 스타일을 [제품 소개 스타일]로 선택하고 [다음] 버튼을 클릭합니다.

03 2단계에서는 영상의 대본을 작성합니다. 주제를 입력하고 글자 수를 설정하면 AI 글쓰기가 자동으로 대본을 작성해줍니다. 하지만 이번 영상은 신입사원을 위한 온보딩 메시지를 중요하게 담아내야 하므로 브루의 AI 글쓰기 기능을 이용하지 않고, 설계한 콘셉트를 바탕으로 챗GPT에게 영상 자막용 프롬프트 작성을 요청하겠습니다.

 신입사원을 대상으로 한 온보딩 영상을 만들려고 해. 영상은 신입 구성원에게 직접 환영 인사를 전하고, 회사에 대한 긍정적인 첫인상을 줄 수 있어야 해. 톤은 따뜻하고 친근하며, 브랜드 콘셉트 WOW를 반영해야 해. 영상 AI에게 요청하는 프롬프트를 작성해줘.

 신입사원을 대상으로 한 온보딩 웰컴 영상을 제작하고 싶습니다. 대상은 신입 구성원이며, 영상은 그들에게 직접 환영 메시지를 전하고 회사에 대한 긍정적인 첫인상을 줄 수 있어야 합니다. 톤은 따뜻하고 친근해야 하며, 브랜드 키워드는 WELCOME/ONBOARDING SUPPORT/WOW입니다. 영상에 포함할 내용 예시는 다음과 같습니다.

1. 따뜻한 환영 인사(예: "환영합니다! 당신의 여정을 함께하게 되어 기쁩니다")
2. 회사의 핵심 가치와 문화 소개
3. 신입사원이 기대할 기회 또는 성장 환경
4. 자주 활용할 리소스나 도움이 되는 안내 포인트
5. 마지막 응원 메시지(예: "당신은 충분히 잘할 수 있습니다!")

텍스트 중심의 짧은 영상으로 구성해주세요.

04 브루의 대본 작성 화면에서 주제 입력란에 챗GPT가 작성한 프롬프트를 붙여 넣고 [AI 글쓰기] 버튼을 클릭합니다. 오른쪽 대본 칸에 입력한 프롬프트 내용을 바탕으로 영상용 자막 대본이 자동으로 생성됩니다. 생성된 자막을 검토하여 수정한 후 [다음] 버튼을 클릭합니다.

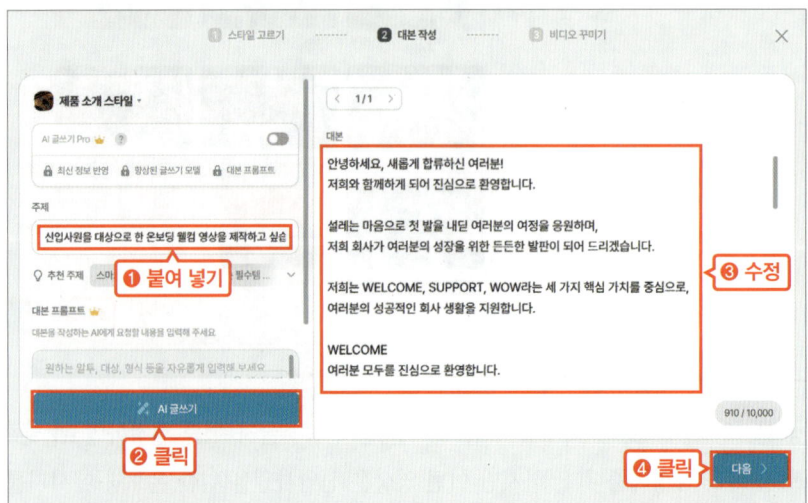

> ⚠️ 생성된 자막은 이후 영상 편집 화면에서도 자유롭게 수정하거나 조정할 수 있습니다.

05 '비디오 꾸미기' 단계에서는 화면 비율을 [9:16], 자막의 위치를 [중간], 길이를 [짧게]로 선택하고 자동 애니메이션 박스를 체크 표시하여 활성화합니다. 이어서 AI 목소리를 변경하기 위해 [민정] 버튼을 클릭합니다.

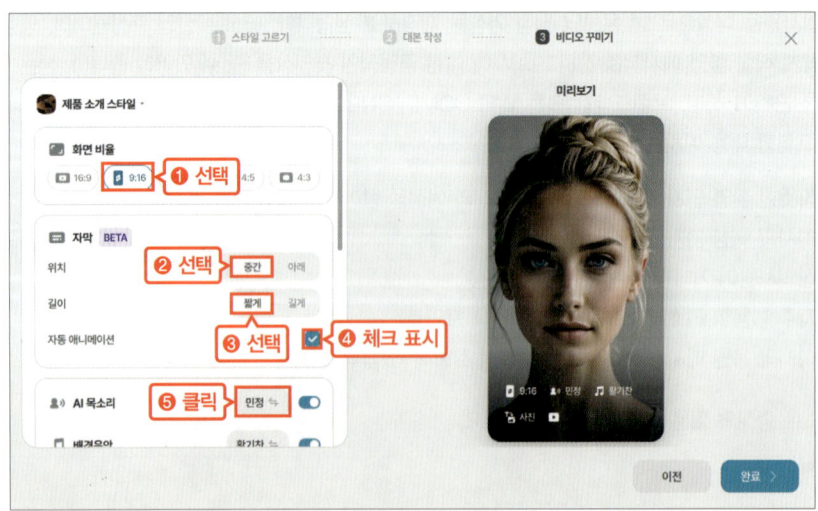

06 설정 창이 나타나면 언어 성별, 연령대 등의 옵션을 선택한 후 다양한 AI 목소리를 미리 들어보고 온보딩 영상의 분위기와 잘 어울리는 목소리를 선택합니다. 선택이 완료되면 [확인] 버튼을 클릭하여 설정을 마무리합니다.

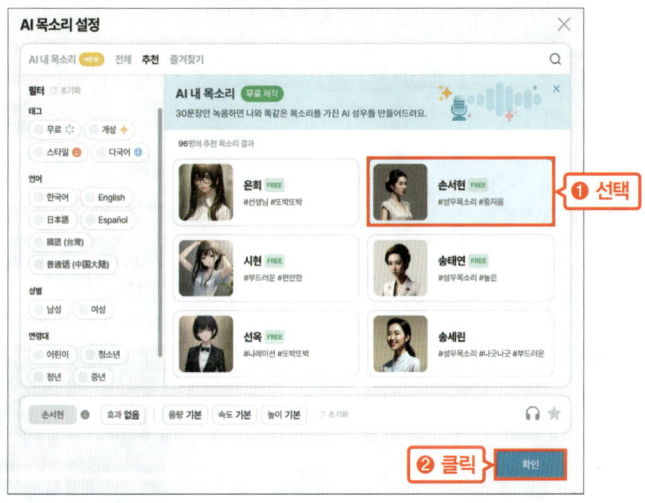

07 '배경음악'은 신입사원 온보딩 영상 분위기에 어울리도록 [활기찬]을 선택합니다. AI 이미지 기능을 활성화하고 [사진]으로 스타일을 설정한 다음 무료 비디오, 자동 음소거 기능도 모두 활성화합니다. 모든 설정을 마쳤다면 [완료] 버튼을 클릭하여 영상 설정을 마무리합니다.

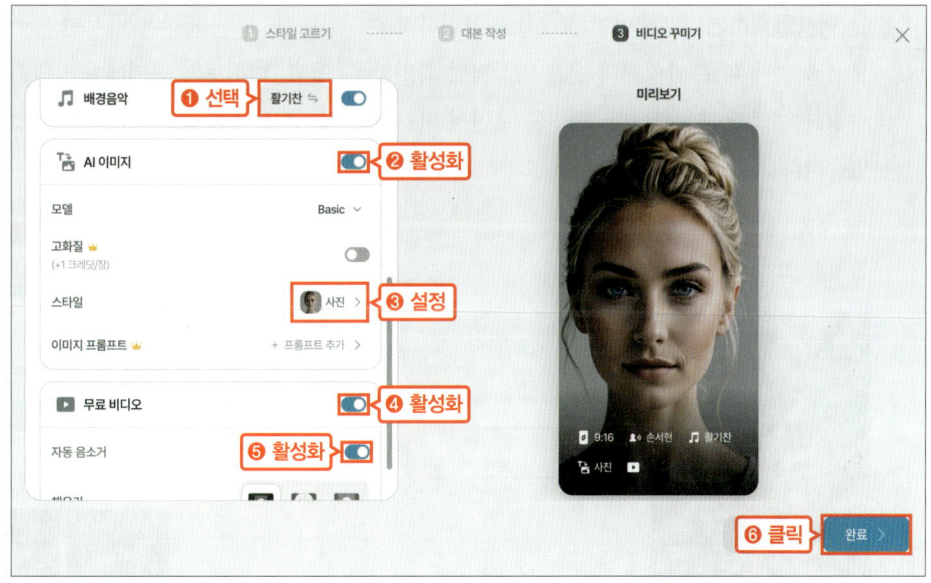

08 온보딩 영상인 만큼 회사 디자인의 톤앤매너를 반영하고 싶다면 템플릿을 적용하여 전체적인 스타일을 맞출 수 있습니다. 이번 영상은 간결하고 깔끔한 인상을 주기 위해 효과 중심의 프레임만 적용하겠습니다. 화면 상단의 [템플릿] → [템플릿]을 선택한 후 원하는 스타일의 템플릿을 선택하고 [적용하기] 버튼을 클릭하여 영상에 반영합니다.

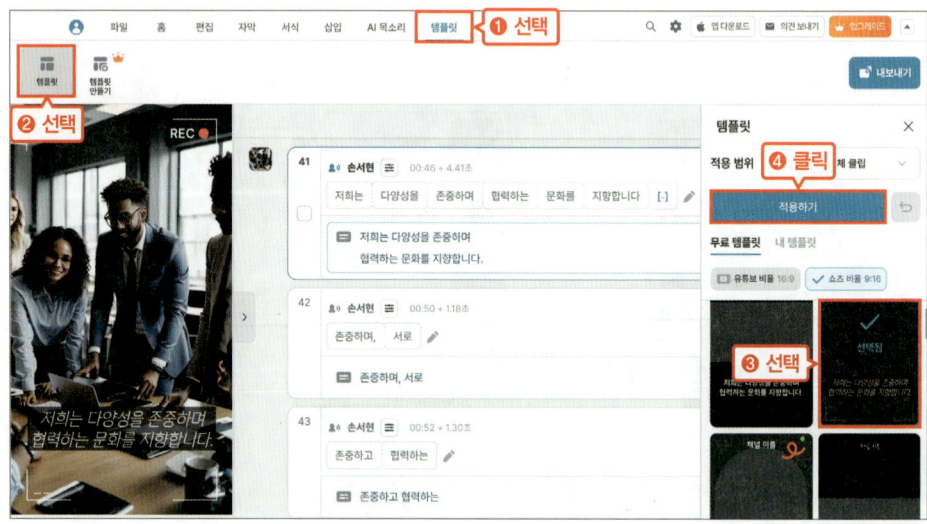

09 자막의 위치와 크기, 배치 등 영상 요소를 조정합니다. 중앙 자막 편집 박스 상단은 AI 음성으로 읽는 텍스트이고, 하단은 화면에 표시되는 자막입니다. AI 음성을 삭제하려면 텍스트를 더블클릭하거나 '펜' 아이콘( )을 클릭하여 수정합니다. 하단 자막을 바꾸면 왼쪽 미리보기 화면에 바로 반영되어 실제 영상처럼 확인할 수 있고, 미리보기 화면에서 자막을 직접 수정하는 것도 가능합니다. 화면을 보면서 바로 편집할 수 있어 빠르고 편리하게 작업할 수 있습니다.

10 영상 편집이 완료되면 화면 오른쪽 상단의 [내보내기] 버튼을 클릭한 후 [영상 파일(mp4)] 형식을 선택하여 파일을 저장합니다. 완성된 영상은 온보딩 키트에 포함하거나 SNS, 사내 채널 등에 활용할 수 있습니다.

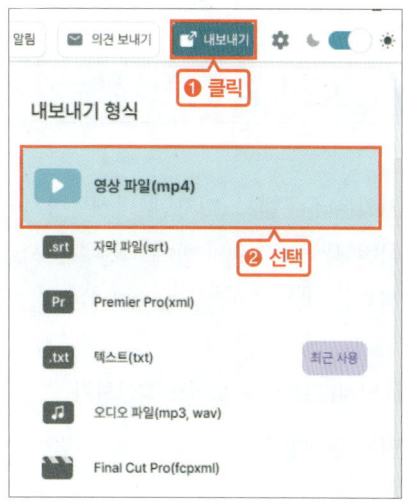

온보딩 키트 프로젝트가 완성되었습니다. 브랜드 메시지를 시각적으로 구현하는 미니 프로젝트로, AI 디자인 총괄 팀원들과 함께 진행한 협업 실습이었습니다. 챗GPT, 감마, 캔바, 미리캔버스, 브루, 목커 등 각 AI가 저마다의 전문 영역에서 역할을 수행하며 카드북, 굿즈, 숏폼 영상으로 구성된 온보딩 키트를 함께 만들었습니다. 이번 실습에서 여러분은 디자인 총괄 AI 팀원과 협업하며 미니 프로젝트를 진행했습니다. 이처럼 AI를 도구가 아닌 팀원으로 바라보고 협업한다면 창의적 결과물은 훨씬 더 빠르고 정교하게 완성될 수 있습니다.

AI 팀원과 함께 프로젝트를 완수해보세요!

기획부터 콘텐츠, 디자인, 마케팅까지… 지금까지 혼자서 모든 업무를 처리하느라 지치셨나요? 이번에는 AI 팀원과 함께 실전 프로젝트를 완수해봅시다. 실제 진행 중인 프로젝트나 앞으로 꼭 해보고 싶은 아이템을 떠올려 워크시트를 작성하면 실무 적용도가 훨씬 높아집니다.

[1단계] 프로젝트 브리프 작성하기

먼저 진행할 프로젝트의 전체 그림을 그려봅시다. 다음 예시 항목을 참고하여 간단한 브리프를 작성해보세요.

- **프로젝트 주제**: SaaS 제품 런칭, SNS 홍보 이미지 제작, 마케팅 캠페인
- **목표/성과지표**: 신규 가입자 1천 명 유치, 브랜드 인지도 향상
- **핵심 타깃**: 스타트업 마케팅 담당자, 디자이너
- **예상 기간**: 2026년 6월
- **핵심 산출물**: 콘텐츠 기획안, SNS 이미지, 제안서, 키 비주얼 등

프로젝트 주제	

[2단계] 프로젝트 워크플로 설계하기

이제 실제 업무처럼 프로젝트의 흐름을 구성해봅시다. 각 단계의 업무 내용을 정리하고 어떤 업무를 내가 맡을지, 어떤 업무를 AI 팀원이 맡을지 구분해봅니다. 담당할 AI 팀원명과 예상되는 산출물, 프롬프트 키워드도 함께 기록해보세요. 프롬프트 키워드에는 AI 팀원에게 요청할 핵심 지시어(타깃, 목적, 형식 등)를 써주세요. 이 과정을 통해 '지시하는 감각'을 기를 수 있습니다.

단계	업무 내용	담당자 (나 or AI 팀원)	예상 산출물	프롬프트 키워드
1단계				
2단계				
3단계				
4단계				
5단계				
6단계				
7단계				
8단계				

AI는 단순한 툴이 아니라 역할을 맡은 팀원이자 협업자입니다. 업무를 마치 '사람처럼' 지시하고, 피드백하고, 조정해보세요. 이 경험이 프로젝트 수행 방식을 완전히 바꿔줄 것입니다.

PART 3

실전 프로젝트 A to Z 완수
AI TF팀을 이끌어 프로젝트를 성공적으로 마무리하라

파트 2에서 기획·전략·디자인 분야의 AI 팀원들과 각각 호흡을 맞췄다면 이제는 TF(Task Force)팀을 꾸려 하나의 실전 프로젝트 전 과정을 완수할 차례입니다.

파트 3은 단순한 실습이 아닙니다. 실제 협업 과정을 그대로 구현하여 '콘퍼런스 개최와 운영'을 위한 아이디어 구상 → 기획안 작성 → 마케팅 전략 수립 → 콘텐츠 제작 → 사후관리를 위한 설문지 생성까지 프로젝트의 A to Z를 경험합니다.

이 과정에서 AI 도구는 여러분과 함께 일하는 팀원이자 동료입니다. AI 팀원과 함께 프로젝트를 어떻게 완성할 수 있는지 체험하며 직접 프로젝트를 리드해보세요. 이제 우리는 하나의 '팀'입니다.

MISSION

"AI TF팀을 구성하여 기획, 데이터 분석, 마케팅, 사후관리까지 실전 프로젝트를 수행하자"

- ☑ 산업 트렌드 기반 콘퍼런스 주제 기획하기
- ☑ 초청 연사 후보 조사하고 섭외 메시지 작성하기
- ☑ 카드뉴스, 제안서, 키 비주얼 등 홍보물 제작하기
- ☑ SNS용 티저 영상 기획하고 제작하기
- ☑ 참가자 모집용 홈페이지와 오프닝 음악 만들기
- ☑ AI 팀원과의 협업으로 전체 운영 흐름 완성하기

Chapter

06 일주일 만에 콘퍼런스 기획부터 홍보, 사후관리까지

콘퍼런스는 사회적 메시지, 참여자 경험, 브랜드 콘텐츠까지 설계해야 하는 종합 프로젝트입니다. 특히 제한된 시간 안에 결과물을 내야 할 때 더 빠르고 정교한 협업이 요구됩니다. 기획 총괄 챗GPT, 전략 총괄 퍼플렉시티, 디자인 총괄 AI가 하나의 콘퍼런스 TF팀을 이루어 콘셉트 설정부터 콘텐츠 제작, 마케팅, 참가자 모집, 이벤트 영상까지 단 7일 안에 완수하는 프로젝트를 함께 수행해봅시다.

이 팀장의 스토리: D-7, AI TF팀 출격! 산업 트렌드 콘퍼런스를 개최하라

AI 팀워크의 법칙은 단순하다.
각자의 강점을 연결해 하나의 결과를 만드는 것.

챗GPT, 퍼플렉시티, AI 디자인까지 이제 누가 무슨 역할을 잘하는지는 확인했다.
하지만 진짜 성과는 혼자 잘하는 것이 아니라 함께 유기적으로 움직이는 팀워크에서 나온다.

이번 과제는 'AI 시대, 일의 미래는 어떻게 달라질 것인가'라는 주제로
산업 트렌드 콘퍼런스를 개최하는 것이다.
기획부터 연사 섭외, 콘텐츠 제작, 마케팅, 참가자 모집, 이벤트까지 단 7일 안에 모든 과정을 끝내야 한다.

이번엔 모든 AI 팀원이 하나의 TF팀으로 움직인다.
각자의 강점을 살려 누가 언제 투입되고, 어떻게 연결될지 흐름을 전략적으로 설계해야 한다.

이번 과제는 결과로 말해야 하는 프로젝트다.
실전 AI 팀플레이를 시작하자.

6.1 프로젝트 킥오프

협업 프로젝트는 단순한 실행의 연속이 아니라 명확한 방향성과 체계적인 준비로부터 시작됩니다. 목표가 불분명하거나 역할이 모호한 상태에서는 팀워크도 결과물도 흔들리기 마련입니다. 이번에는 프로젝트의 출발점인 킥오프 회의를 준비하며, 프로젝트의 개요를 정리하고 역할 분담과 실행 계획을 함께 설계합니다.

실행 이전에 구조를 만드는 일. 그것이 진짜 일의 시작입니다. 이제 TF팀이 실제로 움직일 수 있도록 실행 구조를 잡아볼까요?

✅ 프로젝트 방향 설정

- **담당자**   챗GPT
- **과제**   프로젝트 방향, 업무분장, 일정을 체계적으로 정리한다

01 [방향 설정] 성공적인 프로젝트 수행을 위해서는 무엇보다 명확한 방향 설정이 선행되어야 합니다. 프로젝트의 배경과 목표를 먼저 정리해야 전체 흐름이 흔들리지 않기 때문입니다. 챗GPT를 활용하여 체계적이고 효율적인 프로젝트 관리를 진행해봅시다.

> 너는 지금부터 산업 트렌드 콘퍼런스를 단 1주일 안에 개최해야 하는 전문 콘퍼런스 기획자야. 이번 콘퍼런스의 주제는 'AI 시대, 일의 미래'이고, 목적은 미래 산업과 일자리의 방향을 조망하는 거야. 지금은 기획의 출발점이자 킥오프 단계고, 전체 기획의 방향을 설정해줘.

 1. 콘퍼런스 기획 목적 정의

- **핵심 목표**
  - AI가 재편할 산업 구조와 일자리 변화의 흐름을 조망
  - 기업/정부/학계가 함께 '일의 미래'를 설계할 수 있는 협력 아젠다 제시
  - 실제 적용 사례(베스트 프랙티스) 중심의 인사이트 제공
  - 산업별 리더와 청중 간의 네트워크 장 마련

- **타깃 참가자**
  - 디지털 전환을 고민하는 대·중견기업 인사 전략/기획 부서
  - AI 기반 산업 혁신에 관심 있는 스타트업 및 테크 기업
  - 노동시장/HR 정책 관련 정부 관계자

- 연구자 및 산업 분석가
- 대학생 및 청년 취업 준비생

2. 콘퍼런스 방향 키워드

영역	키워드
산업	AI 전환, 자동화, 생성형 AI, 미래 직무, 리스킬링
정책	일자리 정책, 디지털 포용, 교육 혁신, 산업-고용 연계
교육/HR	러닝 플랫폼, 직무 전환 훈련, 인재 수급
실제 사례	기업 전환 전략, AI 적용 사례, 조직 변화

→ 주제를 다각도로 풀 수 있도록 '산업+고용+전략' 세 축을 설정

3. 세션 구성 기본 구상(예시)

세션	내용
오프닝 키노트	"AI가 바꾸는 일의 미래 – 준비된 자만이 살아남는다" → 글로벌 석학 또는 기업 대표
인더스트리 인사이트	산업별 AI 전환과 일자리 변화 흐름(제조/서비스/IT/의료 등)
정책 패널	고용 정책, 산업 전략, 교육 제도 간의 삼각 축 조율 방안
베스트 프랙티스	국내외 기업들의 AI 기반 업무 전환 사례 공유
리스킬링 랩	AI 시대에 필요한 인재상과 리스킬링 전략 소개(청년/중장년 대상)
대담 및 네트워킹	업계 · 정부 · 교육계 리더 간의 열린 토론 & 네트워킹

4. 1주일 일정 운영 전략(Fast-track)

날짜	주요 진행
D-7	기획안 확정/연사 섭외 시작/온라인 홍보 개시
D-6	연사 조율/세부 세션 기획/랜딩페이지 오픈
D-5~3	콘텐츠 제작/홍보 집중/참가자 모집 집중
D-2~1	현장 운영 점검/네트워킹 리스트업/리허설
D-day	콘퍼런스 운영/실시간 콘텐츠 제작(SNS용)

※ 빠른 결정 구조(내부 전결 체계)와 실무 전담팀 필요

5. 스토리텔링 중심 슬로건 예시

"미래는 준비된 사람의 일터다"

"AI와 함께 일할 준비, 지금 시작하라"

"New Jobs, New Skills, New Thinking"

🔍 NOTE 프롬프트 유형 4가지, 어떻게 다를까?

챗GPT에게 업무를 요청할 때 프롬프트의 방식은 결과의 질에 직접적인 영향을 미칩니다. 일반적으로 다음 네 가지 유형이 자주 활용됩니다.

- **대화형 프롬프트**

"콘퍼런스를 처음 기획하는데, 어떤 방향으로 진행하면 좋을까?"

→ 질문 중심으로 접근하기 때문에 자연스럽고 편안하지만, AI가 상황을 추론해야 하므로 탐색이나 브레인스토밍 단계에 적합합니다.

- **역할 부여형 프롬프트**

"너는 지금부터 콘퍼런스 기획자야. 주제는 OOO 전체 방향 설계해줘."

→ 역할과 상황을 명확히 설정하기 때문에 전략적이고 구체적인 답변이 도출됩니다. 프로젝트 성과가 중요한 실제 기획 업무에 특히 효과적입니다.

- **단계 지시형 프롬프트**

"1단계: 주제 후보를 정리해. 2단계: 각 후보의 장단점을 비교해. 3단계: 최적의 대안을 제안해."

→ 작업 과정을 순차적으로 안내하여 체계적인 분석과 논리 전개가 필요할 때 유용합니다.

- **구조화 프롬프트**

"목적: ~ / 배경: ~ / 조건: ~ / 결과 형식: ~"

→ 입력을 정해진 틀로 제시하여 AI가 일관된 결과물을 도출하도록 합니다. 보고서, 제안서, 이메일 등 문서화 작업에 특히 적합합니다.

🔍 NOTE 콘퍼런스 기획자 AI 활용 TIP

- 아이디어 탐색 단계에서는 대화형 프롬프트로 자유롭게 발상하세요.
- 콘셉트와 방향성 설계 시 역할 부여형 프롬프트로 구체화하면 전략적인 답변을 얻을 수 있습니다.
- 세션 구성, 프로그램 비교·분석은 단계 지시형 프롬프트를 활용해 논리적인 흐름을 확보하세요.
- 제안서, 보고서, 운영 매뉴얼 같은 문서는 구조화 프롬프트로 요청하면 안정적이고 완성도 높은 결과물을 얻을 수 있습니다.

02 [업무 분장]
효과적인 콘퍼런스 준비를 위해서는 탄탄한 협업 체계가 필요합니다. 이번에는 콘퍼런스 준비를 위한 주요 업무 항목을 구체화하고 각 업무에 적합한 AI 팀원의 역할을 분담할 예정입니다. 또한 일주일이라는 제한된 기간 안에 모든 작업이 체계적으로 진행될 수 있도록 실행 일정표도 함께 구성하여, 효율적이고 성공적인 콘퍼런스 개최를 위한 체계적인 틀을 마련하겠습니다.

너는 지금 산업 트렌드 콘퍼런스를 1주일 안에 개최해야 하는 콘퍼런스 기획자야. 콘퍼런스의 핵심 주제는 AI 시대, 일의 미래를 조망하는 것이고, 기획부터 섭외, 홍보, 참가자 모집, 이벤트까지 모두 준비해야 해.
이 프로젝트를 성공적으로 실행하기 위해 전체 업무 항목을 정리하고, 각 업무를 수행할 역할(기획 총괄, 전략 총괄, 디자인 총괄 등)로 나눠줘. 또한 일주일 일정 내에서 각 업무를 어떻게 배치하면 좋을지 타임라인 형태로 정리해줘.

전체 업무 항목 및 역할 분장

업무 항목	세부 내용	담당 역할
콘퍼런스 기획	주제 설정, 목적 정의, 세션 구성, 키 메시지 개발	기획 총괄
산업 트렌드 리서치	산업별 변화 흐름 조사, 키워드 추출, 자료 기반 확립	전략 총괄

(중략)

7일간 실행 타임라인

날짜	핵심 단계	주요 업무
D-7(오늘)	킥오프 & 기획	• 콘퍼런스 목적 및 방향 설정 • 세션 구성/역할 분장 • 연사 섭외 리스트업 시작

(중략)

역할 요약

역할	핵심 책임
기획 총괄	전체 콘퍼런스 기획, 세션 구성, 연사 섭외, 운영 총괄
전략 총괄	산업 리서치, 정책/메시지 정리, 참가자 모집, 사후 분석
디자인 총괄	브랜딩, 콘텐츠 디자인, 온보딩 키트/현장 비주얼 전반

03 [일정 수립]

효율적인 콘퍼런스 수행을 위해 전체 업무 항목과 역할 분장을 정리한 뒤, 7일간 실행 타임라인을 한눈에 확인할 수 있도록 구성해 업무 흐름과 우선순위를 쉽게 파악하고, 협업 과정에서 발생할 수 있는 혼선을 줄이는 데 도움이 될 수 있도록 합니다.

 전체 업무 항목 및 역할 분장과 7일간 실행 타임라인을 한눈에 볼 수 있도록 표로 작성해줘.

업무 항목	담당 역할	D-7	D-6	D-5	D-4	D-3	D-2	D-DAY
콘퍼런스 기획 방향 수립	기획 총괄	● 주제/목적 설정	◐ 세션 구조 기획	◐ 세션 상세 보완				
산업 트렌드 리서치	전략 총괄	◐ 리서치 시작	◐ 트렌드 요약/키워드 정리					
연사 섭외 및 조율	기획 총괄+전략 총괄	◐ 연사 리스트업	◐ 1차 섭외	◐ 확정 및 안내	◐ 발표안 가이드 전달	◐ 리허설 일정 조율	● 자료 최종 확인	◐ 현장 응대
프로그램 북 구성	기획+디자인 총괄		◐ 세션 키 메시지 정리	● 초안 작성	◐ 연사 정보 입력	◐ 최종 편집	◐ 인쇄/배치	
브랜딩 및 비주얼 콘셉트	디자인 총괄	● 슬로건/키 컬러 설정	◐ 톤 확정	◐ 포스터/키 비주얼 시안 제작	◐ SNS 카드뉴스 제작			
홍보 콘텐츠 및 페이지 제작	전략+디자인 총괄		◐ 랜딩페이지 기획	◐ 오픈/카드뉴스 제작	● 참가자 모집 시작			
참가자 모집 및 관리	전략 총괄			● 모집 시작	◐ SNS/이메일 홍보	◐ 리스트 관리	◐ 명단 확정	● 응대
현장 운영 기획	기획 총괄	● TF 운영 방식 설정		◐ 운영 매뉴얼 기획	◐ 동선/체크리스트 작성	◐ 리허설	◐ 최종 점검	● 콘퍼런스 진행
이벤트/체험 콘텐츠 기획	기획+디자인 총괄			◐ 이벤트 아이디어 기획	◐ 스탬프 존 설계	◐ 운영 요소 점검		● 실시간 운영

● : 주요 실행일 / ◐ : 준비 · 보조 작업

이번 단계에서는 콘퍼런스의 기획 방향과 실행 조직의 협업 체계를 명확히 수립했습니다. AI 팀원의 역할 분담과 전체 일정이 정리된 만큼, 이제 각 업무를 전략적으로 실행해나갈 차례입니다.

> **NOTE 역할 지정은 반복해도 된다**
>
> 챗GPT는 대화 흐름은 일정 부분 기억하지만, 사용자가 처음에 지정한 역할이나 상황까지는 지속적으로 인식하지 못합니다.
>
> - 예를 들어 처음에 "너는 지금 콘퍼런스 기획자야"라고 역할을 주었더라도, 그다음에 "그럼 예산안도 정리해줘"라고만 말하면 챗GPT가 예산안을 '기획자의 시선'이 아닌 일반적인 방식으로 처리할 수 있습니다.
>
> 따라서 업무 단계마다 다음과 같이 역할과 현재 상황을 함께 재지정하는 것이 좋습니다.
>
> - 예를 들어 "너는 이 프로젝트의 전략 총괄이야. 지금은 연사 섭외 단계야. 이 상황에서 어떤 기준으로 연사를 정하면 좋을까?" 이런 식으로 역할과 현재 상황을 함께 명시하면 챗GPT는 훨씬 더 정확하고 맥락에 맞는 실행형 답변을 도출합니다. 어떤 결과물을 원하는지를 단계마다 명확하게 프롬프트에 담는 것이 AI와 협업의 완성도를 높이는 핵심입니다.

6.2 콘퍼런스 프로그램 및 콘셉트 구체화

콘퍼런스의 정체성과 방향성을 담은 핵심 콘셉트와 프로그램을 기획합니다. 단순히 화두를 고르는 데 그치지 않고, 산업 트렌드와 미래 전망을 AI로 분석해 콘퍼런스에서 전해야 할 메시지를 정교하게 다듬는 과정입니다. 퍼플렉시티를 활용해 최신 동향을 수집하고, 챗GPT와 협업하여 주제와 콘셉트를 체계적으로 설계하면서 콘퍼런스의 프로그램과 방향을 구체화합니다.

✓ 콘퍼런스 전략 설계
- 담당자   퍼플렉시티, 챗GPT, 캔바GPT
- 과제   트렌드를 반영해 콘퍼런스의 방향과 메시지를 도출한다

01 [트렌드 조사] 확정된 대주제 'AI 시대, 일의 미래'를 중심으로 콘퍼런스가 담아야 할 최신 트렌드를 수집하고 정리합니다. 퍼플렉시티를 통해 산업 동향과 주요 이슈를 파악하고, 이를 바탕으로 콘퍼런스의 메시지를 더욱 선명하게 다듬어 나가겠습니다.

 'AI 시대, 일의 미래'를 주제로 콘퍼런스를 준비하고 있어. 최근 1~2년 사이 HR 트렌드 중 주목할 만한 트렌드 3~5개를 요약해줘. 트렌드마다 핵심 메시지를 한 줄로 정리해줘.

 최근 HR 트렌드 요약

1. AI 및 기술 혁신의 HR 프로세스 통합
- **핵심 메시지**: AI와 데이터 분석을 활용해 채용, 평가, 교육 등 HR 전반의 프로세스를 혁신하고, 직원 경험을 개선하는 것이 필수적이다.
- **설명**: 인공지능은 단순한 업무 자동화를 넘어 직원의 몰입도와 만족도를 높이는 맞춤형 관리와 의사결정 지원으로 발전하고 있다.

2. 직원 경험(Employee Experience) 및 웰빙 중심의 조직문화

(중략)

요약표

트렌드	핵심 메시지
AI/기술 혁신 통합	AI와 데이터로 HR 전반을 혁신, 직원 경험 개선 필수
직원 경험 및 웰빙 중심 문화	직원 경험·웰빙 중심 조직문화로 인재 유지·성장
업스킬링 및 직원 개발	지속적 학습·성장 지원으로 변화에 대응
스킬 기반 채용	실질 역량 중심 채용으로 인재 풀 확대
하이브리드/글로벌 근무 관리	유연한 근무 환경 관리로 생산성·참여 증대

02 [프로그램 콘셉트 설정] 트렌드 조사를 통해 콘퍼런스가 담아야 할 방향과 주요 메시지가 한층 분명해졌으니 콘퍼런스의 프로그램과 콘셉트, 타이틀을 정해봅시다. 챗GPT와 함께 주제의 방향성과 분위기를 자연스럽게 담아 참가자들이 한눈에 이해하고 관심을 가질 수 있는 이름을 고민해보겠습니다. 이렇게 정리한 콘셉트와 타이틀은 이후 모든 준비 과정의 중심축이 되어 콘퍼런스의 완성도를 한층 높이는 핵심적인 기반을 마련할 것입니다.

'퍼플렉시티에서 수집한 트렌드 내용은 아래와 같아.
이를 바탕으로 콘퍼런스의 프로그램, 콘셉트와 타이틀을 제안해줘.

- 트렌드를 잘 반영할 것
- 트렌디하고 업계 종사자들에게 매력적인 이름일 것
- 부제나 슬로건 한 줄도 함께 제안해줄 것

([01 트렌드 조사]에서 나온 퍼플렉시티 답변 붙여 넣기)

 콘퍼런스 프로그램 콘셉트

콘퍼런스 타이틀
"Work X AI 2025"
- 일의 미래를 여는 HR 트랜스포메이션 콘퍼런스

부제(슬로건)
"AI × Employee Experience = Future-ready Workforce"
- (AI와 직원 경험의 만남, 미래형 조직을 위한 HR 혁신)

프로그램 구성(예시)

세션	주제	핵심 트렌드
오프닝 키노트	AI와 데이터 혁신이 바꾸는 HR 패러다임	AI 및 기술 혁신 통합
트랙 A	웰빙 중심 조직문화와 하이브리드 근무	직원 경험 및 웰빙, 하이브리드/글로벌 근무
트랙 B	업스킬링 & 리스킬링 전략	업스킬링 및 직원 개발 강화
트랙 C	스킬 기반 채용과 미래형 인재 확보	스킬 기반 채용 트렌드
클로징 대담	HR 트랜스포메이션을 위한 리더의 역할	트렌드 종합 및 방향 제시

프로그램 콘셉트
- **비전 있는 주제**: 최신 HR 트렌드를 AI와 연결해 HR 전략의 방향을 새롭게 제시
- **실용적 콘텐츠**: 업계 사례 공유와 실행할 수 있는 팁 위주
- **체험적 요소**: 하이브리드 업무 시뮬레이션, 스킬 매칭 툴 데모, 웰빙 프로그램 체험존

한 줄 슬로건
"AI가 일의 미래를 바꾼다, 지금은 트랜스포메이션의 시작점"

> **NOTE 방향을 구체적으로 요청하기**
>
> 챗GPT가 제안한 콘퍼런스 콘셉트나 타이틀이 조금 아쉽게 느껴질 때 단순히 "몇 개 더 뽑아줘"라고 말하기보다는 방향을 조금 더 구체적으로 알려주세요. 예를 들어 "좀 더 캐주얼하고 트렌디한 느낌으로 바꿔줘", "공공기관 콘퍼런스 성격에 맞춰 공식적이고 신뢰감 있게 정리해줘"처럼 원하는 톤, 분위기, 콘퍼런스 성격을 명시하면 훨씬 적합한 제안을 받을 수 있습니다. 이렇게 세부 방향을 명확히 지정할수록 챗GPT가 더욱 사용자의 기대에 가까운 콘셉트를 완성해줄 수 있습니다.

03 [디자인 콘셉트 설정] 확정한 콘퍼런스 타이틀과 콘셉트를 바탕으로, 콘퍼런스 분위기를 한눈에 보여줄 비주얼 콘셉트 방향을 설정해야 합니다. 컬러, 타이포그래피, 심볼 등 주요 디자인 요소를 미리 잡아두면 이후 콘텐츠 제작과 브랜딩 작업에서 일관되고 완성도 있는 결과물을 얻을 수 있어, 전체적으로 통일감 있는 콘퍼런스 브랜드 아이덴티티를 구축할 수 있습니다.

위에서 정리한 콘퍼런스 콘셉트 방향성에 맞춰 비주얼 방향을 제안해줘. 아래 사항을 포함해줘.
- 컬러 팔레트
- 아이콘이나 심볼 아이디어
- 텍스트 타이포 방향
- 전반적인 톤앤매너

컬러 팔레트

이번 콘퍼런스의 미래지향적이면서 전문적인 이미지를 담은 팔레트를 제안합니다.

색상	HEX 코드	설명
딥 네이비	#1B1F3B	콘퍼런스의 전문성과 신뢰감을 상징
일렉트릭 블루	#3B82F6	기술 혁신, 디지털 트랜스포메이션 느낌 강조
소프트 퍼플	#8B5CF6	AI · 미래 트렌드를 담은 창의적 포인트 컬러
라이트 그레이	#F5F5F5	여백과 배경을 위한 깔끔한 미니멀 배경
화이트	#FFFFFF	타이포 강조, 콘텐츠 깔끔하게 정리

(중략)

아이콘 & 심볼 아이디어

AI와 미래 일의 느낌을 담을 수 있는 심볼과 아이콘을 활용하세요.

- **심볼**: 네트워크나 선형 다이어그램 형태의 추상적 AI 심볼픽셀에서 확장되는 형태의 그래픽 → 디지털 전환 상징원과 점의 연결 구조 → 협업과 커넥션 강조
- **아이콘**: 챗봇 형태의 대화 아이콘 → AI 도구 상징전구 아이콘 → 혁신과 아이디어그래프 상승 화살표 → 성장과 업스킬링원격, 하이브리드 근무를 상징하는 '지구'나 '노트북' 아이콘

(중략)

전반적인 톤앤매너

- 세련되고 트렌디하게
  - 단순하지만 과감한 도형 활용 → 심플하면서 고급스러움
- 미래지향적
  - 선형(Linear) 그래픽, 그러데이션, 3D 터치가 가미된 비주얼
- 실용적 & 명료하게
  - 구조화된 레이아웃(헤더 → 바디 → 강조 박스)
  - 정보를 계층화하여 콘텐츠의 목적성이 드러나도록 디자인
- 전문적 & 믿음직하게
  - 짙은 네이비를 주요 배경색으로 두어 안정감을 부여
  - 고급스러운 느낌을 위해 텍스처나 복잡한 이미지 대신 깔끔한 라인과 도형 위주

챗GPT가 도출해준 콘퍼런스 콘셉트를 바탕으로 콘텐츠 제작 방향을 미리 잡아두면 디자인에 자신이 없는 분들도 이 가이드에 따라 수월하게 작업할 수 있습니다. 이렇게 준비해두면 시간을 절약하면서도 일관된 완성도를 유지할 수 있습니다.

> 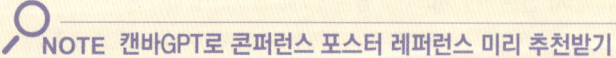 **NOTE 캔바GPT로 콘퍼런스 포스터 레퍼런스 미리 추천받기**
>
> 본격적으로 콘텐츠를 제작하기 전 챗GPT가 도출한 콘셉트를 바탕으로 캔바GPT를 이용해 유사한 콘퍼런스 포스터 이미지를 추천받아 보세요. 미리 방향을 잡아두면 작업 속도를 높이는 데 큰 도움이 됩니다.
>
> (챗GPT 채팅창에 '@' 입력 → 최근 GPT 및 고정된 GPT 리스트에서 'Canva' 선택)
> 'Work X AI 2025' 일의 미래를 여는 HR 트랜스포메이션 콘퍼런스 콘셉트에 어울리는 콘퍼런스 포스터 템플릿을 찾아줘.

추천 포스터 템플릿 목록

1. 베이지 그린 모던 그러데이션 원형 AI 미래 트렌드 포스터

2. 컬러풀한 기하학 AI 인공지능 기술 콘퍼런스 포스터

3. Purple and White Modern Gradient Artificial Intelligence 포스터

각 디자인은 클릭 한 번으로 캔바 편집 화면에서 바로 수정할 수 있습니다. 콘퍼런스명, 날짜, 장소, 슬로건, 연사 정보 등 필요한 내용을 자유롭게 편집해 나만의 포스터를 완성해보세요.

6.3 연사 섭외 전략 수립

콘퍼런스의 품격을 높일 연사를 섭외하기 위해 전략적으로 접근합니다. 단순히 초청장을 보내는 것이 아닌, 연사가 참여할 만한 가치와 비전을 분명히 담아 설득력 있는 메시지를 준비하는 과정입니다. 퍼플렉시티를 통해 연사 후보군을 체계적으로 선별하고, 챗GPT와 미리캔버스를 활용하여 맞춤화된 초청 메시지와 자료를 완성함으로써 섭외 성공률을 높이는 방법을 함께 살펴보겠습니다.

✅ 연사 리스트업 및 초대 이메일 작성

- **담당자** ❋ 퍼플렉시티, ⓢ 챗GPT, ⓜ 미리캔버스
- **과제** 타깃 연사군을 정리하고 설득력 있는 초청 메시지를 작성한다

01 [연사 정보 수집] 퍼플렉시티를 활용하면 트렌드를 반영한 연사 리스트를 한눈에 파악할 수 있습니다. 연사별 소속, 전문 분야, 업적이 정리되어 콘퍼런스 주제와의 적합성을 빠르게 판단할 수 있습니다. 앞서 정리한 콘퍼런스 방향과 콘셉트를 기준으로, 퍼플렉시티를 이용하여 주제와 트렌드를 반영한 연사 후보를 수집해보겠습니다.

나는 'Work X AI 2025' 콘퍼런스를 준비 중이다. 주제는 'AI 시대, 일의 미래'이고, 주요 트렌드는 다음과 같다.

- HR 전반의 AI 도입(채용, 평가, 교육)
- 직원 경험과 웰빙
- 업스킬링/리스킬링
- 스킬 기반 채용
- 하이브리드/글로벌 근무 환경

이 트렌드와 연관성이 높고 업계 종사자들에게 영향력이 있는 한국인 연사 후보를 10~15명 추천해줘.

연사 조건
1. HR 트렌드 전문가, AI 기반 HR 디지털 트랜스포메이션 전문가, 미래 일자리 컨설턴트
2. 업계 경력, 국내외 연설 경험, 미디어 출연, 관련 저서/연구 경력 보유자
3. 한국어 발표가 가능한 사람

연사 후보는 아래 3개 카테고리로 분류해줘.
- 기업(예: 대기업/스타트업 임원, HR 리더, 산업 전문가)
- 학계 · 연구자(대학교수, 연구소 소속 전문가)
- 공공기관(정부, 협회, 정책 담당자)

출력 형식(표 형식으로 정리)
- 이름
- 소속/직함
- 주요 전문 분야
- 적합한 이유(짧은 설명)
- 카테고리(기업/학계 · 연구자/공공기관)

 Work X AI 2025 콘퍼런스 연사 추천 리스트

한국 내에서 AI 시대의 일의 미래와 관련해 영향력 있는 HR 전문가, 학계 연구자, 공공기관 전문가를 중심으로 15명의 연사 후보를 선정하여 카테고리별로 분류하였습니다. 후보들은 HR 디지털 트랜스포메이션, 스킬 기반 채용, 직원 웰빙, 하이브리드 근무 등 'Work X AI 2025' 콘퍼런스 주제와 높은 연관성을 가지며, 국내외 연사 경험, 미디어 출연, 저서 및 연구 실적을 보유하고 있으며 한국어 발표가 가능합니다.

연사 후보 목록

이름	소속/직함	주요 전문 분야	적합한 이유	카테고리
백*아	휴먼컨설팅그룹(HCG) 무사장	e-HR 솔루션, AI 기반 HR 전략, 디지털 전환	24년간 HR 업계 경험과 AI 기반 HR 솔루션 개발 실적 보유, AI와 HR의 융합 전략에 대한 심층 인터뷰 다수 [1][2]	기업
황*현	퀀텀인사이트 대표	조직 문화, MZ세대 인사 전략, 리더십개발	구글, 카카오 등 글로벌 기업 HR 경험을 바탕으로 뉴노멀 시대 인사 전략을 강의하며, 다수의 연사 활동 수행 [3][4]	기업
최*호	드라마앤컴퍼니 대표	채용 혁신, 다이렉트 소싱, AI 기반 헤드헌팅	리멤버 플랫폼을 통해 AI 기반 채용 전략을 실증하고, 채용을 마케팅처럼 접근하는 새로운 패러다임을 제시 [5][6]	기업
이*영	마이크로소프트 이사	HR 테크, 디지털리더십, 글로벌 인재 전략	글로벌 기업의 HR 혁신 사례를 공유할 수 있는 현직 리더로, AI 기반 HR 도입 사례에 대한 발표 경험 있음 [7]	기업
손*희	아모레퍼시픽 시니어매니저	직원 경험, 웰빙 프로그램, MZ세대 관리	대기업 내 직원 웰빙 및 경험 디자인 전문가로, 하이브리드 근무 환경에서의 직원 몰입 전략에 대한 실무 노하우 보유 [7]	기업

이름	소속/직책	주제	설명	분류
최*린	LG전자 책임	HR 디지털 전환, AI 기반 성과 관리	제조업 중심의 HR 혁신을 주도하며, AI를 활용한 성과 평가 및 인재 관리 시스템 구축 사례 보유 [7]	기업
이*석	콜마홀딩스 부장	스킬 기반 인재 관리, 교육 전략	제약·바이오 산업에서의 업스킬링 및 리스킬링 전략을 수립하고, 산업 맞춤형 HR 혁신을 이끌고 있음 [7]	기업
서*석	KAIST문술미래전략대학원 교수	미래 일자리, 직업 전환, 평생 학습	『직업의 미래』 저자로, AI 시대의 고용 변화와 사회적 대응 전략에 대한 심층 연구 및 다수의 강연 경험 보유 [8][9]	학계·연구자
김*훈	금형기술사, AI 프로젝트지도사	산업 기술전문가의 AI 전환, 윤리적 AI	35년 현장 경험을 바탕으로 전통 산업에서의 AI 도입 전략과 기술 전문가의 역할 변화를 논의하며, AI 윤리에 대한 저서 출간 [10]	학계·연구자
구*욱	클랩 대표	성과 관리, 상시 피드백, AI 기반 조직 문화	클랩 AI를 통해 성과 관리의 디지털 전환을 실현하고, 관리자 부담 감소 및 조직 문화 개선 사례를 공유 가능 [11]	기업
윤*욱	스펙터 대표	인재 검증, 조직부적응 예측, AI 기반 채용	AI를 활용한 지원자 데이터 분석 및 조직 부적응 가능성 예측 모델 개발로, 채용의 정확성과 효율성 제고에 기여 [11]	기업
김*수	무하유 최고운영책임자 (COO)	조직 부적응 예측, AI 기반 인재 검증	AI를 활용해 입사 후 빌런으로 변할 가능성을 사전에 예측하는 솔루션 개발로, 기업의 인재 리스크 관리에 기여 [11]	기업
어*수	LS 피플랩 팀장	입사 포기 예측, 데이터 기반 채용 전략	최종 합격자 이탈을 예측하는 AI 모델을 개발하여, 채용 과정의 효율성과 성공률을 높이는 데 기여 [11]	기업
김*예	잡플래닛 이사	기업 브랜딩, 인재 영입 전략, 철학 기반 채용	기업의 철학과 스토리를 바탕으로 한 인재 영입 전략을 제안하며, 진정성 있는 채용 브랜딩의 중요성을 강조 [11]	기업
이*규	팀스파르타 대표	생성형 AI 교육, 직무별 AI 활용 전략	생성형 AI를 기업 교육에 접목하는 방법론을 제시하며, 마케팅, 세일즈 등 직무별 AI 활용 사례를 공유 [11]	기업

1. https://www.e-hcg.com/bbs/board.php?bo_table=notice&wr_id=46&device=pc
2. https://product.kyobobook.co.kr/detail/S000215695494
3. https://speaker.mk.co.kr/speaker_view.php?no=341
4. https://prologue.rememberapp.co.kr/33359

(중략)

33. https://www.youtube.com/watch?v=pc54fqcNCjQ
34. https://www.youtube.com/watch?v=eGTyhgVReW0
35. https://www.unicornfactory.co.kr/article/20241016125739522 13
36. https://www.youtube.com/watch?v=OS-k28fEWgY
37. https://premium.sbs.co.kr/article/1RG67CyntC
38. https://www.youtube.com/watch?v=eWOplcNPr3o

02 [연사 정보 확인]

퍼플렉시티가 제안한 연사 목록은 반드시 레퍼런스 체크 과정을 거쳐야 합니다. 단순히 검색 결과만 믿기보다는, 제안된 연사의 소속과 전문 분야가 실제와 일치하는지를 먼저 확인하는 것이 중요합니다.

이를 위해 검색 결과 상단에 제시된 관련 기사를 클릭해보면 추가적인 정보를 얻을 수 있습니다. 또한, '적합한 이유' 항목에 포함된 링크를 따라가면 해당 연사의 인터뷰나 언론 기사, 기고문 등을 직접 확인할 수 있습니다. 이 과정을 통해 연사가 실제로 해당 분야에서 활동하고 있는 전문가인지, 그리고 콘퍼런스 주제와 충분히 연결될 수 있는지를 점검할 수 있습니다.

 각 연사의 최근 강연 영상을 1개씩 보여줘.

 아래는 추천한 각 연사의 최근 강연 영상 링크를 1개씩 정리한 목록입니다.

이름	강연 영상 링크	설명
백*아	해당 영상 별도 확인 필요	인터뷰 및 AI HR 관련 발표 다수 있음
황*현	유튜브 2023 인적자원개발 콘퍼런스	HRM 주제의 전문가 강연 영상
최*호	유튜브 리멤버 HR 플랫폼 소개	HR 플랫폼 CEO 강연 및 인터뷰
서*석	유튜브 2025 직업의 미래 강연	KAIST 교수의 미래 일자리 주제 강연
황*현	유튜브 스타트업 노무 이야기	스타트업 HR 노무 관련 강연
최*호	SBS 프리미엄 인터뷰	인터뷰 형식 강연 및 기업 사례 공유
(기타 후보자)	별도 요청 시 추가 제공 가능	각 기업 및 연구소 공식 채널 참조 필요

일부 연사는 공개된 최신 영상 확인이 어려워 대표 영상이나 인터뷰 영상을 제시하였습니다. 필요 시 더 구체적 조사가 가능합니다.

콘퍼런스의 성공 여부는 단순히 연사의 전문성에만 달려 있지 않습니다. 연사가 얼마나 설득력 있고 매끄럽게 메시지를 전달하느냐도 참가자의 만족도와 직결됩니다. 따라서 연사 후보를 검토할 때는 가능한 한 유튜브 강연 영상이나 인터뷰 영상을 함께 확인하는 것이 좋습니다.

영상 자료를 통해 연사의 발표 스타일, 청중과의 소통 방식, 전달력을 직접 파악할 수 있으며, 이는 실제 무대에서의 퍼포먼스를 예측하는 데 큰 도움이 됩니다.

NOTE 연사 레퍼런스 체크 TIP

연사 레퍼런스 체크를 할 때 다음과 같이 2가지 체크를 병행하면 좀 더 정확한 정보를 얻을 수 있습니다.

1. 구글 검색 병행하기

퍼플렉시티와 구글은 모두 온라인 자료를 기반으로 정보를 제공하지만, 간혹 같은 소속의 다른 사람을 동일 인물로 잘못 인식하는 경우가 있습니다. 따라서 구글링을 통해 공식 프로필이나 기사, 인터뷰를 다시 확인하는 것이 좋습니다. 특히 구글 검색에는 AI 요약 기능과 AI 모드가 있어 정보를 빠르게 더블체크할 수 있습니다.

2. 퍼플렉시티의 연관 질문 활용하기

퍼플렉시티는 답변 하단에 관련 질문 리스트를 함께 제공합니다. 이를 클릭해 탐색하면 연사의 인터뷰, 발표 이력, 연구 활동 등 추가 정보를 쉽게 얻을 수 있어 섭외 검증에 유용합니다.

≡ 관련된	
후보자 추천에서 우선순위로 둘 세부 기준을 알려줘	+
예상 발표 청중 규모와 프로필을 알려줘	+
예산 범위와 초빙 가능성(강연료) 수준을 제시해줘	+
국내외에서 이미 발표한 주요 토픽을 중심으로 선호할지 알려줘	+
후보자에게 기대하는 발표 형식(기조/패널/워크숍) 알려줘	+

03 [초청 이메일 작성]

연사를 확정하고 섭외를 위해 초정 메시지를 작성합니다. 연사가 콘퍼런스 참여를 긍정적으로 검토할 수 있는 매력적인 메시지가 관건입니다. 앞서 작성한 초청 메시지 초안을 더욱 정교하게 다듬고, 미리캔버스의 AI 프레젠테이션 기능을 활용해 트렌디한 비주얼 자료를 완성함으로써 전문적이면서도 설득력 있는 제안서를 구현하겠습니다.

 연사에게 보낼 산업 트렌드 콘퍼런스 'Work X AI 2025' 초청장을 작성해줘.

콘퍼런스 주제: 'AI 시대, 일의 미래'

- **핵심 트렌드**
  AI와 데이터로 혁신된 HR 프로세스
  직원 경험 및 웰빙 강화
  업스킬링/리스킬링 전략
  스킬 기반 채용 및 유연한 글로벌 근무 환경

- **연사 정보**
  이름: 이*현
  소속: 본타이거 주식회사 대표이사(CEO)
  전문 분야: AI 실무 활용, 기획·마케팅 자동화, 비전문가의 AI 역량 강화

- **강조할 부분**
  이 콘퍼런스가 산업 트렌드를 선도하는 의미 있는 콘퍼런스임을 강조
  연사가 콘퍼런스의 트렌드를 잘 대변하는 적임자라는 점 부각
  연사가 참여함으로써 얻을 수 있는 네트워크, 지식 교류, 업계 기여의 가치 강조
  콘퍼런스 일시, 장소, 진행 방식 등 필수 안내 포함
  분량: 2~3개 단락, 정중하고 전문적인 톤

위 정보를 바탕으로 연사에게 보낼 정중하고 매력적인 초청 메시지를 이메일 템플릿 형태로 작성해줘.

 메일 제목

[연사 초청] 'Work X AI 2025 – 일의 미래를 여는 HR 트랜스포메이션 콘퍼런스' 연사 초청의 건

본문 템플릿

안녕하세요, 이*현 대표이사님

본타이거 주식회사 CEO님께 콘퍼런스 초청의 말씀을 드리고자 합니다.

저희는 오는 2025년 12월 5일(금), 코엑스 그랜드볼룸에서 열리는 'Work X AI 2025 – 일의 미래를 여는 트랜스포메이션 콘퍼런스'를 준비하고 있습니다. 이번 콘퍼런스는 AI와 데이터가 바꾸는 일하는 방식, 조직문화, 인재 개발 트렌드를 다루며, 업계 주요 리더, 실무자, 정책 입안자들이 한자리에 모여

미래 조직의 방향을 모색하는 자리입니다.

이*현 님께서는 생성형 AI, 챗GPT 기반 기획·마케팅 자동화, 비전문가의 AI 역량 강화 분야에서 풍부한 경험을 쌓아 오신 만큼, 이번 프로그램의 트렌드를 가장 잘 대변해주실 수 있는 연사라고 생각합니다. 이번 콘퍼런스에서 이*현 님께서 "AI 도구를 활용한 일하는 방식 혁신과 조직 성과 창출"을 주제로 발표해주신다면 다양한 산업의 청중에게 실질적인 인사이트를 제공하고, AI를 조직 운영에 성공적으로 녹여내는 방향을 제시하는 데 큰 도움이 될 것입니다.

연사 참여를 통해 업계 주요 오피니언 리더, 참가자들과 유의미한 네트워크를 쌓으시며, 트렌드를 함께 이끌어가는 소중한 기회를 가지실 수 있기를 기대합니다. 긍정적인 검토를 부탁드리며, 발표 방향이나 콘퍼런스와 관련해 추가 안내나 자료가 필요하시다면 언제든 편히 회신해주세요.
소중한 시간 내주심에 미리 감사드리며, 좋은 소식 기다리겠습니다.
감사합니다.

Work X AI 2025 운영 사무국 드림

완성된 초청 메시지는 콘퍼런스의 방향성과 트렌드를 분명히 드러내어 연사가 꼭 참여해야 하는 이유를 한눈에 전달합니다. 주최 측이 연사의 전문성과 배경을 충분히 이해하고 준비했음을 보여주면, 연사 역시 이를 정중하고 성의 있는 제안으로 받아들여 긍정적으로 검토하게 됩니다.

04 [섭외 제안서 작성]   연사 콘퍼런스 참여를 긍정적으로 검토할 수 있도록 섭외 제안서를 준비합니다.

❶ 챗GPT를 이용한 프레젠테이션 콘텐츠 작성

앞서 작성한 초청 메시지 초안을 토대로 챗GPT에게 연사 제안서 작성을 위한 프레젠테이션용 콘텐츠 구조로 재작성해달라고 요청하겠습니다.

 위 이메일을 바탕으로 연사 섭외 제안서 프레젠테이션을 제작할 수 있는 프롬프트를 작성해줘.

 당신은 전문적인 비즈니스 프레젠테이션 기획자입니다. 아래 이메일 내용을 기반으로, "Work X AI 2025 – 일의 미래를 여는 트랜스포메이션 콘퍼런스"의 연사 초청 제안서를 위한 프레젠테이션(PPT) 초안을 작성하세요.

요구사항
1. 프레젠테이션 목적: 본타이거 주식회사 이*현 CEO님께 연사 초청을 정중하고 설득력 있게 전달

2. 구성 요소:
- **표지**: 콘퍼런스명, 일정, 장소
- **콘퍼런스 개요**: 콘퍼런스 주제, 취지, 주요 키워드
- **청중 및 기대효과**: 참가자 프로필, 기대되는 학습/네트워킹 가치
- **연사 소개**: 이*현 CEO의 주요 경력 및 전문성(홈페이지 theborntiger.com 참고)
- **초청 사유**: 해당 연사가 콘퍼런스에 적합한 이유, 발표 제안 주제
- **참여 가치**: 연사에게 제공될 기회(네트워킹, 업계 리더십, 영향력 확대 등)
- **다음 단계**: 콘퍼런스 운영 사무국의 연락처, 회신 요청

3. 스타일 가이드:
- **문체**: 정중하고 설득력 있는 비즈니스 톤
- **시각적 톤**: 간결하고 현대적인 콘퍼런스 스타일
- **각 슬라이드**: 핵심 메시지를 짧고 명확하게 작성

4. 출력 형식:
- 슬라이드별 제목과 주요 bullet point로 제시
- 실제 발표 자료로 바로 옮겨 담을 수 있도록 구조화

입력 데이터(이메일 원문)

안녕하세요, 이*현 대표이사님.

본타이거 주식회사 CEO님께 콘퍼런스 초청의 말씀을 드리고자 합니다.

저희는 오는 2025년 12월 5일(금), 코엑스 그랜드볼룸에서 열리는 'Work X AI 2025 – 일의 미래를 여는 트랜스포메이션 콘퍼런스'를 준비하고 있습니다. 이번 콘퍼런스는 AI와 데이터가 바꾸는 일하는 방식, 조직문화, 인재 개발 트렌드를 다루며, 업계 주요 리더, 실무자, 정책 입안자들이 한자리에 모여 미래 조직의 방향을 모색하는 자리입니다.

이*현 님께서는 생성형 AI, 챗GPT 기반 기획·마케팅 자동화, 비전문가의 AI 역량 강화 분야에서 풍부한 경험을 쌓아 오신 만큼, 이번 프로그램의 트렌드를 가장 잘 대변해주실 수 있는 연사라고 생각합니다. 이번 콘퍼런스에서 이*현 님께서 "AI 도구를 활용한 일하는 방식 혁신과 조직 성과 창출"을 주제로 발표해주신다면 다양한 산업의 청중에게 실질적인 인사이트를 제공하고, AI를 조직 운영에 성공적으로 녹여내는 방향을 제시하는 데 큰 도움이 될 것입니다.

연사 참여를 통해 업계 주요 오피니언 리더, 참가자들과 유의미한 네트워크를 쌓으시며, 트렌드를 함께 이끌어가는 소중한 기회를 가지실 수 있기를 기대합니다. 긍정적인 검토를 부탁드리며, 발표 방향이나 콘퍼런스와 관련해 추가 안내나 자료가 필요하시다면 언제든 편히 회신해주세요.

소중한 시간 내주심에 미리 감사드리며, 좋은 소식 기다리겠습니다.

감사합니다.

WorkX AI 2025 운영 사무국 드림
speaker@theborntiger.com

❷ **PDF 요청**

작성한 프롬프트를 PDF 파일로 다운로드할 수 있도록 파일 생성을 요청하고 다운로드합니다.

05 **[섭외 제안서 제작]** 이제 미리캔버스의 AI 프레젠테이션 기능을 활용해 연사 섭외용 제안서를 제작하겠습니다. 미리캔버스 화면 상단 메뉴에서 [miricle AI]을 선택하여 AI 기반 프레젠테이션 만들기를 시작합니다.

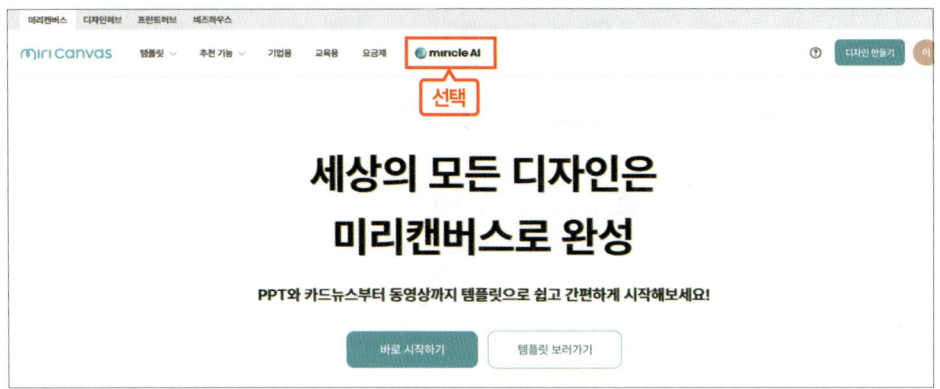

 회원 가입과 기본 기능에 대한 자세한 안내는 〈1.3절 AI 디자인 도구〉의 미리캔버스를 참고하세요.

NOTE 미리캔버스, 이렇게 활용하세요

미리캔버스는 다양한 템플릿을 제공합니다. 템플릿 검색창에 '강연섭외'를 입력하여 마음에 드는 템플릿을 선택하고 텍스트를 수정해보세요. 디자인 요소를 따로 손보지 않아도 빠르고 깔끔하게 제안서를 완성할 수 있습니다.

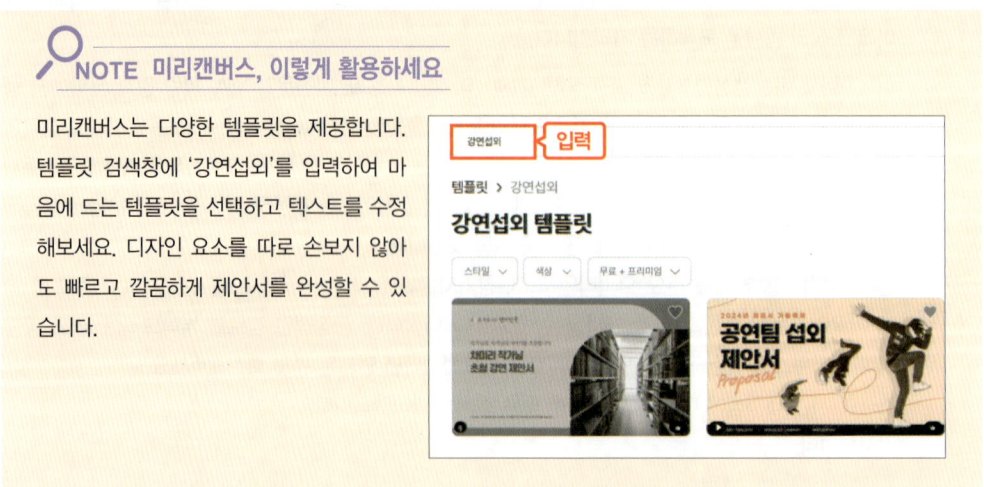

06 miricle AI 화면이 나타나면 상단의 [<]와 [>] 버튼을 클릭하여 [AI 프레젠테이션]으로 설정합니다. 채팅창 입력란에 콘퍼런스 제목과 연사 섭외 제안서를 입력하고 **04**번에서 다운로드한 PDF 파일을 업로드합니다.

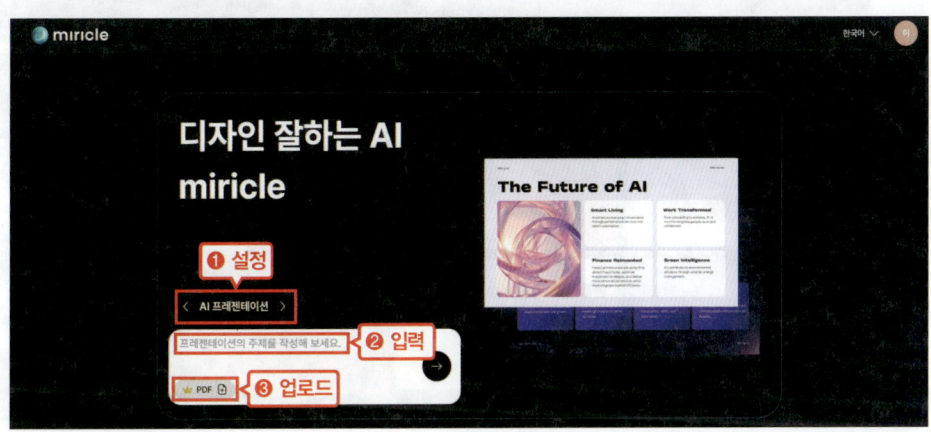

 PDF 첨부는 유료 구독 회원에게만 제공됩니다. 무료 회원은 주제만 입력하여 AI 프레젠테이션을 작성할 수 있으므로 진행에 참고해주세요. 미리캔버스는 유료 플랜을 1개월 무료로 체험하는 기능을 제공하고 있으니 필요하다면 활용해보시기 바랍니다.

07 요청한 프롬프트에 따라 프레젠테이션 개요의 순서와 내용이 자동으로 생성됩니다. 각 페이지의 초안을 확인하고 필요한 경우 내용을 수정하세요. 수정을 마쳤다면 화면 하단의 [템플릿 선택하러 가기] 버튼을 클릭하여 다음 단계로 진행합니다.

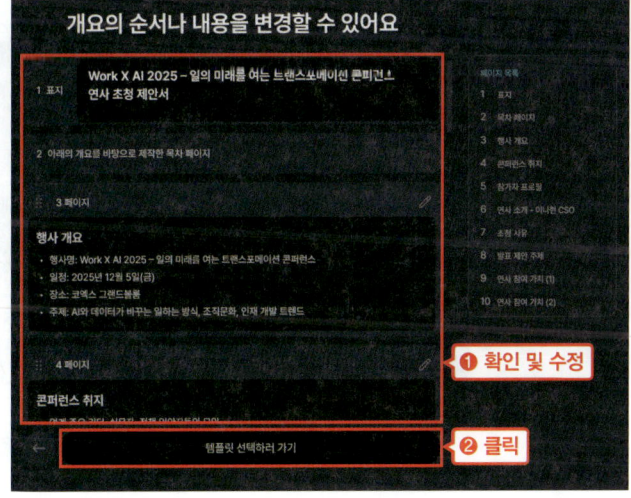

 슬라이드에 담긴 텍스트 순서와 내용을 꼼꼼히 확인하고, 수정이 필요하면 '펜' 아이콘( )을 클릭해 직접 편집합니다.

08 제시된 여러 템플릿 중에서 콘퍼런스의 톤앤매너에 잘 어울리는 템플릿을 선택하고 [이 템플릿으로 생성하기] 버튼을 클릭합니다.

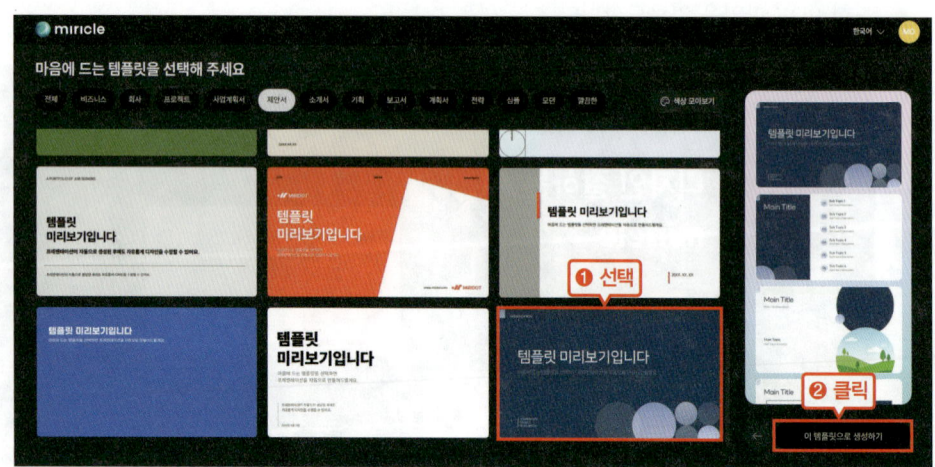

09 선택한 템플릿을 바탕으로 섭외 제안서가 완성되었습니다. 필요하다면 연사 사진을 추가해 제안서의 완성도를 높이거나 슬라이드 내용을 편집한 후 [다운로드] 버튼을 클릭하여 최종 파일을 다운로드합니다.

 지금까지 진행한 일련의 과정을 거쳐 연사의 관심을 끌 정도의 설득력 있는 자료가 준비되면 콘퍼런스 준비에도 한층 탄력이 붙습니다.

🔍 NOTE 연사 인터뷰가 필요할 땐 릴리스AI를 활용해보세요

릴리스AI의 [대화 노트] 기능을 활용하면 연사의 홈페이지나 주요 정보를 대화 형식으로 정리할 수 있습니다. 두 사람이 주고받는 대화 형태로 내용을 요약해주기 때문에 연사의 배경을 한눈에 파악하기 쉽고, 인터뷰 준비 시 자연스러운 대화 대본 형태의 스크립트로 바로 활용할 수 있어 편리합니다.

타임라인 노트 ☆   핵심 노트 ☆   쉬운 노트 ☆   스크립트 ☆   대화노트   ＋   ⚙

김민준
진행자

와, 정말 여러 곳에서 강의와 강연을 하시네요! 실무 경험을 바탕으로 학생들에게 생생한 지식을 전달해주시는 것 같아요. [5]출판하신 책이나 논문도 있나요? [5]

최윤서
관광학 전문가

네, 출판물 목록도 꽤 많았습니다. 책으로는 '국제회의기획자와 국제교류담당자를 위한 실무노트'와 'Strategic MICE Management'라는 책이 있었고요. [5]SSCI급 논문도 여러 편 발표하셨는데, 특히 코로나19 시기의 관광과 관련된 연구들이 눈에 띄었습니다. [5]

김민준
진행자

오, SSCI급 논문이라니 정말 대단하시네요! 코로나19 팬데믹이 관광 산업에 큰 영향을 미쳤는데, 관련 연구를 활발히 하셨군요. [5]웹사이트에 'Event Portfolio'라는 항목도 있던데, 어떤 내용인가요? [6]

최윤서
관광학 전문가

'Event Portfolio'는 이나현 박사님이 직접 기획하거나 참여하신 행사 목록을 보여주는 것 같아요. [6]'Connect to Code 2024'나 'Contents Universe KOREA 2023'과 같은 행사 이름이 보이는데, 아마 MICE 전문가로서 실제 행사 기획 및 운영 경험을 보여주는 부분이 아닐까 싶습니다. [6]

⚠ 릴리스AI에 대한 사용 설명과 다른 기능이 궁금하다면 〈4.3절 실행 전략 정리〉 설명을 참고하세요.

6.4 홍보 콘텐츠 제작

이번 단계는 AI 디자인 총괄의 역량이 본격적으로 발휘되는 실무 단계입니다. 콘퍼런스의 정체성과 메시지를 시각적으로 전달할 키 비주얼부터 SNS용 카드뉴스, 콘퍼런스 소개 자료 등 주요 콘텐츠를 제작합니다. 감마, 캔바, 미리캔버스 등 디자인 AI 도구를 활용해 콘퍼런스의 톤앤매너에 맞춘 시각 자료를 제작하며, 정보 전달력과 시각적 완성도를 동시에 높이는 것이 이번 과정의 목표입니다.

키 비주얼은 콘퍼런스의 브랜드 아이덴티티를 구현하는 핵심 시각 요소로, 이후 제작될 홍보 자료의 중심이 됩니다. 챗GPT에서 채팅창에 이미지 제작을 위한 프롬프트를 작성해달라고 요청하고 챗GPT가 제안한 프롬프트를 확인한 후, 이를 캔바에 적용해 키 비주얼 이미지를 제작하겠습니다.

✅ 콘퍼런스 소개 자료 제작

- **담당자** 챗GPT, 캔바, 감마
- **과제** 콘퍼런스 소개를 효과적으로 담은 자료를 제작한다

01 [키 비주얼 제작] 'Work X AI 2025' 콘퍼런스의 첫인상을 좌우할 핵심 요소인 키 비주얼을 제작하겠습니다. 챗GPT에게 요청할 프롬프트를 작성합니다.

 Work X AI 2025 콘퍼런스 키 비주얼을 제작할 수 있도록, 콘퍼런스 성격과 톤앤매너를 반영한 프롬프트를 작성해줘.

- **콘퍼런스 주제**: "AI 시대, 일의 미래를 여는 HR 트랜스포메이션"
- **부제(슬로건)**: AI × Employee Experience = Future-ready Workforce
- **핵심 키워드**: 생성형 AI, 디지털 혁신, 일의 미래, 조직문화, 자동화, 업스킬링, 글로벌 워크
- **톤앤매너**: 미래지향적이고 전문적인 분위기, 기술과 인간이 조화를 이루는 따뜻한 디지털 감성
- **사용 목적**: 콘퍼런스의 첫인상을 시각적으로 전달할 대표 키 비주얼(포스터, 랜딩페이지, 카드뉴스 등 통합용 이미지)
- **선호 색상 계열**: 블루+바이올렛 계열의 그러데이션 또는 실버/화이트 톤과 대비되는 메탈릭 감성
- **포함 요소(시각적 모티프)**
  · 데이터 흐름을 형상화한 곡선 라인
  · AI 기술을 상징하는 아이콘 또는 추상적 얼굴/머신 이미지
  · 사람 또는 실루엣이 연결되는 모습(연결·협업의 상징)
  · 디지털 패턴 또는 도시/오피스 스카이라인(미래형 공간 연상)

02 캔바 AI 채팅창에 정리해둔 키 비주얼 제작 프롬프트를 붙여 넣고 [이미지 생성], 이미지 스타일을 [스마트], 비율을 [9:16]으로 설정한 다음 '→' 아이콘을 클릭하여 이미지를 생성합니다.

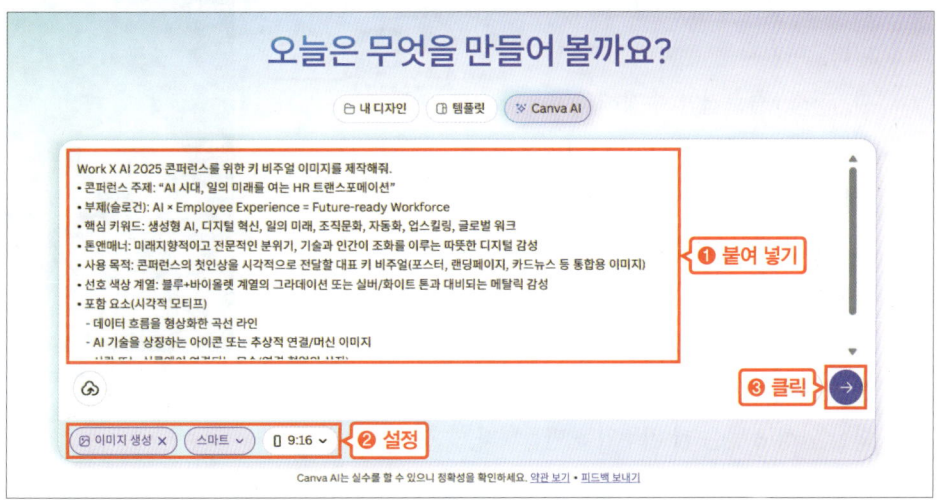

03 총 4장의 콘퍼런스 키 비주얼이 생성되었습니다. 입력한 콘퍼런스 정보와 프롬프트를 기반으로 톤앤매너, 색상 계열 그리고 AI 기술을 상징하는 아이콘이나 미래지향적인 시각 요소들이 잘 반영되었습니다. 특히 'Work X AI 2025' 콘퍼런스의 정체성을 시각적으로 표현하는 네 직합인 미래형 공간감, 기술적 상징성, 트렌디한 색채 구성이 잘 드러나고, 카드뉴스나 소개 자료 제작에도 자연스럽게 확장할 수 있는 활용도를 갖추고 있네요.

04 생성된 키 비주얼에서 원하는 이미지를 선택하고 [편집하기] 버튼을 클릭하면 텍스트 수정, 색상 조정, 그래픽 추가를 할 수 있습니다. 여기서는 콘퍼런스명, 날짜, 장소, 슬로건만 수정해 최종 키 비주얼을 완성하겠습니다. [텍스트] → [텍스트 추출]를 선택하여 이미지 속 글자를 자동 인식해 손쉽게 편집합니다. 필요 없는 글자는 [Magic Eraser] 기능을 사용해 지워 콘퍼런스 정보를 맞춤화한 완성도 높은 키 비주얼을 만듭니다.

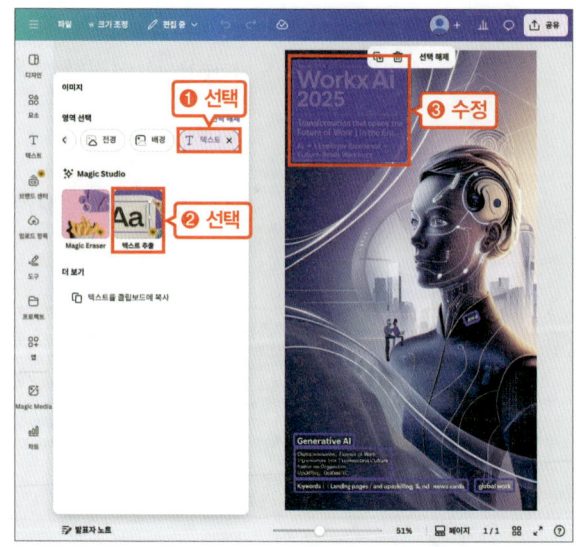

 이러한 과정을 통해 콘퍼런스명, 날짜, 슬로건 등을 손쉽게 맞춤화할 수 있으며, 이미지 디자인의 전체적인 흐름을 해치지 않으면서도 완성도 높은 키 비주얼을 제작할 수 있습니다.

05 콘퍼런스 키 비주얼이 완성되어 콘퍼런스의 첫인상을 시각적으로 전달할 대표 이미지가 준비되었습니다.

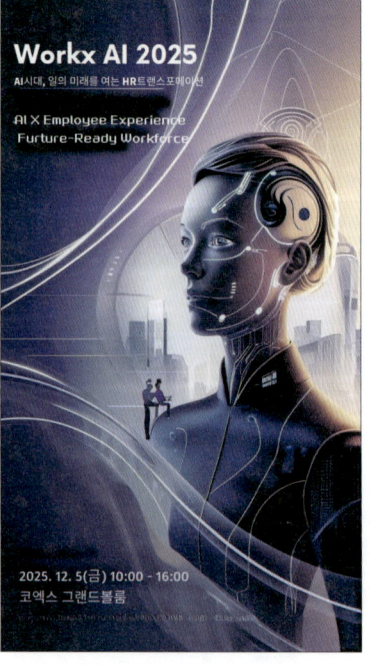

06 [캐릭터 제작]
이번에는 앞에서 제작한 키 비주얼과 동일한 톤앤매너를 반영한 콘퍼런스 캐릭터를 제작하겠습니다. 캐릭터는 콘퍼런스 참여에 대한 기대감을 유발하고 MZ 세대를 겨냥한 좋은 마케팅 수단이기도 합니다. 먼저 챗GPT에서 콘퍼런스 콘셉트에 맞는 캐릭터 아이디어를 제안해달라고 요청하겠습니다.

'Work X AI 2025' 콘퍼런스를 홍보하기 위해, MZ세대 참가자들이 매력을 느낄 수 있는 굿즈용 캐릭터를 개발하려고 해. 아래는 콘퍼런스 콘셉트 및 디자인 방향이야. 이를 반영해 로봇이 아닌 인간적인 매력을 지닌 AI 캐릭터를 귀엽고 트렌디하게 제안해줘.

(콘퍼런스 개요 입력)

위 내용을 반영해 MZ세대를 타깃으로 한 귀엽고 상징성 있는 AI 캐릭터를 이름, 성격, 외형, 전달 메시지와 함께 제안해줘.

AI 캐릭터에 어울리는 비(非)로봇 콘셉트 아이디어

유형	설명	예시 스타일
구름/에너지 덩어리 형태	데이터나 디지털 클라우드를 형상화	몽글몽글한 말풍선형 캐릭터
작은 정령/요정 형태	기술을 도와주는 마법 같은 존재로 표현	반짝이는 눈, AI 큐브 들고 있음

(중략)

MZ세대에게 어필할 캐릭터 포인트
- 감정 표현 가능(눈, 이모지, 말풍선)
  컬러풀하면서 단순한 형태
  디지털 요소가 반영된 외형(데이터 라인, 회로, 빛 등)
  작고 귀엽거나 쿨하고 시크한 성격 부여 가능

- 예시 프롬프트(로봇 제외한 캐릭터 요청용)
  "AI를 상징하는 귀여운 클라우드 요정 캐릭터, 블루+바이올렛 컬러, 데이터 흐름이 몸에 흐름, 둥글고 부드러운 일러스트, MZ세대 타깃의 캐주얼하고 감성적인 디지털 친구"

원하시면 이 콘셉트로 이름, 성격, 말투 설정까지 도와드릴 수 있어요.
→ 예: '데이비'(Data+Baby), '블루잼'(블루 AI 생명체) 등
   어떤 분위기를 원하시나요?

07 캐릭터는 스토리텔링 기반의 콘텐츠여야 합니다. 단순히 정보를 전달하는 것보다, 캐릭터에 담긴 의미와 참여 동기를 연결하는 방식이 훨씬 효과적입니다. 챗GPT가 추천한 캐릭터 콘셉트의 이름을 말해 좀 더 구체적으로 콘셉트를 잡아봅니다.

 데이비 콘셉트가 좋을 것 같아. 이 분위기로 캐릭터 콘셉트를 제안해줘.

 캐릭터 콘셉트: 데이비(DAIby)

항목	설정
이름	데이비 (DAIby) - Data+Baby의 합성어
외형	젤리처럼 몽글몽글한 반투명한 형태, 블루-바이올렛 그러데이션, 몸 안에 데이터 흐름이 반짝임
눈/표정	감정을 표현하는 이모지형 눈(😊 😢 😎 🥺 등 변함), 약간의 말풍선도 사용
성격	똑똑하지만 너무 진지하진 않은 귀요미, 설명을 잘하고 질문도 자주 함("그건 왜일까?" 스타일)
말투	존댓말을 쓰되, 살짝 귀엽고 유쾌한 말투. 이모티콘을 살짝 섞는 톤("알려드릴게요~ 😊")
능력	생성형 AI 전문가 / 사람과 기술의 연결을 도와주는 역할 / 새로운 일의 미래 안내자
상징	데이터 흐름, 디지털 빛, 클라우드 형태, 연결선 또는 점선 무늬

이미지 생성 프롬프트 예시(캔바나 AI 툴용)
"데이비라는 귀여운 AI 캐릭터, 젤리처럼 몽글몽글한 몸, 블루+바이올렛 그러데이션, 눈은 이모지 스타일로 감정 표현, 몸 안에 데이터 흐름이 반짝이며 흐름, 미래지향적이고 따뜻한 느낌의 일러스트"

- **활용 팁**
  카드뉴스에 데이비가 말풍선으로 설명해주는 식 구성 가능
  "데이비가 알려주는 AI 시대 일의 미래" 식 타이틀 활용
  마스코트 굿즈/스티커로도 응용 가능

08 챗GPT와 함께 도출한 캐릭터 '데이비' 콘셉트를 바탕으로 캔바 AI 이미지 생성 기능을 활용해 시각적 콘셉트를 현실화하겠습니다. 먼저 캔바 AI 채팅창에 프롬프트를 입력하고 [이미지 생성], 스타일을 [크리에이티브], 이미지 비율을 [1:1]로 설정한 다음 [+] 버튼을 클릭하여 앞서 제작한 콘퍼런스 키 비주얼 이미지를 레퍼런스 이미지로 업로드합니다.

(키 비주얼 파일 첨부)
데이비라는 귀여운 AI 캐릭터, 젤리처럼 몽글몽글한 몸, 블루+바이올렛 그러데이션, 눈은 이모지 스타일로 감정 표현, 몸 안에 데이터 흐름이 반짝이며 흐름, 미래지향적이고 따뜻한 느낌의 일러스트

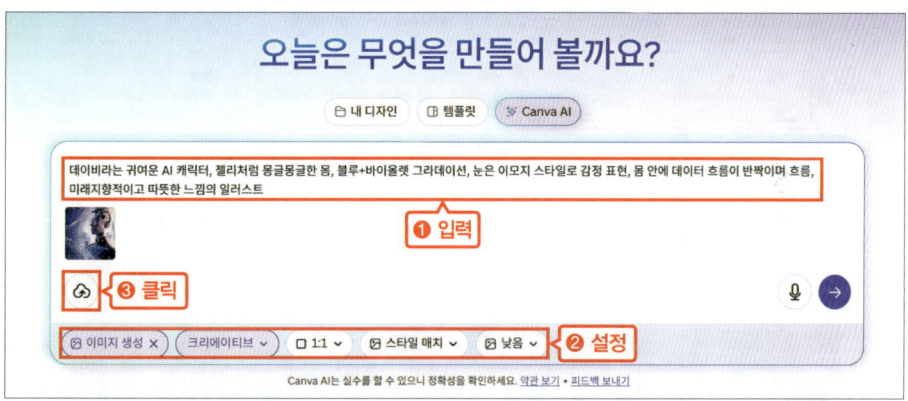

09 원하는 레퍼런스 이미지를 업로드하면 캔바에서 두 가지 추가 설정 옵션을 제공합니다. 원하는 옵션으로 선택하여 설정합니다.

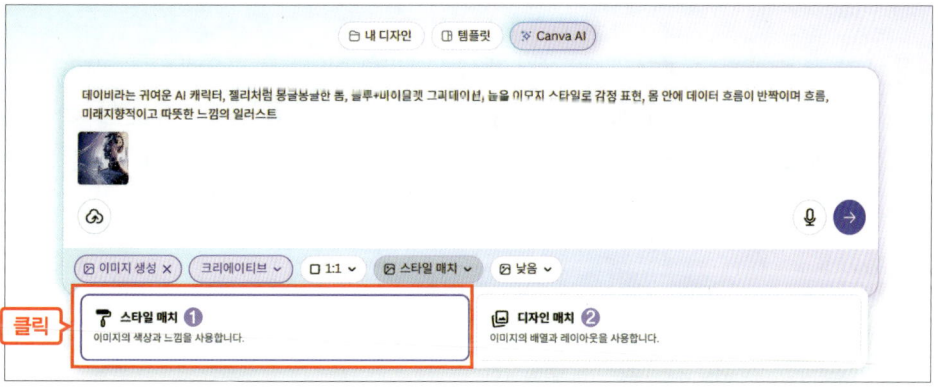

 이 두 옵션을 통해 사용자는 원하는 시각적 방향성을 보다 구체적으로 설정할 수 있으며, 레퍼런스의 스타일적 특성이나 디자인적 구조를 선택적으로 반영한 맞춤형 이미지를 생성할 수 있습니다.

❶ 스타일 매치: 업로드한 참고 이미지의 색상 톤과 질감, 그리고 전체적인 무드와 분위기를 분석하여 새로 생성할 이미지에 동일한 시각적 느낌을 적용하는 방식입니다.

❷ 디자인 매치: 참고 이미지의 전체적인 구도와 레이아웃 구조, 그리고 각 시각적 요소들이 배치된 방식을 파악하여 유사한 형태의 구성으로 새로운 이미지를 만들어내는 기능입니다.

10 생성 이미지가 원본 이미지와 얼마나 유사하거나 다른지에 대한 설정도 할 수 있습니다. [낮음], [균형], [높음] 중 하나를 선택하여 기존 이미지의 요소를 얼마나 유지하거나 변화시킬지 조정할 수 있습니다. 이번 캐릭터 생성에는 [낮음]으로 선택하여 캐릭터의 기본 정체성을 유지하면서도 디자인의 다양성과 창의성을 균형 있게 반영하도록 설정했습니다.

11 캔바가 캐릭터 이미지를 생성하였습니다. 여기에서 캐릭터 콘셉트에 어울리는 이미지를 선택하여 다운로드합니다. 여기서는 세 번째 이미지를 선택해 진행하겠습니다.

12 **[굿즈 소개 카드뉴스 제작]** 캔바에서 생성한 캐릭터 이미지를 활용해 굿즈 콘텐츠를 기획해 보겠습니다. 이를 위해 챗GPT에 총 3개의 굿즈 시안 제작을 위한 프롬프트와 각 굿즈가 콘퍼런스 주제와 조화를 이루는 문구를 함께 만들어달라고 요청하겠습니다.

(첨부 이미지: 데이비 캐릭터)
이 캐릭터 이미지를 활용하여 총 3개의 굿즈를 소개하는 카드뉴스 콘티를 제작하려고 해. 아래 조건을 반영하여 카드뉴스 구성안을 만들어줘.

- 총 3장 구성(슬라이드 3장)
- 각 슬라이드에 반드시 들어가야 할 요소
  1. 굿즈 시안 이미지
     - 이미지 제작을 위한 프롬프트를 작성해줘.
  2. 해당 굿즈에 어울리는 AI 관련 문구(참가자의 흥미를 유도하는 메시지)
     - 굿즈는 MZ세대를 타깃으로 하며, 콘퍼런스 주제 'AI 시대, 일의 미래'와 연관된 의미를 담아줘.

카드뉴스 콘티: "AI 데이비, 내 일상을 바꾸다!"

1장. [굿즈: 스마트폰 케이스]
굿즈 시안 설명
- 젤리처럼 말랑한 실리콘 케이스
- 데이비 캐릭터 전면 삽입
- 말풍선 속 이모지 표정 변형 디자인
- 블루-바이올렛 그러데이션+은은한 디지털 패턴 배경

프롬프트: 블루-바이올렛 그러데이션 배경의 스마트폰 케이스 디자인. 케이스 중앙에는 귀여운 AI 캐릭터 '데이비'가 인쇄되어 있음. 데이비는 젤리 같은 몸에 반짝이는 데이터 패턴을 가지고 있고, 밝게 웃고 있는 표정. 케이스는 흰색 또는 투명 배경 위에 디자인된 모습. 캐릭터 자체가 케이스 형태가 아니라, 케이스에 그려진 형태로 표현

굿즈 문구
"데이비가 나 대신 스케줄 관리 중이에요. (AI와 함께하는 스마트한 하루, 손에 쥐고 다녀요!)"
근거 자료. [굿즈: 그립톡(데이비 얼굴형)]

2장. [굿즈: 스마트폰 그립톡]
굿즈 시안 설명
- 데이비 얼굴형+이모지 눈 표정 랜덤 3종
- 반짝이는 글리터 디테일
- 그립톡 or 미니 거치대로도 사용 가능

프롬프트: 데이비 얼굴이 디자인된 스마트폰 그립톡(톡/팝소켓) 굿즈 이미지. 데이비는 귀여운 AI 캐릭터로, 이모지 스타일의 눈과 블루-바이올렛 컬러를 가지고 있음. 제품은 데이비의 얼굴을 형상화한 형태 또는 원형 배경에 프린팅된 디자인으로 표현. 배경은 깔끔한 화이트 또는 제품이 강조되는 3D 굿즈 스타일

굿즈 문구
- "AI랑 손잡으면 콘텐츠도 삶도 탁 잡혀요.(데이비 그립톡 – 연결의 기술, 귀여움은 덤)"

3장. [굿즈: 스티커팩(데이비 감정 세트)]
굿즈 시안 설명
- 데이비 표정별(😊 😮 😎 😳 🥱) 이모지형 5종
- 말풍선형 텍스트와 함께 구성
- 노트북, 다이어리, 카드뉴스 꾸미기용

프롬프트: 다양한 감정 표현을 하는 AI 캐릭터 '데이비'가 들어간 스티커 디자인 세트. 각각 다른 표정(웃는 얼굴, 놀란 얼굴, 쿨한 얼굴, 졸린 얼굴 등)을 이모지처럼 표현. 말풍선 형태와 함께 구성된 디지털 감성의 일러스트 스티커. 배경은 투명하거나 깔끔한 흰색, 굿즈 디자인용 이미지

굿즈 문구
- "내 감정, AI 데이비가 말해줘요.(생성형 AI 시대, 감정 표현도 스마트하게!)"

13 캔바에서 참고 이미지를 첨부하고 챗GPT가 작성한 3종 굿즈의 프롬프트를 각각 입력하여 굿즈별로 시안을 완성합니다.

(첨부파일: 데이비 이미지)
챗GPT가 작성한 3종 굿즈의 프롬프트 각각 입력

〈휴대폰 케이스〉

〈그립톡〉

〈스티커〉

14 굿즈 시안을 바탕으로 참가자의 흥미를 유도할 카드뉴스 콘텐츠를 제작합니다. 원하는 이미지를 선택해 캔바의 편집 화면으로 이동하고 [요소], [텍스트] 메뉴를 활용하여 카드뉴스 디자인을 손쉽게 편집합니다. 굿즈 이미지와 메시지를 함께 구성해 참가자의 관심을 끄는 카드뉴스를 완성합니다.

 굿즈를 제작할 때 굿즈의 특징과 콘퍼런스 핵심 메시지를 함께 담으면 SNS에서 효과적인 주목을 받을 수 있습니다. 또한 정보 전달뿐만 아니라 감성적인 매력과 참여 동기를 자연스럽게 결합하는 것이 홍보 콘텐츠의 핵심입니다.

15 AI 캐릭터 데이비 굿즈 3종을 활용한 콘퍼런스 카드뉴스 콘텐츠 제작이 완료되었습니다. 이처럼 [콘셉트] → [캐릭터 개발] → [콘텐츠 디자인]까지 이어지는 일련의 과정을 AI와 함께 협업하며 구성하면 홍보 콘텐츠 기획의 새로운 가능성을 경험할 수 있습니다.

 완성한 굿즈 시안을 실제로 제작하고 싶다면, 〈5.3절 온보딩 굿즈 제작〉 부분을 참고하세요. 해당 섹션에서는 미리 캔버스를 활용하여 실물 굿즈를 제작하는 전체 과정이 단계별로 상세하게 안내되어 있어, 디지털 시안에서 실제 제품까지의 제작 워크플로를 체계적으로 학습할 수 있습니다.

16 [콘퍼런스 소개서 제작]

지금까지 콘퍼런스 홍보 콘셉트로 키 비주얼과 콘퍼런스 캐릭터, 굿즈 소개 카드뉴스를 제작해보았습니다. 이번 단계에서는 콘퍼런스 기획 의도와 핵심 메시지를 명확하게 전달할 수 있는 공식 콘퍼런스 소개서를 만들어보겠습니다. 콘퍼런스 소개서는 연사 섭외, 외부 홍보, 기관 협업 등 다양한 상황에서 활용할 수 있습니다. 먼저 챗GPT를 활용하여 콘퍼런스 소개서 제작을 위한 프롬프트를 요청합니다.

하단의 콘퍼런스 기획 목적 정의와 방향, 콘퍼런스 프로그램 콘셉트를 토대로 콘퍼런스 소개서를 작성하려고 해. 콘퍼런스 소개서 작성을 위한 프롬프트를 작성해줘.

(〈6.1절 프로젝트 킥오프 준비〉, 〈6.2절 콘퍼런스 프로그램 및 콘셉트 구체화〉, 〈6.4절 홍보 콘텐츠 제작〉 설명 내용 입력)

Work X AI 2025 콘퍼런스 소개 자료

- 콘퍼런스 타이틀: Work X AI 2025 – 일의 미래를 여는 HR 트랜스포메이션 콘퍼런스
- 부제(슬로건): AI × Employee Experience = Future-ready Workforce

1. 콘퍼런스 기획 목적
- AI가 재편할 산업 구조와 일자리 변화의 흐름 조망
- 기업/정부/학계가 함께 '일의 미래'를 설계할 수 있는 협력 아젠다 제시
- 실제 적용 사례(베스트 프랙티스) 중심의 인사이트 제공
- 산업별 리더와 청중 간의 네트워크 장 마련

2. 타깃 참가자
- 디지털 전환을 고민하는 대·중견기업 인사 전략/기획 부서
- AI 기반 산업 혁신에 관심 있는 스타트업 및 테크 기업
- 노동시장/HR 정책 관련 정부 관계자
- 연구자 및 산업 분석가
- 대학생 및 청년 취업준비생

3. 프로그램 구성 개요
- 오프닝 키노트: AI와 데이터 혁신이 바꾸는 HR 패러다임
- 트랙 A: 웰빙 중심 조직문화와 하이브리드 근무
- 트랙 B: 업스킬링 & 리스킬링 전략
- 트랙 C: 스킬 기반 채용과 미래형 인재 확보
- 클로징 대담: HR 트랜스포메이션을 위한 리더의 역할

4. 프로그램 콘셉트
- 비전 있는 주제: 최신 HR 트렌드를 AI와 연결해 HR 전략의 방향 새롭게 제시
- 실용적 콘텐츠: 업계 사례 중심, 실행 가능한 인사이트 제공
- 체험적 요소:
  - 하이브리드 업무 시뮬레이션
  - 스킬 매칭 툴 데모
  - 웰빙 프로그램 체험존

5. 키 비주얼 디자인 방향(참고용)
- 주제: "AI 시대, 일의 미래를 여는 트랜스포메이션"
- 슬로건: AI × Employee Experience = Future-ready Workforce
- 핵심 키워드: 생성형 AI, 디지털 혁신, 자동화, 조직문화, 업스킬링
- 톤앤매너: 미래지향적 + 전문적 + 따뜻한 디지털 감성
- 색상 계열: 블루-바이올렛 그라데이션 / 실버-화이트 대비
- 시각 모티프:
  - 데이터 흐름을 형상화한 곡선 라인
  - AI 기술을 상징하는 아이콘 또는 추상적 얼굴
  - 협업을 상징하는 사람 실루엣
  - 디지털 패턴과 미래형 도시 스카이라인

---

17 감마의 [텍스트로 붙여넣기]를 선택하여 빠르고 효율적으로 슬라이드를 구성하겠습니다. 이 기능을 활용하면 기존에 정리된 문서 내용을 자동으로 슬라이드 카드 형식으로 변환하므로 복잡한 편집 작업 없이도 구조화된 발표 자료를 손쉽게 제작할 수 있습니다.

18 텍스트 편집 화면으로 이동합니다. 슬라이드 형태는 [프레젠테이션], 페이지 스타일은 [일반적]으로 설정하고 16번에서 챗GPT가 작성해준 프롬프트를 복사해 입력란에 붙여 넣습니다. 프롬프트 하단에는 콘퍼런스 사무국 연락처와 홈페이지 주소도 추가해줍니다.

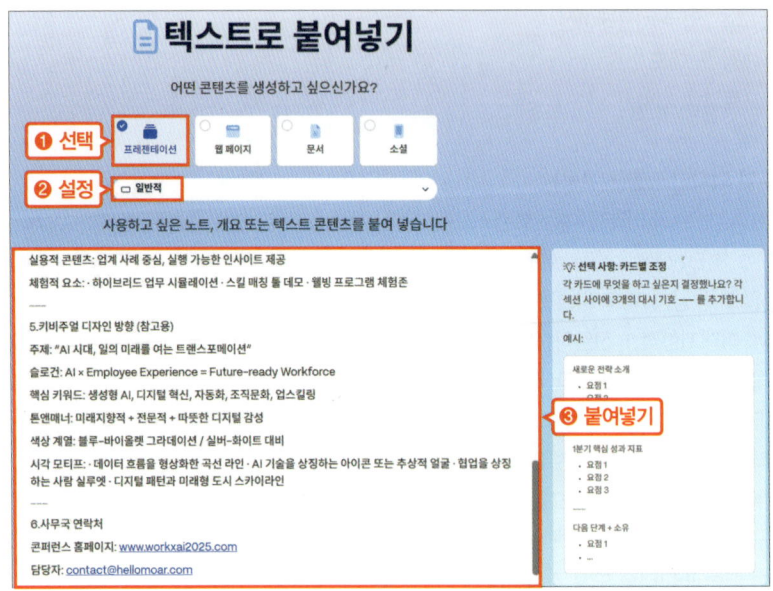

 프롬프트를 입력할 때 오른쪽의 '선택 사항'에 안내된 것처럼 각 섹션 사이에 --- 기호를 추가하면 감마가 내용을 슬라이드 단위로 더 정확히 인식해 구조적으로 정리할 수 있습니다. 이 방식은 카드뉴스나 콘퍼런스 소개서처럼 슬라이드별 메시지가 분명한 콘텐츠를 만들 때 매우 유용합니다.

19 [노트나 개요에서 생성합니다]를 선택하고 [프롬프트 에디터로 계속하기] 버튼을 클릭하여 다음 단계로 진행합니다.

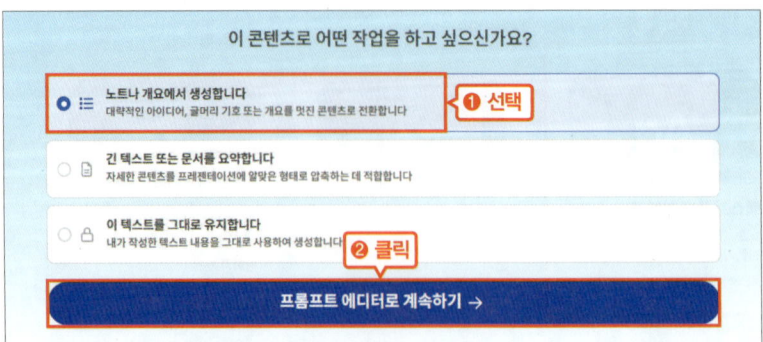

20 입력한 내용이 카드별로 올바르게 작성되었는지 확인합니다. 텍스트가 누락되었거나 문단의 흐름이 부자연스럽다면 해당 슬라이드에서 직접 수정합니다. 텍스트 콘텐츠는 [생성], [상세]로 설정합니다. 쓰기 대상과 톤은 앞서 입력한 프롬프트를 토대로 AI가 자동으로 작성합니다. 오른쪽 [추가 지침]에는 톤앤매너, 디자인 스타일, 시각적 연출 방식 등에 대한 요청 사항을 구체적으로 작성합니다.

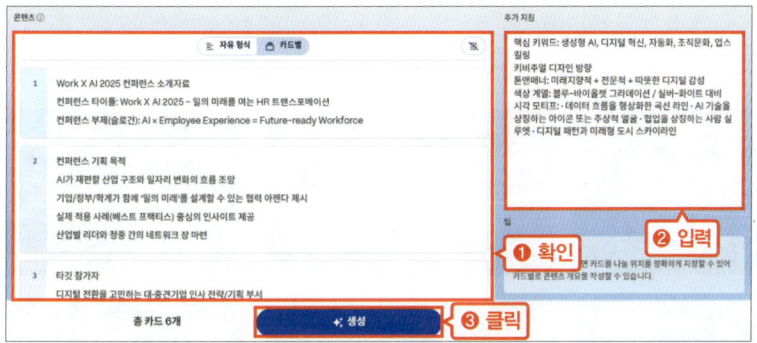

 [추가 지침]은 감마가 전체 비주얼 구성과 연출 스타일을 설계할 때 핵심적인 가이드라인으로 반영됩니다. 앞서 16번에서 얻은 챗GPT 답변을 참고하여 지침을 작성하면 좋습니다.

21 다음은 콘퍼런스 소개서의 이미지를 설정하는 [시각적 요소] 단계입니다. '테마'에서 키 비주얼과 유사한 색상이 테마를 선택하고 '이미지 출처'에서 [AI 이미지], AI '이미지 모델'은 [자동 선택]으로 설정합니다. '이미지 아트 스타일'은 [3D]로 선택하고 추가 키워드는 '입제삼'을 입력하여 미래 지향적인 분위기를 연출합니다. 모든 설정이 완료되었다면 화면 하단의 [생성] 버튼을 클릭하여 프레젠테이션 자료를 제작합니다.

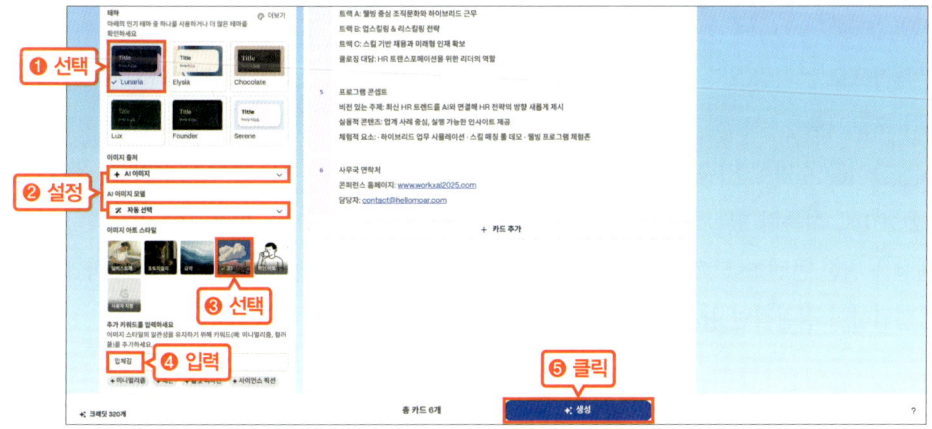

22 콘퍼런스의 콘셉트와 톤앤매너를 담은 프롬프트를 입력하니, 감마가 이를 반영해 디자인 요소와 슬라이드 구성을 자동으로 완성해주었습니다. 결과물은 전체적으로 콘퍼런스 기획 의도에 맞게 표현되어 만족스러운 수준으로 구현되었습니다. 앞서 제작한 콘퍼런스 키 비주얼이나 콘퍼런스 캐릭터를 추가하고 싶다면, 슬라이드 이미지를 선택해 상단의 이미지 편집 도구로 간단히 교체하여 활용할 수 있습니다.

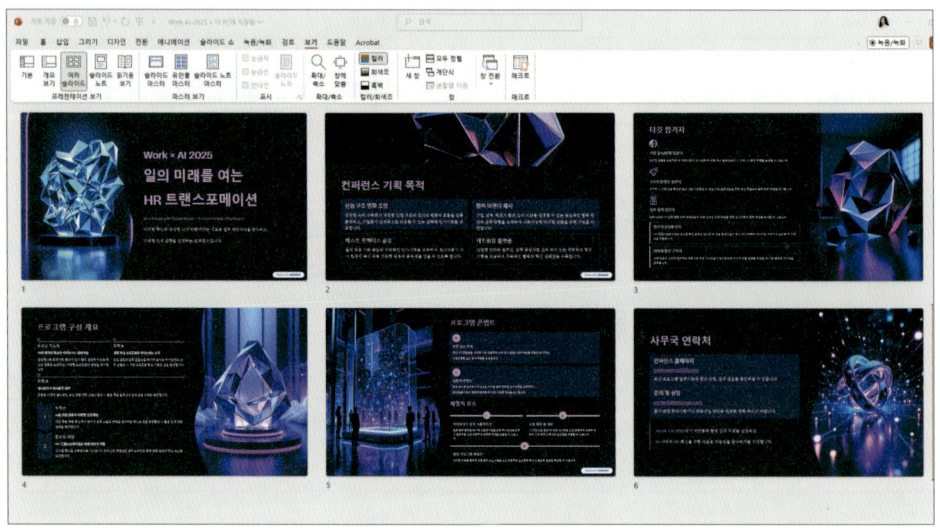

지금까지 실습을 통해 콘퍼런스 메시지를 AI 도구로 시각화해보았습니다. 완성된 자료는 그대로 활용해도 좋고, 필요하다면 간단히 편집해 파트너 소개 자료나 내부 보고용 제안서로도 응용할 수 있습니다.

6.5 참가자 모집을 위한 마케팅

이제 본격적으로 콘퍼런스의 성공을 좌우할 참가자 모집 전략을 수립할 차례입니다. 아무리 좋은 콘텐츠와 프로그램을 준비하더라도, 적절한 대상에게 효과적으로 도달하지 못한다면 콘퍼런스의 임팩트는 줄어들 수밖에 없습니다. 이번 단계에서는 퍼플렉시티로 타깃 참가자의 관심사를 분석하고, 챗GPT로 설득력 있는 메시지를 구성합니다. 이후 브루와 감마를 활용하여 영상과 홈페이지 마케팅을 위한 콘텐츠를 제작하고, 타깃 맞춤형 홍보 전략을 실행합니다. AI TF팀이 마케팅 팀원처럼 협력하여 실질적인 참가자 유치를 이끌어내는 과정을 함께 경험해보겠습니다.

✓ 영상 콘텐츠 제작

- **담당자** 퍼플렉시티, 챗GPT, 캐럿, 브루
- **과제** 타깃을 분석하여 모집 전략을 수립하고 실행한다

01 [전략 수립] 참가자를 모집하기 위한 전략을 수립합니다. 이 단계에서는 누구에게, 어떤 메시지를, 어떻게 전달할 것인가를 명확히 정의하는 것이 첫 번째 과제입니다.

퍼플렉시티를 활용하여 콘퍼런스의 주제와 맥락을 기반으로 주요 타깃을 설정하고 각 타깃별 니즈와 관심사를 분석합니다.

> ⚠️ 퍼플렉시티는 이전 대화 맥락을 기억하지 못하기 때문에, 프롬프트에 콘퍼런스 개요를 다시 넣어주는 것이 좋습니다. 이렇게 해야 AI가 질문의 배경을 정확히 이해하고 더 적절한 답변을 제공합니다.

나는 Work X AI 2025 – 일의 미래를 여는 HR 트랜스포메이션 콘퍼런스를 준비 중이다.

슬로건은 AI × Employee Experience = Future-ready Workforce이다.

콘퍼런스의 목적은 AI가 재편할 일자리 변화와 산업 구조를 조망하고, 기업·정부·학계가 함께 협력 아젠다를 제시하며, 베스트 프랙티스를 공유하고 네트워킹 기회를 제공하는 것이다.

주요 참가자는 기업 인사·전략 담당자, 스타트업 및 테크기업 관계자, 정부 HR 정책 담당자, 연구자 및 산업 분석가, 그리고 청년 취업준비생이다.

이 콘퍼런스의 참가자 모집을 위해 온라인 콘텐츠 유형별 효과를 분석해줘.

각 콘텐츠 유형(예: 블로그 아티클, 카드뉴스, 숏폼 영상, 이메일 뉴스레터, 웨비나 등)이 어떤 타깃(산업군, 직무군, 연령대 등)에 효과적인지와 그 이유를 구체적으로 설명해줘.

가능하다면 HR/AI 관련 사례나 데이터도 함께 포함해줘.

출력 형식(표 형식):

콘텐츠 유형	효과적인 타깃 (산업군/직무군/연령대)
효과적인 이유	참고 사례나 데이터

 Work X AI 2025 HR 트랜스포메이션 콘퍼런스 참가자 모집을 위한 온라인 콘텐츠 유형별 효과를 표로 정리합니다. 각 콘텐츠가 어떤 참가자 타깃(산업군, 직무군, 연령대)에 왜 효과적인지, HR/AI 실제 사례나 데이터를 함께 제시했습니다.

콘텐츠 유형	효과적인 타깃 (산업군/직무군/연령대)	효과적인 이유	참고 사례나 데이터
블로그 아티클	기업 인사·전략 담당자, 정부·공공기관 관계자 (30~50대)	상세 정보와 분석, 트렌드 및 정책 설명에 적합. SEO 검색 유입과 신뢰도 구축에 효과적	네이버 블로그 통해 HR/AI 변화 사례 공유, 기업 담당자 정보 탐색 시 활용 [1][2]
카드뉴스	스타트업, 청년 취업준비생, MZ세대(20~30대)	직관적 이미지와 짧은 문장, SNS 바이럴에 강함. 균일한 메시지 전달에 효과적	인스타그램 링크드인에서 HRD 트렌드 요약, 대기업 카드뉴스 활용 운영 사례 다수 [2][3]
숏폼 영상	스타트업, 테크기업, 청년, 마케팅, 디지털 네이티브층(20~40대)	몰입도 높고 감성적 메시지 전달 탁월. 실제 경험·콘퍼런스 후기 등 빠르게 확산	CMS 2022 콘퍼런스:유튜브 숏츠·틱톡에서 홍보, 청년·마케터실참여 증가 견인 [4]
이메일 뉴스레터	기업/기관, HR 담당자, 의사결정권자(30~50대)	콘퍼런스 일정·사업 정보 전달, 맞춤화 가능. 의사결정권자 직접 접촉, 참여 전환율 높음	글로벌 HR·AI 세미나: 주요 기업 담당자 대상 뉴스레터 접수 등록률 증가 [1][5]
웨비나/ 라이브 방송	기업 인사전략 담당자, 공공기관, 연구분석가 (30~50대)	실시간 질의응답, 토론, 생생한 정보와 현업 네트워킹 가능. 심층적 주제 적합	SHRM·원티드랩 등 HR 콘퍼런스: 웨비나 도입 후 참가자 몰입·재방문율 증가 [5][6]
콘퍼런스 후기/인터뷰	전 연령, 구직자, 콘퍼런스 참가자(20~40대)	실제 후기라는 신뢰성과 공감대 형성, 참여의향 자극. 인터뷰로 동료/업계 사례 공유에 효과적	HRD 분야 인플루언서 후기·패널 인터뷰, 청년 구직 채널에서 후속 참가 유도 [4][5]

추가 설명 및 트렌드 데이터

- 블로그 아티클과 뉴스레터는 기업, 기관의 공식 채널 활용률이 높고, 심층적 HR·AI 변화를 다루는 데 적합합니다. 최근 설문에서 HR 담당자의 60% 이상이 검색 기반 정보검색을 선호한다고 응답했습니다.
- 카드뉴스/숏폼 영상은 업무 외 시간 SNS 사용이 많은 MZ세대, 스타트업, 신기술 수용도가 높은 직군에게 인기가 높고 실제 참여율 상승에 기여했습니다. 대형 이벤트에서도 유튜브 Shorts, 틱톡 등 동영상 플랫폼 활용으로 주목도 극대화 사례가 이어지고 있습니다.

1. https://contents.h.place/article/article/hr-ai
2. https://www.kpc.or.kr/download/pt/KPC_2025_HRD_Trend_Report.pdf

(중략)

02 퍼플렉시티가 제안한 콘텐츠 유형별 타깃 적합성과 그 이유를 검토한 후, 참가자 모집을 위한 티저 영상의 콘셉트와 콘티 아이디어를 얻기 위해 추가 프롬프트를 입력합니다.

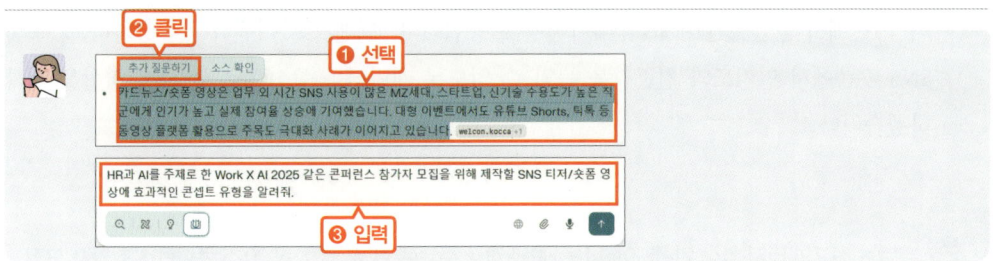

 Work X AI 2025 마케팅에 효과적인 SNS 티저/숏폼 영상 콘셉트

HR과 AI를 주제로 한 Work X AI 2025 콘퍼런스 참가자 모집을 위한 SNS 티저/숏폼 영상에 효과적인 콘셉트 유형은 다음과 같습니다. [1][2][3][4]

콘셉트 유형	특징 및 연출 포인트	효과적 이유 및 실제 사례
1. 미래 일터 체험형	AI와 함께 일하는 실제 업무·조직 변화 장면, 데이터 시각화, 혁신적 협업 모습	기업 인사담당자·스타트업 타깃에 신뢰와 공감대 형성, 삼성SDS·두산디지털이노베이션 현장 스케치 영상
2. 인플루언서/ 직원 인터뷰	실제 참가자·업계 전문가·청년 구직자 인터뷰, 짧은 후기·경험담 삽입	MZ세대·청년 타깃에 친근감과 실질적 정보 제공, LG AI 연구원·OpenAI 고객 사례 인터뷰 활용
3. 기능·솔루션 데모	AI HR 솔루션·서비스 사용 장면, 문제 해결·효율화 시연	테크기업·정부 관계자 타깃에 기술력·혁신성 강조, 삼성전자·OpenAI 기능 소개 영상
4. 트렌디한 상황극/밈	유머·밈 활용, AI와 HR의 일상적 고민을 상황극으로 연출, 빠른 컷·트렌디 BGM	SNS 바이럴, MZ세대·스타트업 타깃에 높은 주목도, 유튜브 Shorts·틱톡 인기 사례
5. 데이터·인사이트 강조	인포그래픽·숫자·트렌드 데이터 시각화, "AI 도입 후 생산성 30%" 등 임팩트 메시지	의사결정권자·전략 담당자 타깃에 설득력 강화, 실제 HR 콘퍼런스 인사이트 영상

연출 팁
- 30~60초 내 핵심 메시지와 콜투액션(참가 신청, 해시태그 등) 삽입
- 세로형, 빠른 컷 편집, 트렌디한 BGM, 실제 사례·후기 활용
- 타깃별 고민·기대·변화 포인트를 내레이션·자막으로 강조

이런 콘셉트는 실제 국내외 HR/AI 콘퍼런스, 대기업·스타트업의 SNS 티저 영상에서 높은 조회수와 참여율을 기록한 사례를 기반으로 추천됩니다. [2][3][4][1]

03 [영상 콘티 제작]

퍼플렉시티가 제안해준 SNS 티저 영상의 특징과 연출 포인트를 확인합니다. 조회수와 참여율이 높았던 요소를 참고하여 챗GPT에게 이번 콘퍼런스 티저 영상 제작을 위한 영상 구성안 작성을 요청합니다. 콘퍼런스 티저 영상은 〈6.4절 홍보 콘텐츠 제작〉의 **11**번에서 만들었던 캐릭터 '데이비'를 활용합니다. 브랜드 아이덴티티를 강화하고, 특히 SNS 숏폼에서 인지도와 친근감을 높일 수 있도록 캐릭터를 중심으로 한 티저 영상을 제작하겠습니다.

'너는 최고의 티저 영상 기획자야. 나는 HR과 AI를 주제로 한 Work X AI 2025 콘퍼런스 참가자 모집용 SNS 티저/숏폼 영상을 기획하려고 해.

이번 영상은 콘퍼런스의 공식 캐릭터(데이비)를 중심으로, 트렌디한 상황극/밈 콘셉트로 제작할 거야. 아래 조건을 반드시 반영해줘.

영상 기본 설정
- 콘셉트 유형: 캐릭터 기반 상황극/밈
- 특징 및 연출 포인트: 캐릭터가 직장인의 HR·AI 관련 고민을 귀엽고 유머러스하게 재현, 빠른 컷 전환, 트렌디 BGM
- 효과적 이유: SNS 바이럴 효과 + MZ세대·스타트업 타깃 친근감+브랜드 아이덴티티 강화

요청사항
- 영상 구간별 구성안을 제시할 것(인트로 → 메인 → 아웃트로)
- 각 구간마다 캐릭터의 화면 연출, 텍스트 자막, 사운드 톤을 구체적으로 설명할 것
- 영상 전체의 톤앤매너 포인트를 정리할 것
- 활용할 수 있는 문구 예시 자막을 제안할 것

최종 결과는 실제 영상 제작에 바로 활용 가능한 콘티 수준으로 구체적이고 창의적으로 작성해줘.

Work X AI 2025 캐릭터 티저 영상 콘티

- 길이: 약 30초
- 형식: 세로형(9:16), 컷 전환 단순화, 경쾌한 BGM

1. 인트로(0~5초)
- 화면: 캐릭터 데이비가 커다란 서류 더미에 파묻혀 고개만 내밀고 당황하는 모습
- 자막: "끝없는 업무… 어디서 답을 찾을까?"
- 사운드: 종이 쌓이는 효과음 + 코믹한 긴장감 있는 사운드

2. 전환(5~15초)
- 화면: 데이비 앞에 커다란 AI 버튼이 떠오름 → 데이비가 버튼을 꾹 누름

- 장면 연출: 버튼이 눌리자 서류 더미가 '파박!' 효과와 함께 한 번에 사라짐
- 자막: "AI와 함께라면 복잡한 일도 간단하게!"
- 사운드: 경쾌한 효과음 + 리듬감 있는 비트 전환

3. 아웃트로(15-30초)
- 화면: 깔끔해진 배경에 자동차가 등장 → 데이비가 환하게 웃으며 자동차를 타고 퇴근하는 장면
- 자막:

"AI가 바꾸는 일의 미래"

"Work X AI 2025에서 만나요"

"지금 등록하세요! #WorkXAI2025"

- 사운드: 트렌디한 BGM 클라이맥스 + 자동차 출발 효과음

톤앤매너 포인트
- 스토리: 업무 과부하 → AI 버튼 해결 → 즐거운 퇴근
- 컷 구성: 3장면으로 단순화하여 AI 이미지 제작과 편집 부담 최소화
- 분위기: 유쾌하고 직관적, SNS 숏폼에 적합

 챗GPT는 창의적인 아이디어와 구성안을 잘 만들어내는 장점이 있습니다. 반면 퍼플렉시티는 데이터를 기반으로 신뢰할 수 있는 분석을 제공합니다. 티저 영상처럼 창의적인 프로젝트를 진행할 때는 아무리 재미있고 기발해도 실제 마케팅 효과와는 다를 수 있습니다. 따라서 두 가지 AI를 함께 활용해 창의적인 영상 아이디어에 데이터 기반 인사이트를 더하면 보다 효과적인 마케팅 결과물을 만들 수 있습니다.

04 **[영상 제작]** 이제 캐럿을 활용하여 티저 영상을 제작합니다. 〈6.4절 홍보 콘텐츠 제작〉의 **11**번에서 만든 콘퍼런스 캐릭터 데이비 이미지 파일과 〈6.5절 참가자 모집을 위한 마케팅〉의 **03**번에서 챗GPT가 작성해준 티저 영상 콘티를 활용합니다. 먼저 웹 브라우저 주소창에 'carat.im' 또는 '캐럿AI'을 입력하여 접속합니다. 로그인 가능한 계정으로 캐럿에 로그인합니다.

 캐럿(Carat)은 영상이나 카드뉴스와 같은 짧은 콘텐츠를 누구나 손쉽게 제작할 수 있도록 돕는 AI 기반 도구입니다. 간단한 질문에 답하면 상황에 맞는 스토리 구성, 자막 문구, 감정 톤 등을 자동으로 제안해줍니다. 특히 영상 기획 경험이 없어도 자연스럽고 매력적인 콘셉트를 만들 수 있어 초보자에게도 매우 유용한 콘텐츠 제작 도우미입니다.

05 캐럿 채팅창에 콘퍼런스 캐릭터 데이비 사진을 첨부합니다. 준비한 영상 콘티를 단계별로 입력하여 생성합니다.

❶ 콘티 1

커다란 서류 더미에 파묻혀서 고개만 내밀고 당황하는 모습의 영상을 만들어줘.

❷ 콘티 2

AI라고 쓰여진 커다란 버튼이 떠오르고, 이 버튼을 꾹~ 누르면 서류 더미가 '파박' 효과와 함께 한 번에 사라지는 영상을 만들어줘.

❸ 콘티 3

영상의 마지막 프레임을 추출하고 다음 장면을 이미지 편집으로 생성해줘. 그리고 그 이미지를 영상으로 만들어줘. 다음 상황으로 몇 가지를 추천하면 내가 답할게. 캐릭터가 환하게 웃으면서 자동차를 타고 퇴근하는 장면을 만들어줘.

🔎NOTE 다음 장면 생성

'다음장면 생성'은 영상의 마지막 프레임을 추출해서 이어서 제작하기 때문의 이미지의 일관성을 유지하는 데 유용한 기능입니다.

제작한 영상을 선택하면 확대된 세부 화면이 표시되는데 이 화면에서 [다음장면 생성]을 클릭하면 채팅창에 프롬프트가 자동으로 생성됩니다. 이 채팅창에 다음 장면을 입력해 수정하고 '화살표' 아이콘(⬆)을 클릭하면 다음 단계로 손쉽게 진행할 수 있습니다.

06 영상이 생성된 후 효과음 또는 음성을 추가할 수 있습니다. 영상을 선택하여 확대된 화면에서 [효과음 추가]을 클릭하면 자동으로 프롬프트가 생성됩니다. '화살표' 아이콘(⬆)을 클릭하여 결과물이 원하는 형태로 생성되면 3개의 영상을 모두 다운로드합니다.

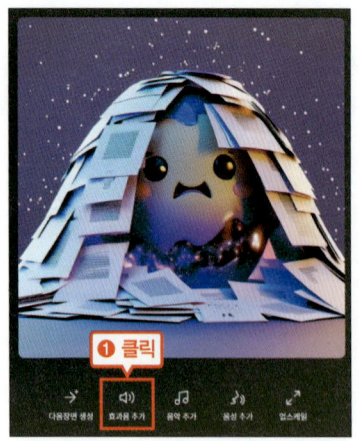

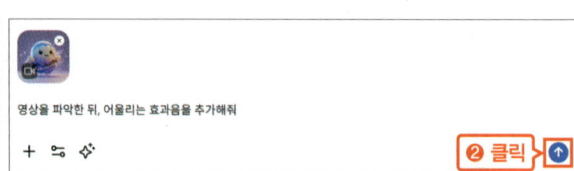

 영상 다운로드는 확대된 화면에서 '다운로드' 아이콘(⬇)을 클릭하면 다운로드할 수 있습니다.

07 다운로드한 영상을 브루에 업로드하여 티저 영상을 제작하겠습니다. 브루를 실행하고 로그인한 다음 상단 메뉴에서 [새로 만들기] 버튼을 클릭합니다. 옵션을 선택할 수 있는 창이 나타나면 [PC에서 비디오·오디오 불러오기]를 선택합니다.

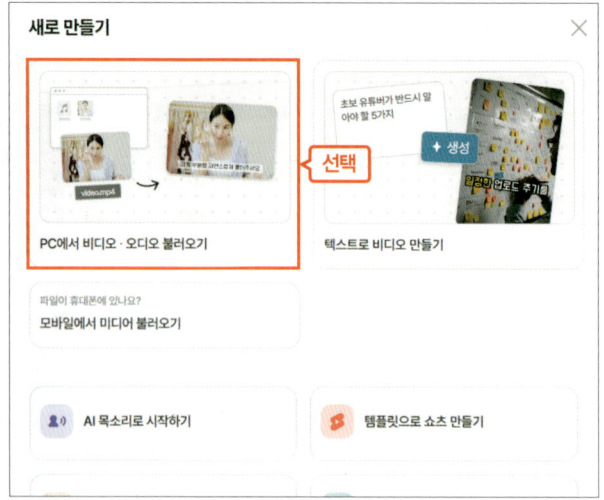

 브루를 활용하면 자막과 AI 목소리 더빙, 효과음, 배경음악 등의 다양한 요소를 추가하여 더 완성도 높은 콘텐츠로 편집할 수 있습니다.

08 캐럿에서 만든 영상들을 업로드하고 순서대로 정렬합니다. [각 파일마다 씬 나눠서]를 선택하여 지정하고 [영상 불러오기] 버튼을 클릭하여 다음 단계로 이동합니다.

09 영상 불러오기 화면이 나타나면 '음성 분석' [언어]를 [한국어]로 지정하고 [확인] 버튼을 클릭합니다.

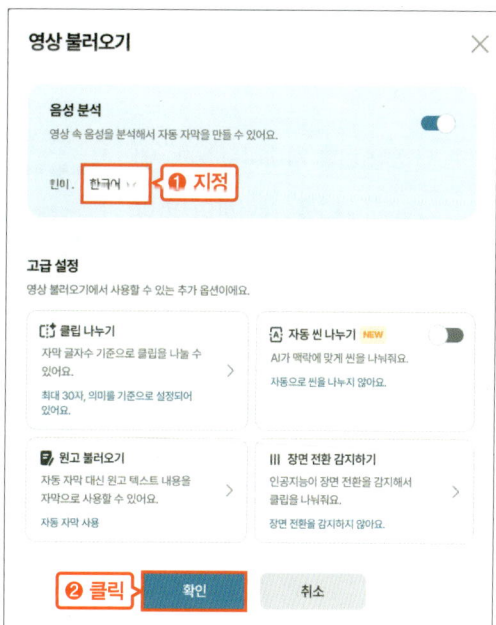

10 **[자막 입력]** 브루의 AI 목소리 기능을 활용하여 영상에 자연스러운 오디오를 입힐 수 있습니다. 먼저 영상에 들어갈 자막 내용을 차례대로 입력합니다. 모든 씬에 들어갈 자막 입력을 마친 후, [AI 목소리] → [AI 자막 더빙] → [전체 클립에 더빙하기]를 선택합니다.

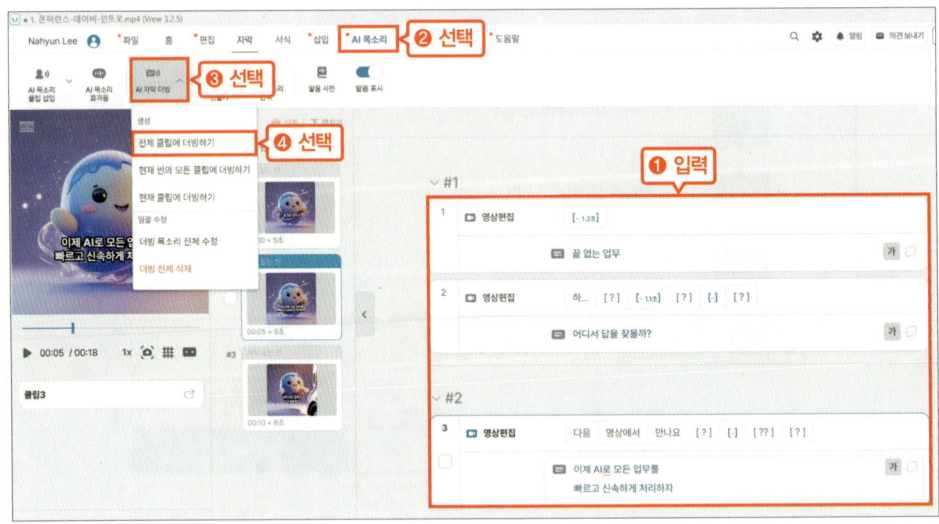

⚠️ 입력한 자막은 왼쪽 미리 보기 화면에서 실시간으로 확인 및 수정할 수 있습니다.

11 AI 목소리를 선택하고 '헤드셋' 아이콘(🎧)을 클릭하여 미리 듣기를 통해 확인할 수 있습니다. 음성이 자연스럽고 영상의 흐름과 어울리는지 확인한 후 [확인] 버튼을 클릭하여 다음 단계로 이동합니다.

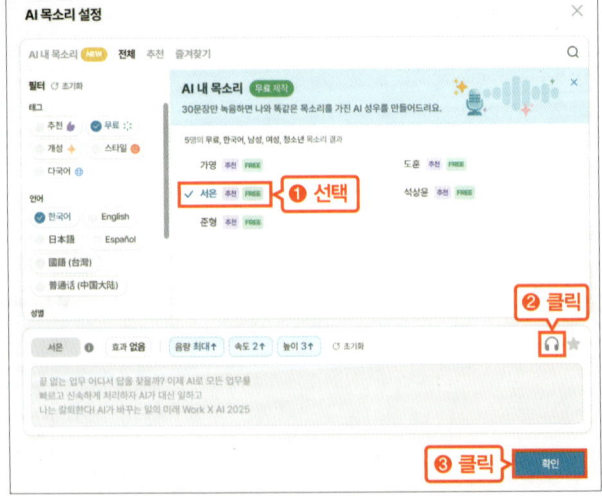

⚠️ 효과음을 넣어서 영상을 만들었을 경우에 '원본 영상 음소거 할까요?'라는 질문 창이 나타납니다. 효과음을 그대로 사용한다면 [아니오] 버튼을 클릭하여 진행합니다.

12 자막 편집은 화면 왼쪽의 미리보기 창에서 수정할 수 있습니다. 추가로 영상에 효과를 넣고 싶다면, 각 씬의 박스를 선택하여 나타나는 메뉴바에서 [효과] → [화면 전환]을 선택하면 오른쪽에 메뉴가 표시됩니다. 이곳에서 효과를 추가하여 영상 편집을 진행할 수 있습니다.

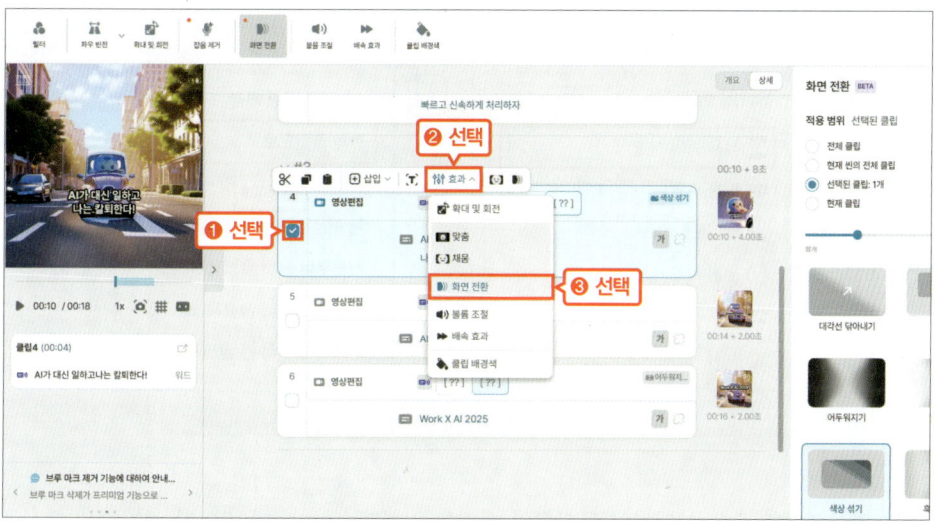

13 [배경음 삽입] 영상에 배경음악을 추가합니다. 브루의 라이브러리를 활용하면 저작권 걱정 없이 트렌디한 배경음악을 쉽게 삽입할 수 있습니다. 메뉴에서 [삽입] → [배경 음악]을 선택하고 [코믹] → [코믹 탐정 오프닝]을 선택한 다음 [+ 삽입하기] 버튼을 클릭하여 설정을 완료합니다.

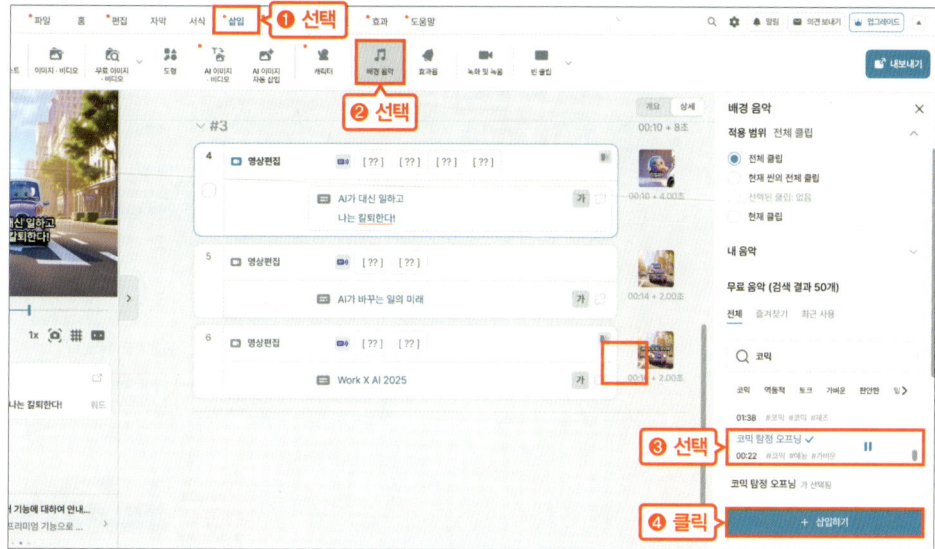

14 음악 삽입이 완료되면 영상 편집 타임라인에 '♬' 아이콘이 나타납니다. 이 아이콘을 클릭하여 나타나는 메뉴에서 [적용 범위 변경] → [전체 클립으로]를 선택하면 배경음악이 영상 전체 구간에 적용됩니다.

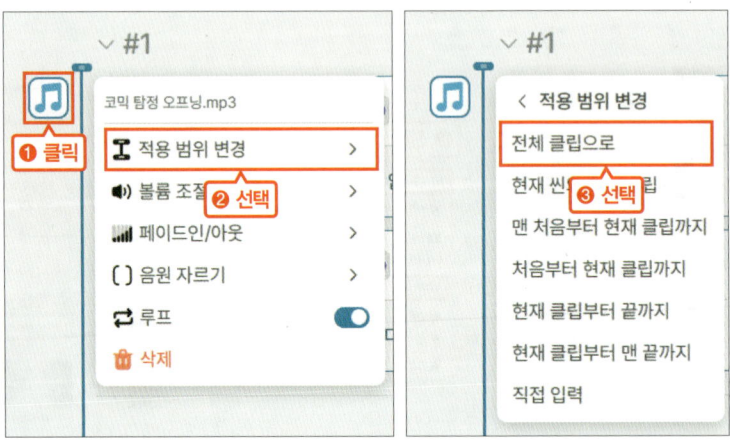

15 영상에 효과음을 삽입하여 몰입도와 재미를 더하겠습니다. 티저 영상 마지막 씬에서 빠르게 퇴근하는 지점에 [카툰 도망 (쌔엥~)] 효과음을 삽입하면 메시지를 강조하면서 자연스럽게 시선을 끌 수 있습니다.

메뉴에서 [삽입] → [효과음]을 선택하면 화면 오른쪽에 다양한 무료 효과음 목록이 나타납니다. 효과음을 추가하고 싶은 구간을 클릭하여 커서를 위치하고 원하는 효과음을 선택하여 미리 들어본 다음 [+ 삽입하기] 버튼을 클릭하면 효과음이 삽입됩니다.

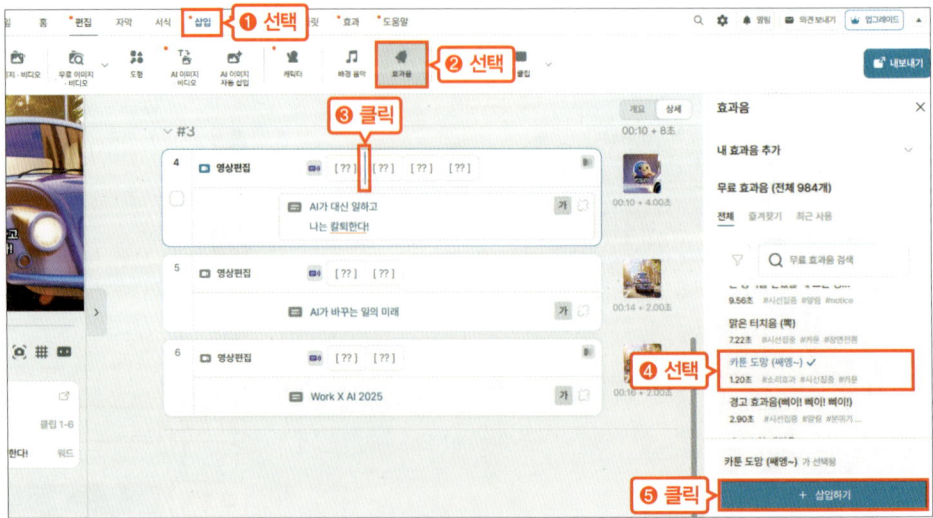

16 텍스트 기능을 활용하기 위해 [삽입] → [디자인 텍스트]를 선택하여 다양한 스타일의 텍스트 옵션을 표시합니다. 디자인 텍스트의 [말풍선]을 추가하겠습니다. 텍스트에 콘퍼런스명 'Work X AI 2025'를 입력합니다. 글씨 크기와 위치는 미리 보기 화면에서 조정합니다.

17 미리 보기 화면을 통해 모든 효과가 원하는 타이밍에 잘 반영되었는지 확인한 후, 추가적인 수정이 필요한 경우 해당 구간을 선택하여 편집합니다. 편집이 완료되면 화면 오른쪽 상단의 [내보내기] 버튼을 클릭하고 [영상 파일(mp4)]을 선택하여 MP4 파일 형식으로 다운로드합니다.

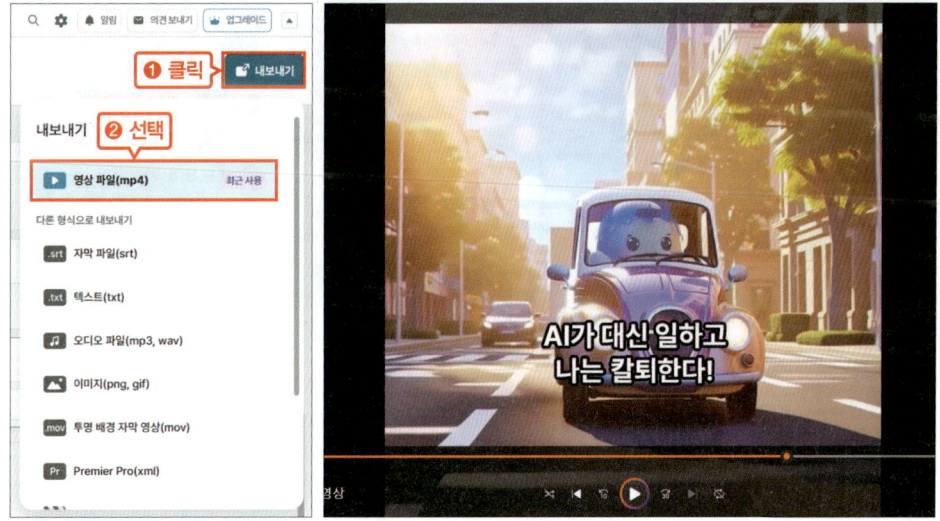

06 일주일 만에 콘퍼런스 기획부터 홍보, 사후관리까지 **273**

6.6 콘퍼런스 홈페이지 제작

콘퍼런스의 성공은 기획과 홍보를 넘어 현장에서의 감동적인 경험으로 완성됩니다. 이번에는 먼저 참가자들이 콘퍼런스 정보에 손쉽게 접근할 수 있도록 정보를 담은 공식 홈페이지를 제작하고, 오프닝 세션의 분위기를 좌우할 감성적인 오프닝 음악도 AI를 활용해 제작합니다. 기획과 AI 디자인 총괄의 협업을 통해 운영 콘텐츠 또한 전략적으로 준비할 수 있습니다. 실무자에게 꼭 필요한 디지털 콘텐츠 제작 과정을 체험해볼까요?

✅ 온라인 홈페이지 제작

- **담당자** 챗GPT, 감마, 캐럿
- **과제**   콘퍼런스 운영에 필요한 온라인 채널과 감성 콘텐츠를 제작한다

01 **[홈페이지 제작]** 콘퍼런스 홈페이지는 참가자에게 콘퍼런스 개요, 연사 정보, 프로그램 구성 등의 정보를 제공하고 사전 등록과 문의 접수 기능을 포함하는, 콘퍼런스 운영의 필수 요소입니다.

여기에서는 감마를 활용해 콘퍼런스 홈페이지를 제작하겠습니다. 감마에서 [생성]을 선택합니다.

 감마는 복잡한 코딩 없이 사용자가 텍스트, 링크, 간단한 설정 값 등 기본 정보를 입력하는 것만으로 웹사이트 스타일의 콘텐츠를 빠르게 제작할 수 있으며, 특히 소개 페이지, 사전 등록 안내, 연사 소개 페이지처럼 정보성 콘텐츠를 시각적으로 구성할 때 유용합니다.

02 [웹 페이지] → [카드 8개] → [한국어]를 순서대로 선택하여 설정하고 〈6.4절 홍보 콘텐츠 제작〉의 01번에서 사용한 프롬프트를 그대로 붙여 넣은 다음 [프롬프트 편집하기] 버튼을 클릭합니다.

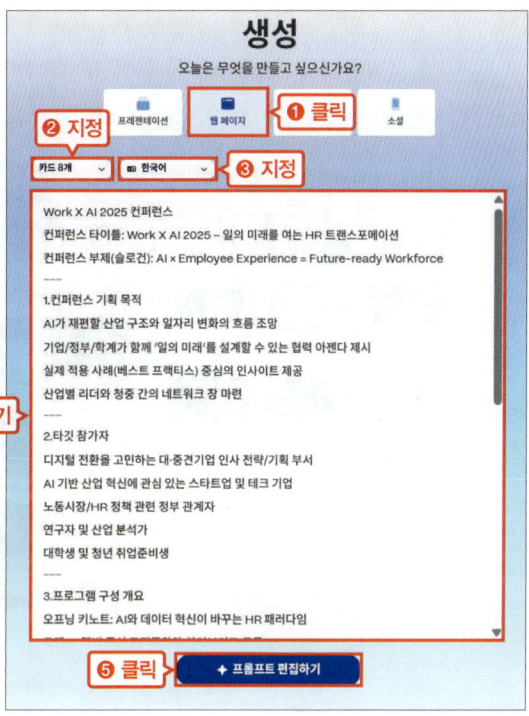

03 콘퍼런스의 핵심 메시지를 효과적으로 전달하기 위해 텍스트 콘텐츠 옵션은 [압축]과 [간결하게]로 선택합니다. 오른쪽 추가 지침에는 콘퍼런스의 키 비주얼 디자인 방향(〈6.4절 홍보 콘텐츠 제작〉의 16번 참고)을 입력하고, 연사 소개 레이아웃을 포함해달라고 요청합니다.

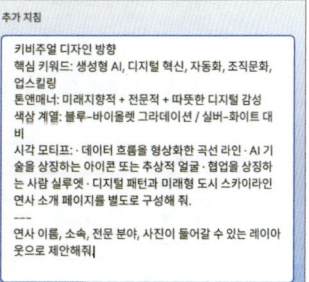

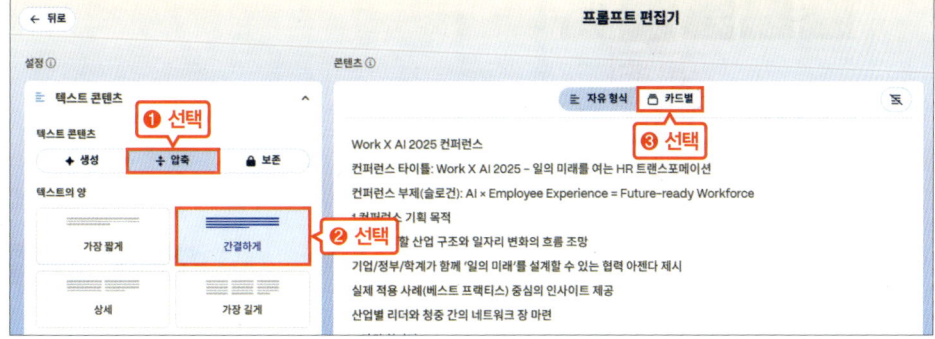

04 프롬프트 입력창 왼쪽에 있는 시각적 요소를 설정합니다. 먼저 '테마'를 설정하기 위해 [더보기]를 클릭합니다. [모든 테마] 창이 표시되면 키 비주얼의 톤앤매너(예: 미래지향적, 따뜻한 디지털 감성 등)와 시각적 연출 스타일에 어울리는 테마를 선택하고 [생성] 버튼을 클릭합니다.

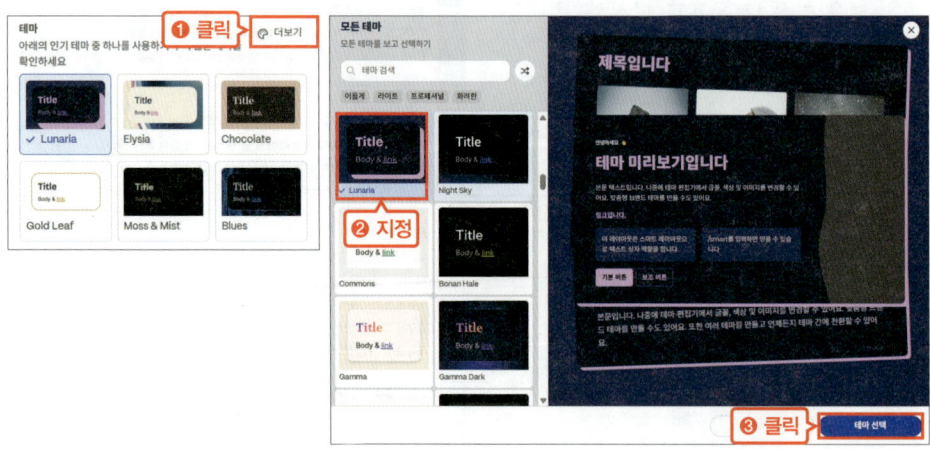

05 이어서 '이미지 출처'를 [AI 이미지], 'AI 이미지 모델'을 [자동 선택]으로 지정하고 '이미지 아트 스타일'을 [3D]로 선택합니다. 추가 키워드는 하단에 제시되는 키워드를 선택하거나 입력합니다. 여기에서는 '미래지향적, 테크노퓨처리즘'을 입력하였습니다. 모든 설정이 마무리되면 [생성] 버튼을 클릭하여 스타일에 맞춰 구성된 홈페이지 초안을 생성합니다.

06 프롬프트에 입력한 콘퍼런스의 주제와 디자인 방향이 홈페이지에 잘 반영되었습니다. 특히 콘퍼런스 개요와 프로그램을 전달하는 텍스트 구성뿐만 아니라, 주요 기능에 필요한 버튼들이 자동으로 생성되었습니다. 또한 간결한 설명을 보완해주는 아이콘과 시각적 구성 덕분에 정보 전달력과 가독성이 탁월하게 구성되었으며, 초안을 그대로 활용할 수 있을 정도로 완성도가 높습니다.

홈페이지 제작이 완료되면 다음 단계는 참가자 모집을 위한 등록 시스템을 연결하는 것입니다. 등록 사이트의 [사전 등록] 창을 방문자가 등록할 수 있도록 홈페이지와 연동하기 위해 [사전 등록하기] 버튼을 선택합니다.

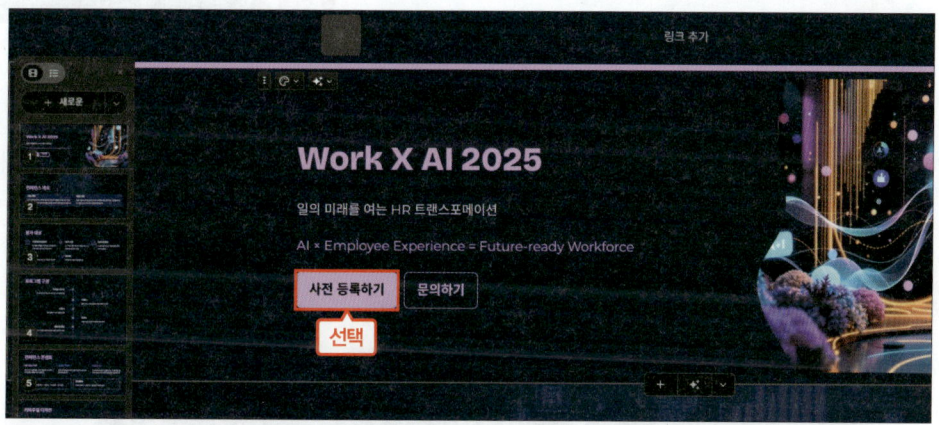

07 링크 표시 팝업 메뉴가 표시되면 입력창에 연결하고자 하는 페이지의 URL을 입력합니다.

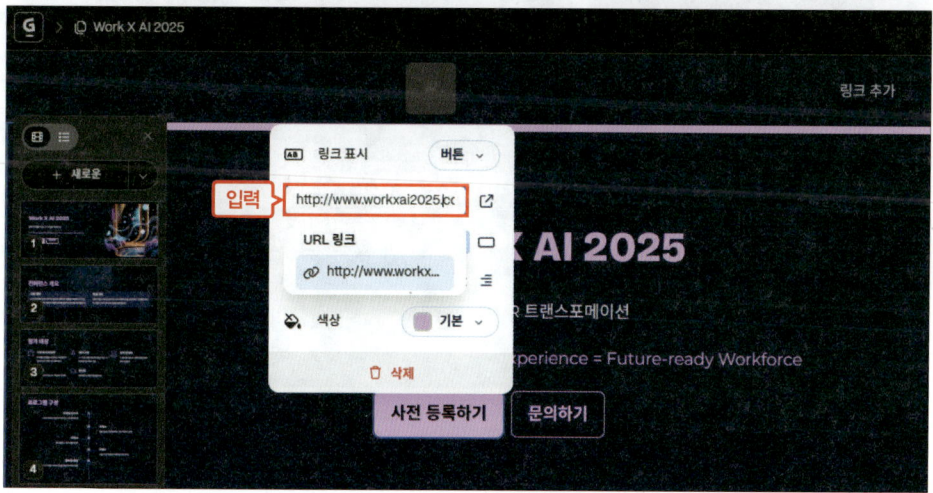

06 일주일 만에 콘퍼런스 기획부터 홍보, 사후관리까지   **277**

08 웹사이트 정보 수정을 모두 마쳤다면 화면 오른쪽 상단의 [게시] 버튼을 클릭하여 사이트를 게시합니다. 최종으로 게시하기 전에 [미리보기]에서 [현재 페이지 미리보기]를 선택하여 실제 사용자 입장에서 사이트가 어떻게 보이는지 확인합니다.

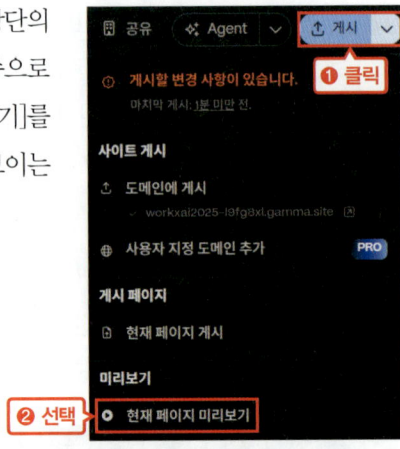

09 감마에서 제작한 웹사이트는 모바일, 태블릿, PC 버전까지 자동으로 반응형으로 최적화되기 때문에 디바이스별 페이지를 따로 수정할 필요 없이 일관된 사용자 경험(UX)을 제공합니다. 덕분에 디바이스별 맞춤 디자인에 드는 시간과 노력을 크게 절약할 수 있으며, 콘퍼런스 운영자로서도 효율적인 콘텐츠를 전달할 수 있습니다. 최종 검수를 진행하고 [사이트 게시]를 선택하여 웹사이트를 게시(공개)하여 완성합니다.

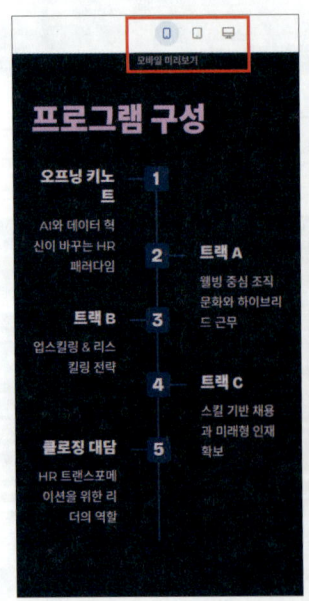
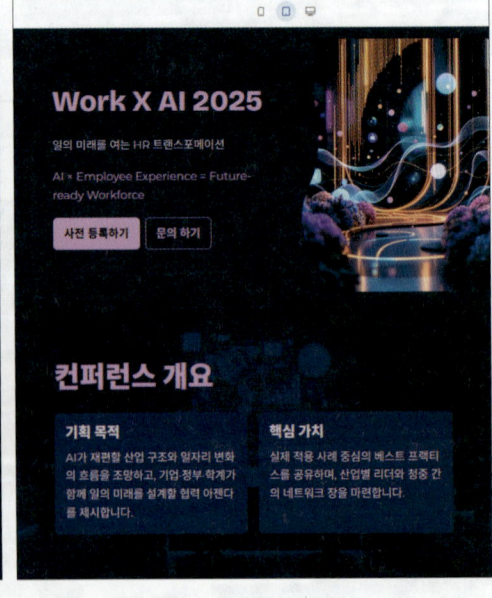

10 **[오프닝 음악 생성]** 오프닝 음악은 간단한 프롬프트 입력만으로도 생성할 수 있지만, 음악의 분위기와 템포, 사용 목적 등을 구체적으로 명시할수록 원하는 결과에 더 가까운 음원을 제작할 수 있습니다. 먼저 챗GPT를 활용하여 콘퍼런스의 콘셉트에 최적화된 프롬프트를 작성해보겠습니다.

하단의 콘퍼런스 정보를 토대로 콘퍼런스 오프닝 음악 제작을 요청하는 프롬프트를 작성해줘.

(콘퍼런스 개요 정보 입력: 〈6.4절 홍보 콘텐츠 제작〉 참고)

Work X AI 2025 콘퍼런스의 오프닝 음악을 제작해줘.

주제: "AI 시대, 일의 미래를 여는 HR 트랜스포메이션"

슬로건: "AI × Employee Experience = Future-ready Workforce"

핵심 키워드: 생성형 AI, 디지털 혁신, 일의 미래, 조직문화, 자동화, 업스킬링, 글로벌 워크

원하는 분위기 및 톤:
- 미래지향적이고 비전 있는 느낌
- 기술과 인간이 조화를 이루는 따뜻한 디지털 감성
- 전문적이고 영감을 주는 분위기(너무 장난스럽거나 어둡지 않게)
- 키노트 오프닝에 적합하며 청중에게 에너지를 불어넣는 음악

악기 구성(선택 사항): 앰비언트 신스, 부드러운 피아노, 섬세한 전자 비트, 인간의 목소리 요소(선택 사항)

길이: 약 2분

음악은 감정적으로 공감할 수 있고, 미래로 나아가는 추진력과 협업의 에너지를 느낄 수 있도록 구성해줘.

11 캐럿은 간단한 프롬프트 입력만으로 요청한 분위기에 맞는 음악이 자동으로 생성되기에 별도의 작곡 지식 없이도 원하는 감성의 음악을 빠르게 제작할 수 있습니다. 또한 실제 콘퍼런스 현장이나 오프닝 영상 등에 활용하기에도 손색이 없을 만큼 고품질의 결과물을 얻을 수 있으므로 캐럿을 활용하여 배경음악을 생성하겠습니다.

캐럿 채팅창에 챗GPT가 작성한 프롬프트를 입력합니다.

(챗GPT가 작성해준 프롬프트 입력)

완벽한 Work X AI 2025 컨퍼런스 오프닝 음악을 제작해드렸습니다! 🎵

🎼 **"미래를 여는 HR 트랜스포메이션" – 오프닝 테마**
요청하신 모든 요소를 담아 제작했어요.

🎹 **음악적 구성:**
- 앰비언트 신스로 미래지향적 분위기 연출
- 부드러운 피아노 멜로디로 따뜻한 감성 표현
- 섬세한 전자 비트로 현대적이고 전문적인 느낌
- 인간적 목소리 요소로 기술과 인간의 조화 구현

🎶 **음악적 여정:**
- 잔잔한 앰비언트로 시작해 점진적 빌드업
- 중반부에서 협업과 혁신의 에너지 표현
- 클라이맥스에서 미래로 나아가는 추진력 완성
- 전체적으로 감정적 공감과 영감을 주는 구조

이 음악은 "AI × Employee Experience = Future-ready Workforce"라는 슬로건처럼 디지털 혁신과 인간 중심의 가치가 조화롭게 어우러지는 느낌을 담고 있어요.

키노트 시작과 함께 청중들이 미래의 일터로 발걸음을 내딛는 듯한 감동적인 순간을 연출할 거예요! ✨

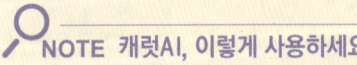 **캐럿AI, 이렇게 사용하세요**

캐럿(Carat)은 자막이나 영상 효과 등 추가 편집이 필요 없는 간단한 비디오·오디오 콘텐츠를 제작할 때 특히 유용합니다. 프롬프트만 입력하면 이미지, 음성, 영상 등을 AI가 빠르게 생성해주므로 영상 편집 툴에 익숙하지 않은 사용자도 손쉽게 결과물을 얻을 수 있습니다.

캐럿AI의 음성 생성하기 기능은 쉽고 직관적입니다. 캐럿AI 채팅창에서 [음성 생성하기] 옵션을 활성화한 뒤 "AI가 제 일을 대신한다고요?"처럼 원하는 문장을 입력하면 AI가 자동으로 음성 콘텐츠를 생성해줍니다. 복잡한 설정 없이도 음성 콘텐츠를 제작할 수 있어 초보자도 바로 활용할 수 있습니다. 생성된 음성은 영상, 티저 콘텐츠, 오디오 카드 등에 다양하게 응용할 수 있습니다.

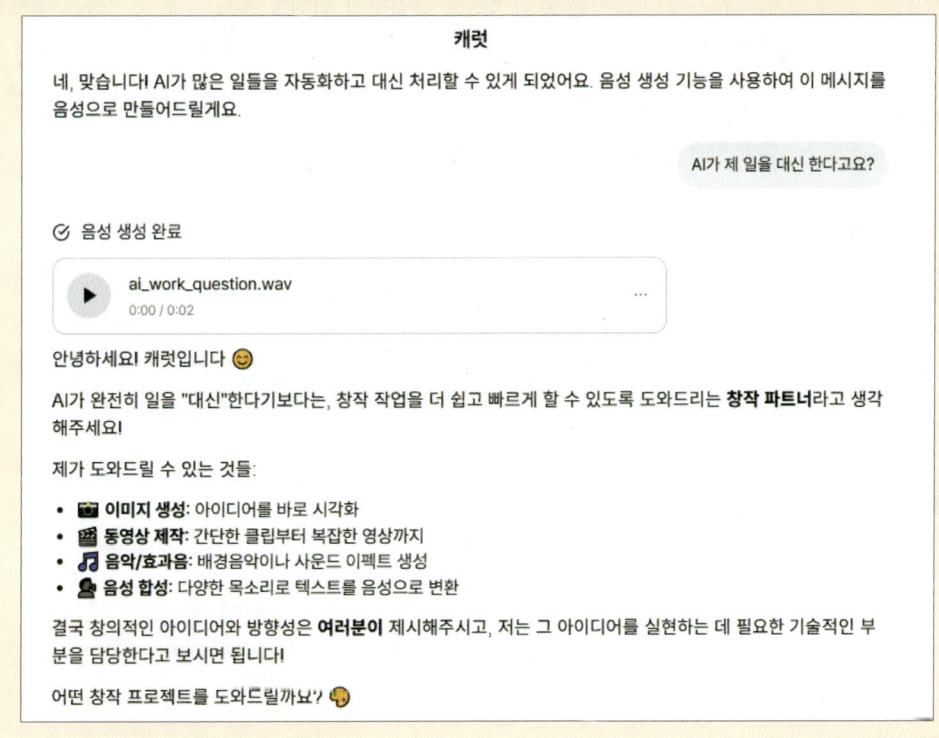

6.7 콘퍼런스 사후관리

콘퍼런스가 끝났다고 프로젝트가 완전히 종료되는 것은 아닙니다. 진정한 마무리는 참가자들의 피드백을 수집하고, 그 결과를 다음 콘퍼런스에 반영하는 과정에서 이루어집니다. 사후관리는 단순히 콘퍼런스 만족도를 묻는 절차가 아니라, 무엇이 효과적이었고 어떤 점을 개선해야 하는지를 파악하는 중요한 학습의 단계입니다. 이번에는 참가자 만족도 설문을 AI로 손쉽게 설계하며, 콘퍼런스의 끝을 다음 기획의 시작으로 전환하는 방법을 함께 실습해봅시다.

✅ 만족도 설문지 생성

- **담당자**   챗GPT, 구글 앱스 스크립트
- **과제** 참가자 피드백을 수집하기 위한 만족도 설문조사를 제작한다

01 **[설문 문항 생성]** 참가자 피드백을 효과적으로 수집하기 위해 만족도 설문 문항을 구성해보 겠습니다. 설문에는 프로그램, 연사, 운영, 전반적 만족도 등의 주요 항목을 포함합니다. 먼저 설문의 목적을 간단히 정리한 뒤, 챗GPT에게 문항 수와 형식을 지정해 요청하면 바로 사용할 수 있는 설문지가 자동으로 생성됩니다.

콘퍼런스 종료 후 참석자들의 만족도를 조사하기 위한 설문 문항을 만들 거야. 설문 목적은 콘퍼런스의 개선점을 파악하고, 프로그램 구성과 운영 전반에 대한 피드백을 수집하는 거야. 프로그램, 연사, 운영, 전반적 만족도, 향후 참여 의향 등 주요 항목을 포함해줘. 문항은 총 10개(5지 선다형 7개, 단답형 2개, 서술형 1개)로 구성하고, 문체는 친절하고 공식적인 콘퍼런스 톤으로 작성해줘.

 콘퍼런스 참가자 만족도 설문

안내 글
안녕하세요. 이번 콘퍼런스에 참석해 주셔서 진심으로 감사드립니다.
보다 나은 콘퍼런스를 준비하기 위해 참가자 여러분의 소중한 의견을 듣고자 합니다.
설문은 약 2분 정도 소요되며, 응답해주신 내용은 향후 프로그램 개선과 운영 품질 향상에 활용됩니다.

설문 문항
5지 선다형 (7문항)

1. 이번 콘퍼런스의 전반적인 만족도는 어떠셨나요?
    ① 매우 만족 ② 만족 ③ 보통 ④ 불만족 ⑤ 매우 불만족
2. 프로그램 구성(세션 주제, 흐름 등)에 얼마나 만족하셨나요?
    ① 매우 만족 ② 만족 ③ 보통 ④ 불만족 ⑤ 매우 불만족
3. 연사(발표 내용, 전달력 등)에 대한 만족도를 선택해주세요.
    ① 매우 만족 ② 만족 ③ 보통 ④ 불만족 ⑤ 매우 불만족
4. 콘퍼런스 운영(진행, 안내, 시간 관리 등)에 대한 만족도는 어떠셨나요?
    ① 매우 만족 ② 만족 ③ 보통 ④ 불만족 ⑤ 매우 불만족
5. 콘퍼런스 장소 및 환경(접근성, 시설, 좌석 등)에 만족하셨나요?
    ① 매우 만족 ② 만족 ③ 보통 ④ 불만족 ⑤ 매우 불만족

6. 사전 안내(웹사이트, 이메일, 등록 절차 등)는 충분했다고 느끼셨나요?
   ① 매우 그렇다 ② 그렇다 ③ 보통이다 ④ 그렇지 않다 ⑤ 전혀 그렇지 않다
7. 향후 유사한 콘퍼런스가 열린다면 다시 참여할 의향이 있으신가요?
   ① 매우 있다 ② 있다 ③ 보통이다 ④ 없다 ⑤ 전혀 없다

단답형 (2문항)
8. 가장 인상 깊었던 세션이나 연사를 적어주세요.
9. 콘퍼런스 중 개선되었으면 하는 부분이 있다면 한 가지 작성해주세요.

서술형 (1문항)
10. 이번 콘퍼런스를 통해 얻은 인사이트나 느낀 점을 자유롭게 작성해주세요.

---

02 앞서 확정한 10개 문항은 구글 폼(Google Form)을 통해 온라인 설문지로 바로 생성할 수 있습니다. 챗GPT에게 구글 폼을 자동으로 생성하는 코드를 요청해봅시다.

설문 내용을 구글 폼에서 바로 사용할 수 있도록 구글 앱스 스크립트 코드로 작성해줘.

03 챗GPT가 작성해준 코드 상단의 [코드 복사]를 클릭하여 코드를 복사합니다.

```javascript
function createConferenceFeedbackForm() {
  var form = FormApp.create('콘퍼런스 참가자 만족도 설문');
  form.setDescription('안녕하세요.\n이번 콘퍼런스에 참석해 주셔서 진심으로 감사드립니다.\n보다 나은 행사
  form.setIsQuiz(false);

  var mcChoicesSat = ['매우 만족','만족','보통','불만족','매우 불만족'];
  var mcChoicesAgree = ['매우 그렇다','그렇다','보통이다','그렇지 않다','전혀 그렇지 않다'];
  var mcChoicesIntent = ['매우 있다','있다','보통이다','없다','전혀 없다'];

  form.addMultipleChoiceItem()
    .setTitle('이번 콘퍼런스의 전반적인 만족도는 어떠셨나요?')
    .setChoiceValues(mcChoicesSat)
    .setRequired(true);
```

클릭

04 이제 설문지를 자동으로 생성하기 위한 코드를 입력할 차례입니다. 구글 드라이브에 접속하기 위해 구글 웹 브라우저에서 오른쪽 상단에 있는 'Google 앱' 아이콘(▦)을 클릭하고 [드라이브]를 선택합니다.

05 드라이브에 접속되면 왼쪽 상단의 [+ 신규] 버튼을 클릭합니다. 확장 메뉴가 나타나면 [더보기] → [Google Apps Script]를 선택하여 스크립트 편집 화면으로 이동합니다.

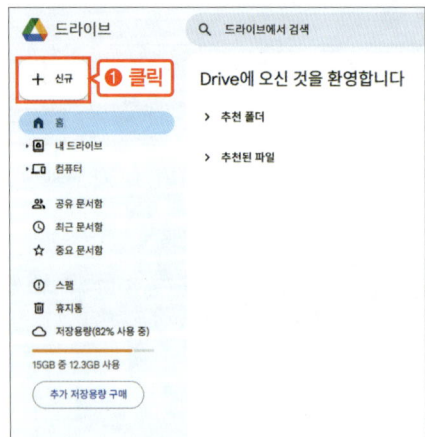 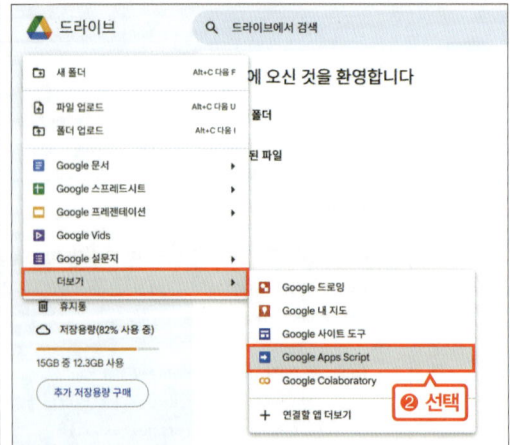

06 챗GPT에서 복사한 코드를 구글 앱스 스크립트 화면 중앙의 코드 입력창에 붙여 넣습니다. 상단 메뉴바의 'Drive에 프로젝트 저장' 아이콘( )을 클릭해 스크립트를 구글 드라이브에 저장합니다.

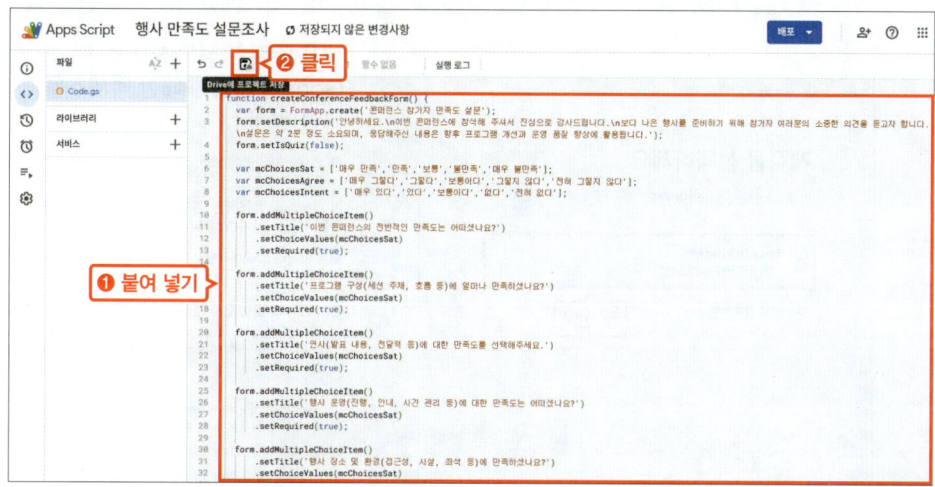

07 저장이 완료되면 [실행] 버튼이 활성화됩니다. [실행] 버튼을 클릭하면 권한 승인을 요청하는 창이 나타납니다.

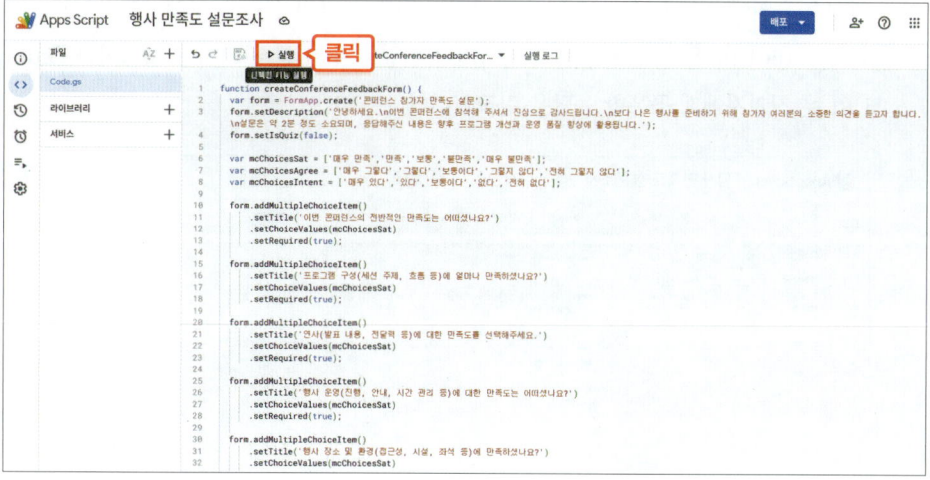

08 [권한 검토] 버튼을 클릭하면 창이 나타납니다. 구글 계정을 선택하고 [계속] 버튼을 클릭하여 액세스 권한을 허용합니다.

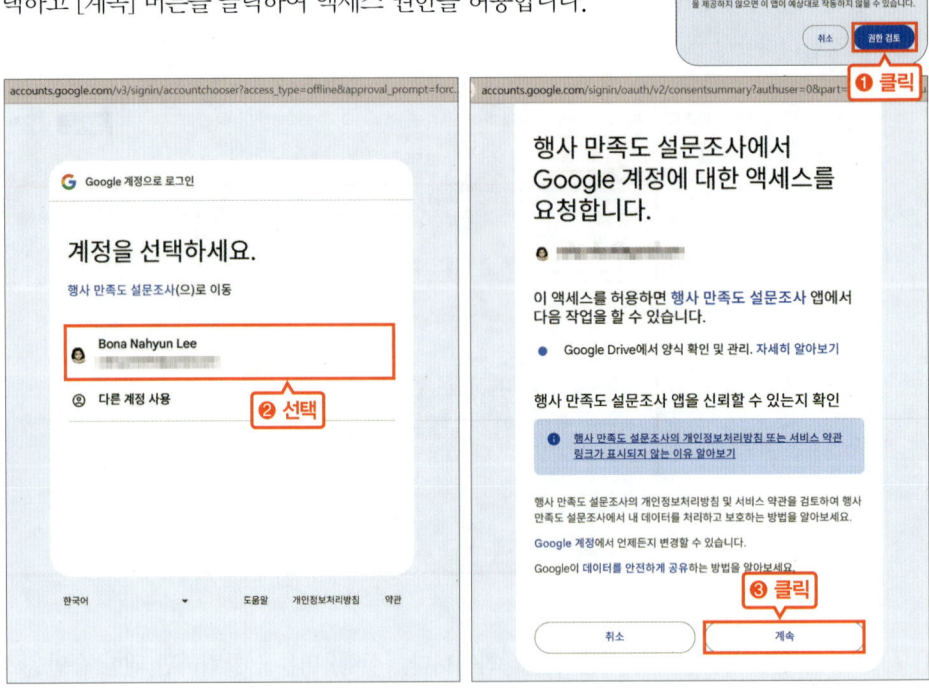

09 액세스 승인이 완료되면 구글 앱스 스크립트 화면 하단의 실행 로그에 2개의 URL이 나타납니다. 'Edit URL'은 설문 문항을 수정하거나 편집할 수 있는 관리자용 링크이고, 'Published URL'은 참가자에게 공유할 응답용 링크입니다.

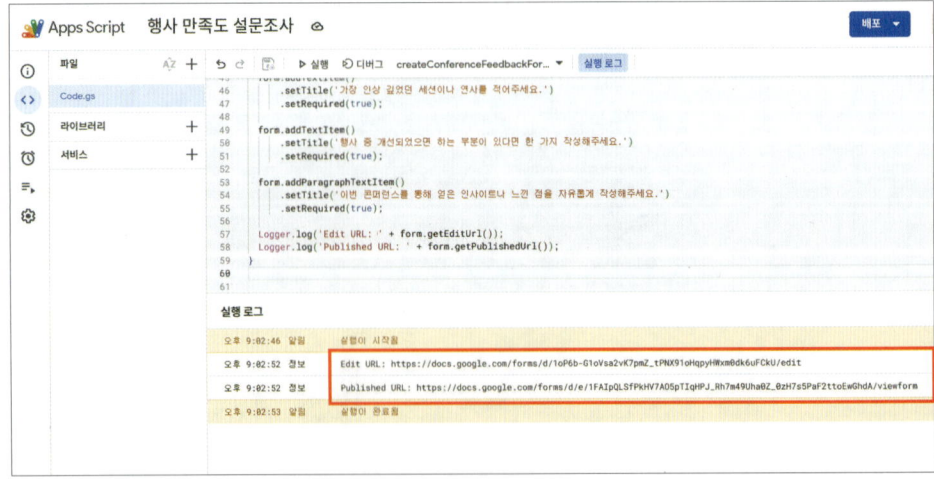

10 [설문지 배포] 우선 설문 내용에 수정이 필요한지 확인하기 위해 'Edit URL'을 복사한 뒤 새로운 브라우저 창에 붙여 넣어 실행합니다. 수정이 완료되면 화면 오른쪽 상단의 [게시됨]을 클릭하고, [응답자 링크 복사]를 선택해 설문지를 배포합니다. 또는 구글 앱스 스크립트 화면 하단의 실행 로그에 표시된 'Published URL'을 그대로 활용해도 됩니다.

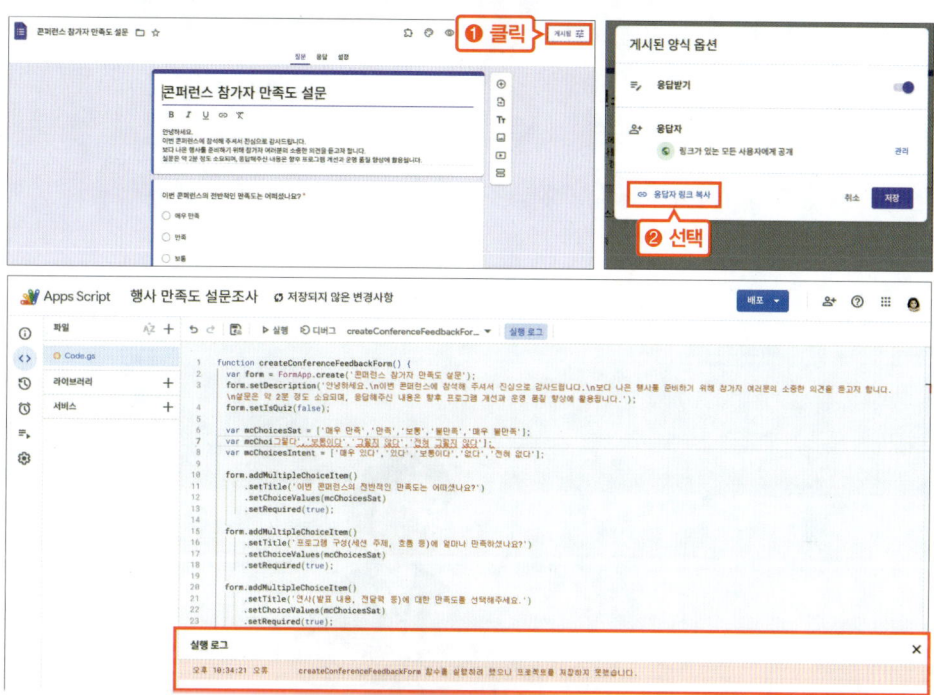

AI와 함께하는 콘퍼런스 실전 프로젝트의 모든 과정을 완주했습니다. 기획 방향 설정부터 프로그램 구성, 연사 섭외, 홍보 콘텐츠 제작, 참가자 모집 마케팅, 운영 콘텐츠 준비 그리고 사후관리 설문 작성까지 단 일주일 만에 한 편의 콘퍼런스를 완성하는 여정을 AI TF팀과 함께 성공적으로 수행했습니다. 이번 실습은 단순히 AI 도구를 사용하는 것을 넘어 기획과 운영, 피드백 수집까지, 실제 업무 흐름 속에서 어떻게 AI 팀원과 협업할 수 있는지를 체험하고 익히는 기획형 프로젝트였습니다. AI 팀원과 함께 일할 때 가장 중요한 것은 '어떻게 조합해 활용하느냐'입니다. AI 팀원은 저마다의 강점과 특화된 영역이 있으므로 각 도구의 강점을 이해하고 업무에 맞게 협업해야 진짜 성과가 납니다.

이제 여러분의 차례입니다. 각자의 업무 현장에서 AI 팀원들과 힘을 합해 새로운 방식으로 성과를 만들어가길 바랍니다.